教育学

（慕课版）

主　　编　夏小红
参编人员　（排名不分先后）
洪　俊　李婷婷　喻欣瑶
康传凯　胡　喆　董浩田
徐圣辉　叶忠华　吴俊芳

JIAOYU XUE

南京大学出版社

图书在版编目(CIP)数据

教育学/夏小红主编. —南京：南京大学出版社，
2020.8
　　ISBN 978 - 7 - 305 - 22886 - 5

　　Ⅰ. ①教… Ⅱ. ①夏… Ⅲ. ①教育学－高等学校－教
材 Ⅳ. ①G40

　　中国版本图书馆 CIP 数据核字(2020)第 003856 号

出版发行　南京大学出版社
社　　址　南京市汉口路 22 号　　　　邮编　210093
出 版 人　金鑫荣

书　　名　教育学
主　　编　夏小红
责任编辑　钱梦菊　　　　编辑热线　025 - 83592146

照　　排　南京开卷文化传媒有限公司
印　　刷　宜兴市盛世文化印刷有限公司
开　　本　787×1092　1/16　印张 16.25　字数 370 千
版　　次　2020 年 8 月第 1 版　2020 年 8 月第 1 次印刷
ISBN　978 - 7 - 305 - 22886 - 5
定　　价　40.00 元

网　　址：http://www.njupco.com
官方微博：http://weibo.com/njupco
微信服务号：njuyuexue
销售咨询热线：(025)83594756

前　言

依据《教师教育课程标准(试行)》和幼儿园、小学、中学教师专业标准,以及《普通高等学校师范类专业认证实施办法》,本教材全面阐述了教育与教育学、学制、教育功能、教育目的、教师与学生、课程、教育活动、教学、班级管理与班主任工作、教育改革与发展、教师教育研究等,以帮助师范类专业学生掌握教育规律和领略教学艺术,使他们通过教育基本理论的学习和对教育基本问题的分析、探讨,逐渐具备当代社会所要求的专业素养。本教材具有如下特色:

第一,内容上注重教育理论与教育实践的结合。本书聚焦于教育的基本问题和主题,探讨教育的基本理论和实践,既注重对先进教育理念和科学的教育理论的阐述,也注重结合教育实践中的关键问题进行剖析,以期学生能在掌握教育基本理论基础上运用所学教育理论分析教育问题,提高教育实践能力。

第二,注重与师范类专业认证标准、师范类专业考研、中小学幼儿园教师资格"国考"、中小学幼儿园教师招聘考试等要求结合。本书设置了真题再现、拓展阅读,针对重难点和考点设计相应的设计考研、"考编"及"国考"真题练习和知识拓展,以加深学习者对内容的理解。

第三,形式上新增数字资源与学习服务。本书为夏小红博士 2019 年成功申报的江西省精品在线开放课程《教育学精讲》相匹配的慕课版立体化同步配套教材,在目录页设置了二维码,链接在线慕课课程("学银在线"平台,http://www.xueyinonline.com/detail/206843172),并提供考研、"考编"及"国考"历年考点与真题、学习交流圈等数字资源与服务,学习者可以在线答题并收到及时反馈,也可以实现在线互动交流。

本教材由夏小红担任主编,各章编写人员及分工如下:洪俊(第一章、第七章),喻欣瑶(第二章、第五章),康传凯(第三章、第六章),李婷婷(第四章、第八章),胡喆(第九章、第十章),董浩田(第十一章、第十二章),徐圣辉、叶忠华、吴俊芳参与部分数字资源的整理与制作,全书由夏小红负责统稿。

在本教材编写过程中,参考引用了许多研究者的成果,在此谨向原作者表示诚挚的感谢,由于编者水平有限,加之时间仓促,本教材难免存在不足之处,恳请批评指正。

编　者

2020 年 7 月

目 录

微信扫码

✓ 配套在线课程
✓ 教师资格考试在线题库
✓ 配套文件阅读(师范类专业认证标准、教师专业标准、
　 中小学教师职业道德规范、教师职业行为准则等)

第一章

教育与教育学

学习目标

1. 理解教育的概念和基本要素。
2. 理解教育的起源和发展历程。
3. 了解教育学的产生与发展、研究对象和任务以及发展趋势。
4. 了解学习和研究教育学的价值。

思维导图

```
                                      ┌── 教育的概念
                                      │
                                      ├── 教育的基本要素
                                      │
                        教育的起源及其发展 ──┼── 教育的起源
                                      │
                                      ├── 学校教育的产生
                                      │
                                      └── 教育发展的历程
教育与教育学 ──┤
                                      ┌── 教育学的研究对象和任务
                                      │
                        教育学的产生及其发展 ──┼── 教育学的发展阶段
                                      │
                                      └── 教育学的价值
```

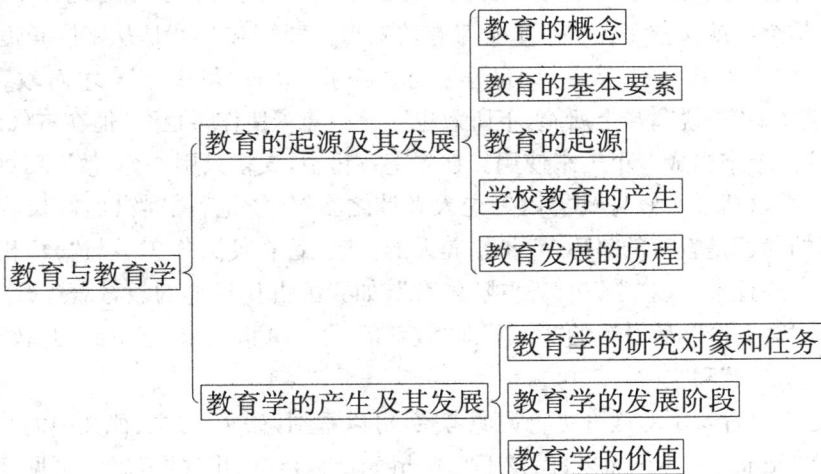

第一节　教育的起源及其发展

　　人们无论是从事教育理论工作,还是从事教育实践工作,要想将工作做好,一个基本的条件就是要对自己所研究的对象或所从事的工作有一个比较全面的认识。学习教育学就是要从不同方面帮助教育理论和教育实践工作者形成这种全面的认识。

一、教育的概念

教育是什么? 这是教育学所要研究的一个重要的理论问题,也是教育工作者必须明

1

确的问题。在人们的日常生活和科学活动中,存在着对这一概念的日常定义和科学定义两种不同性质的定义。

(一)"教育"的日常用法

在日常生活中,人们经常使用"教育"一词。该词的用法大致可以分为三类:一类是作为一种过程的"教育",表明一种深刻的思想转变过程,像"我从这部影片中受到了一次深刻的教育"中的"教育";一类是作为一种方法的"教育",像"你的孩子真有出息,是怎么教育孩子的"中的"教育";再一类是作为一种社会制度的"教育",如"教育是振兴地方经济的基础"中的"教育"。对于未来的教育工作者来讲,仅有教育的一个感性概念是远远不够的。

(二)"教育"的词源

由于教育本身在不断发展,人们对教育的认识不断深入,因而关于教育的含义也在不断发展和深化。在中国文化背景下,一般把"教"和"学"这两个词看成是教育的词源。在甲骨文和金文中,"教"左下方表示作为教育对象的孩子,左上方表示作为教的内容的占卜活动,右下方表示手,右上方表示鞭子或棍子,整个字就像有人在执鞭督促小孩学习;"學"左上方和右上方表示两只手,上方中间表示占的活动,中间表示学习的地方—房间,下方表示孩子,整个字就像孩子在房子里学习有关知识。"教"和"学"是从不同角度对教育进行描述。从文字上看,"教育"一词最早见于《孟子》中的"得天下英才而教育之,三乐也"[1]。《说文解字》说"教,上所施,下所效也","育,养子使作善也"。但在古代汉语中,人们很少把这两个字当成一个词来使用。在先秦古籍中,大多只用一个"教"字,如《中庸》说"修道之谓教",《荀子·修身》说"以善先人者谓之教",《学记》说"教也者,长善而救其失也"。这里的"教"是教育的略称,意指培养人的活动,旨在使人作善。与"教"相伴出现的字多为"学",并且常常以"学"论"教"或"教育",如我国古代最早的教育著述《学记》,实则为"教记"或"教育论",后设置的"学部"即"教育部"①。19世纪末20世纪初"教育"一词在中文中取代了"教"和"学"。

在西方文化背景下对教育进行词源考察,可以看到,英文、法文、德文中的"教育"一词均由拉丁文"educare"演化而来,而拉丁文"educare"表示"引出"的意思。可见,西文中"教育"一词表示把受教育者内在的东西引导出来。具体地说,教育是通过适当的方式、方法、途径、媒介,把受教育者内在的天资、禀赋、能力、智慧、美德等引导出来的一种人类社会实践活动。

(三)"教育"的定义

教育是培养人的社会活动,这是教育与其他一切社会现象的根本区别。与其他人类社会活动相比,教育是有意识的、以影响人的身心发展为直接目标的社会活动。它通常有广义和狭义之分。

---

① 孙杰.论《学记》对中华优秀传统教育理论的贡献[J].教育史研究,2019,1(3):71-80.

广义的教育,泛指有目的地增进人的知识技能、提高人的认识能力、影响人的思想品德、增强人的体质、完善人的个性的一切活动。广义的教育的定义外延包括学校教育和学校以外的各种教育,其形式包括有组织的和无组织的、有计划的和无计划的、有系统的和无系统的、外在灌输的和自我提升的等各种形式。如课堂教学、书刊阅读、影视观赏、听报告、"行万里路"等。

狭义的教育,专指学校教育。即教育者根据社会发展的要求,遵循年轻一代身心发展的规律,在特定的教育场所,有目的、有计划、有组织地对受教育者的身心施加影响,使他们的身心朝着社会期望的方向发展的活动和过程。学校教育是人类社会发展到一定历史阶段后才出现的教育形式,涵盖古今中外所有的学校教育。学校教育与广义的教育相比,具有明显的专门化和制度化特点。与"学校教育"并列的概念还有"家庭教育""社会教育"等。

真题再现

下列现象中,不属于教育现象的是(　　　)。

A. 家长批评孩子　　　　　　B. 感受美好的自然环境

C. 新生儿吸吮母乳　　　　　D. 参观画展

【答案】C。

二、教育的基本要素

要素是构成活动必不可少的基本成分,作为社会背景下发生的促使个体社会化和个体个性化相统一的社会活动,教育有其自己运行的内部结构,形成一个相对独立的社会子系统。教育是由一定的要素通过各种联系构成的系统,分析构成这一系统的要素是理解教育的另一种维度。关于教育要素的讨论很多,然而无论教育活动的哪一种类型和层次,都贯穿着三个基本要素:教育者、学习者(受教育者)和教育影响。

(一)教育者

教育者,是指教育活动中以教为职责的人,是教育实践活动的主体和学习者学习实践的对象主体。广义的教育者,包括一切对他人施加有意识的教育影响的人,不仅仅指直接从事教育活动的教师,还应包括教育目的、方针的制定者,教科书、教材的编写者以及教育组织机构的管理者等。在有明确目的和独立进行的自学活动中,教育者就是受教育者本人,自己承担教育自己的责任。从狭义或学校教育的角度看,教育者主要是指教师。教育者是教育活动的主体,起着主导作用。教育者意味着一种资格,是能够引导、促进和规范个体发展的人,所以要成为教育者,需要许多内在素质和外在条件。

(二)学习者

学习者是指各种教育实践活动中积极主动地接受教育和从事学习的人,也有人称之为"受教育者"。它是教育过程中学习实践的主体和教育者教育实践活动的对象主体。在广义的教育中,凡是为提高自身素质而处于学习状态的人都是学习者,教育者也应该是学习者。在学校教育中,学习者主要是指学生。"学习者"替代"受教育者"和"学生",反映了时代教育理念的深刻变化,表明终身教育理念和学习者主体理念正在日益深入人心①。学习者的特征有:第一,学习目的因人而异;第二,学习背景、基础、学习兴趣能力和风格因人而异;第三,学习中的问题和困难及需要的帮助因人而异;第四,反思和管理学习行为的意识、能力及学习效率和质量因人而异。因此,学习是一种高度个性化的活动,教育也是一种基于学习者的特点而高度个性化的活动。

(三)教育影响

教育影响是教育活动中教育者作用于学习者的全部信息,是教育者和学习者之间实现沟通的中介,包括教育内容、教育手段、教育方法和教育组织形式,是教育内容和教育形式的统一。教育影响具有选择性、系统性、连续性和较高的社会价值、较高的教育价值等特点。

教育活动中诸要素之间具有规律性联系。其中,教育者是开启者、推动者、引导者和指导者;学习者是主体和对象,是教育活动的目的所在;教育影响是实现教育活动目的的中介和工具。教育的三个要素之间既相互独立,又相互规定,共同构成一个完整的实践活动系统,缺一不可。教育者按一定的目的要求来指导学习者,教育者和学习者之间发生相互作用;教育者和学习者之间的作用和联系是以一定的教育影响为中介的;三者之间的联系和作用的结果是使学习者发生合乎目的的变化。在教育活动中,各个要素的变化都会带来整个教育系统状况的变化。不同教育要素的变化及结合,最终形成了多样的教育形态。

真题再现

下列关于教育要素表述不正确的是( )。
A. 不同类型和不同层次的教育均包括教育者、学习者和教育影响三个基本要素
B. 教育者是教育活动中以教为职责的人,有知识的人都可以成为教育者
C. 学习者的学习是一种高度个性化的活动
D. 教育形态的多样化是由于教育要素的变化及其结合而造成的
【答案】B。

三、教育的起源

教育的起源问题既是教育史研究中的一个重要问题,也是教育学研究中的一个重要问题。在教育史上,关于教育的起源问题有以下几种观点。

---

① 冯建军.二十世纪上半叶中国教育哲学的初创及其贡献[J].当代教育与文化,2020,12(1):1-11+126.

（一）教育的神话起源论

这是人类关于教育起源的最古老的观点,这与本体论意义上的神创说密不可分。这种观点认为,教育与其他万事万物一样,都是由人格化的神(上帝或上天)所创造的,教育的目的就是体现神或天的意志,使人皈依于神或顺从于天①。这种观点是完全错误的,是缺乏科学依据的,是一种唯心的观点。之所以如此,主要是因为受到当时在人类起源问题上认识水平的局限,从而不能正确提出和认识教育的起源问题。

（二）教育的生物起源论

该学说的代表人物是法国社会学家、哲学家利托尔诺(C.Letourneau,1831—1902)与英国教育学家沛西·能(T.P. Nunn,1870—1944)。利托尔诺在《各种人种的教育演化》(1900)一书中认为,教育活动不仅存在于人类社会之中,而且存在于人类社会之外,甚至存在于动物界。教育活动不仅在脊椎动物中存在,甚至在非脊椎动物中也存在。人类社会的教育是对动物界教育的继承、改善和发展。沛西·能在1923年不列颠协会教育科学组大会上以"人民的教育"为题,认为"教育从它的起源来说,是一个生物学的过程"②,"生物的冲动是教育的主要动力"。这就是说,教育并不是人类特有的社会现象,在人类出现以前,动物界就已经存在教育活动。教育的产生完全来自动物的本能,是种族发展的本能需要。

教育的生物起源论是教育史上第一个正式提出的有关教育起源的学说,也是较早地把教育的起源问题作为一个学术问题提出来的。它以达尔文生物进化论为指导。它的提出也有一定的经验基础,与神话起源论相比,不能不说是一大进步,标志着在教育起源的问题上开始从神话解释转向科学解释。它的根本错误在于没有把握人类教育的目的性和社会性,从而没能区分出人类教育行为与动物类养育行为之间质的差别,仅从外在行为的角度而没有从内在目的的角度来论述教育的起源问题,从而把教育的起源问题生物学化。

（三）教育的心理起源论

教育的心理起源论在学术界被认为是对教育的生物起源论的批判,其代表人物是美国教育家孟禄(Monroe,1869—1947)。孟禄认为,原始教育形式和方法主要是日常生活中儿童对成人的无意识模仿。从表面上来看,这种观点不同于生物起源论,但仔细考虑,也离生物起源论不远。因为如果教育起源于原始社会中儿童对成人行为的"无意识模仿"的话,那么这种"无意识"模仿就肯定不是获得性的,而是遗传性的,是先天的而不是后天的,即是本能的,而不是文化的和社会的③。只不过这种本能是人类的类本能,而不是动

---

① 李旭.人·文化·教育——基于人类文化传承路径的教育起源探索[J].学理论,2019(2):143-146.
② 杨晓静.沛西·能个性自由发展思想研究[D].淮北师范大学,2016.
③ 陈竞蓉.孟禄与中国近现代教育[D].华中师范大学,2004.

物的类本能,这是孟禄比利托尔诺和沛西·能进步的地方。可是,这种人类的类本能与动物的类本能的界线又在哪儿呢? 孟禄没有回答。

(四) 教育的劳动起源论

教育的劳动起源论也称教育的社会起源论,它是在直接批判生物起源论和心理起源论的基础上,在马克思主义历史唯物主义理论的指导下形成的。持这一观点的学者很多,主要集中在苏联和我国,苏联的教育学家以及我国的教育史学家和教育学家大都认可这一观点。教育的劳动起源论的主要内容:生产劳动是人类最基本的实践活动;教育起源于生产劳动过程中经验的传递;生产劳动过程中的口耳相传和简单模仿是最原始和最基本的教育形式;生产劳动的变革是推动人类教育变革最深厚的动力。教育的劳动起源论提供了理解教育起源和教育性质的一把"金钥匙"。

(五) 教育的生活起源论

20 世纪 80 年代,我国有学者提出了教育生活起源论,认为劳动是为了生活,正是在适应和满足人类生活需要的基础上才产生了教育。提出这种观点的学者是以杜威的理论为基础的。杜威认为:教育没有目的或没有外在目的,如果教育有目的,那目的就在教育本身之中。教育即生长,教育即生活,教育即经验改造。[①] 儿童在各种主动活动中获得了经验。教育就是促进儿童主动活动并获得经验的过程。所以,教育是在生活中提出的,也是在生活中进行的。

这种观点看到了教育与生活的联系,要求教育与生活融合进行,强调教育的情景性、经验性,赋予教育以生活的活力。教育到底是起源于生活,还是来自生产,这种观点并没有说清楚,或者很难说清楚。

四、学校教育的产生

一般认为,学校这种特殊的教育机构是在奴隶社会时期产生的。据可查证的资料,人类最早的学校出现在公元前 2500 年左右的埃及,称为苏美尔学校。苏美尔学校的目标,是培养国家经济和管理需要的誊写人员,主要是培养寺院和宫廷里的誊写员。苏美尔学校的课程包括两部分,一部分是半科学性的、学术性的课程,另一部分是关于文学和创作的课程。

(一) 学校教育产生的原因

学校教育在奴隶社会存在有其必要性和可能性。具体原因包括:一是生产力的发展带来剩余产品的出现,为学校教育的产生提供了可能性;二是国家的出现、文化的发展为学校教育的产生提供了必要性;三是人类积累了丰富的生产和生活经验,并且逐步地系统化、抽象化,形成了分门别类的学问,客观上要求有专门的学校教育及专门人员来传递这

---

① 童宏亮.杜威的劳动教育思想及其时代启示[J].衡阳师范学院学报,2020,41(1):135-142.

些学问。

(二)学校教育产生的条件

1.学校教育产生的历史基础:生产力的发展和奴隶制国家的形成

在奴隶社会,随着生产斗争经验的积累,铜器、铁器代替石器而成为生产工具,农业和牧业代替采集和渔猎而成为主要的生产事业,从而使物质产品丰富了,出现了剩余产品和私有财产,为学校的产生提供了物质基础。[①] 部落酋长利用他们的特殊地位,特别是利用他们手中的武装力量,把剩余产品据为己有,于是在社会中逐渐形成了阶级,产生了奴隶制国家。奴隶主阶级借助国家机器对被统治的奴隶阶级进行管理,维护本阶级利益,巩固自己建立的经济基础和社会秩序。而要做到这一切,需要有自己的各种国家机器和力量,如政府、军队、监狱等,也就是社会的上层建筑;同时也需要论证这种经济基础和上层建筑合理性的意识形态,这就需要有大批的官员、文士、僧侣和军人,这些专业人员都必须经过专门的培养和训练,这就产生了设立专门的学校的需要。

在我国,学校的萌芽在原始社会末期就可能出现了,古籍中传说尧、舜时代便已有了"庠"这种社会机构。但那时的"庠"还不是一种学校,而是一种带有教育作用的养老机构。《孟子》曰:"夏曰校,殷曰序,周曰庠。"由此推断,夏朝很可能已出现尚未发展成学校形式的非专门的教育机构。我国的学校教育正式产生于公元前1000多年前的商代,学校的存在已有了确凿的证据,商朝有"序""庠""学"和"瞽宗"四种学校形式,学校已成为一个有组织的教育机构,有着一定的目的任务和一定的教学内容。商朝的"瞽宗"和"右学"是同一种学校,都属于大学的性质,异名而同质。中国周朝的国学就是为培养统治者、官僚士大夫而设立的[②]。

2.学校产生的客观条件:体脑分工和专职教师的出现

为了统治的目的,奴隶主的子弟需要学习军事统治、司法敛财,以及生产、文化、宗教等方面的知识,因此统治阶级必须组织专门机构专司其事,任用专职人员负责,并使受教育者脱离其他事务而专心学习,才能够顺利完成。剩余产品的出现为社会分工提供了最主要条件,社会分工又进一步地促进了生产力的发展。逐渐地,社会分工从单纯的生产劳

① 熊明安.我国古代学校教育制度的形成、发展及其历史作用[J].西南师范大学学报(人文社会科学版),1985(3):50−57+107.

② 陈志超.对我国学校教育制度形成的历史研究及其启示[J].大连大学学报,2017,38(3):136−140.

动领域扩大到了整个社会,出现了体脑分工,使一部分人能够从直接的生产劳动中脱离出来,从事社会管理和文化活动。教育也逐渐演变为一种专门和固定的职业,这为学校的建立提供了前提①。

3. 学校产生的重要标志:文字的产生和应用

原始社会末期,产生了原始文字。原始文字一般为图形文字,后来出现了象形文字、楔形文字、表意文字、表音文字等。文字成为记载当时人类总结出来的文化知识经验的唯一工具。所以,只有文字产生后,才有可能建立起专门进行教育、组织教学的主要场所——学校,才会出现专门从事教育和根据文献资料传授知识的人——教师。文字的出现和学校的产生是有直接联系的。在奴隶制社会比较成熟之后,社会便出现了许多传授文字和初级知识的学校。如我国周朝的乡学,古希腊雅典的体操学校、音乐学校,古罗马共和时期的小学和中学等。

在学校产生后的历史进程中,随着社会的发展,其组织不断完善。历史发展到17世纪,西方社会出现文科中学,现代意义上的学校形成。文科中学是以古典人文主义教育为特征的,它偏重于传授拉丁文和希腊文等内容,忽视自然科学,及至后来,增加了一些现代人文教育与自然科学教育的成分。18世纪初,与文科中学相对应的实科中学出现了。实科中学比较注重自然科学与现代语文的教学,面向广大贫民,是贫民化的学校。18世纪中叶后,在欧洲一些国家,相继出现了实科中学。与普通教育平行的职业教育逐步成为学校教育系统中的一个重要组成部分。学校教育在类型分化的同时,各个不同层次的衔接也逐步加强。大体是在19世纪下半期,严格意义上的学校教育系统在西方已基本形成。

我国的学校在正规化的路途上,经历了很长一段历史时期。可以说,直到19世纪末,我国在学校的组织上,始终是不完备的,或者说尚未出现现代意义上的学校。清末"废科举,兴学校"以后所建立的一些"学校",才向真正意义上的学校靠近。

五、教育发展的历程

教育随着人类社会的产生而产生,发展而发展。不同的历史阶段,由于人的生产能力不同,经济发展状况和政治制度性质不同,教育也表现出不同的性质和特征。教育在其历史发展的各个阶段中呈现出复杂的形态,简要梳理教育发展的历史进程及其特征有助于对教育的深入理解。

(一)原始社会的教育

原始社会的教育与原始社会的生产方式相适应。原始社会的生产力水平很低,与此相适应,文化教育水平也很低。原始社会教育的特征主要有:第一,原始社会的教育还没有从社会生活中分化出来;第二,原始社会的教育没有阶级性,实现原始状态下的机会均等;第

---

① 周洪宇,刘来兵.70年教育史学科体系、研究范式与发展反思[J].华中师范大学学报(人文社会科学版),2019,58(6):1-11.

三,原始社会的教育,由于没有文字和书籍,因而教育内容、教育方式都是极为简单的。

(二)古代社会的教育

奴隶社会和封建社会统称为古代社会。奴隶社会是使用以青铜器手工工具为标志的生产力的时代,出现了脑力劳动从体力劳动中的第一次分离,出现了教育从生产劳动中的第一次分离,于是出现了作为独立社会过程的教育——学校教育。封建社会是使用以铁器手工工具为标志的生产力的时代。在中国漫长的封建社会里,学校教育得到了进一步的发展,出现了官学、私学两种基本类型,传授儒家经典著作"四书"和"五经"。在欧洲封建社会里,出现了两种类型的教育,即教会学校和骑士教育,分别授以"七艺"(文法、修辞、辩证法、算术、几何、天文、音乐)和"骑士七技"(骑马、游泳、投枪、击剑、打猎、下棋、吟诗)。

古代社会教育的特征主要有:第一,有专门的教育机构和执教人员;第二,学校教育具有鲜明的阶级性和等级性;第三,教育与生产劳动相脱离;第四,文字的发展和典籍的出现丰富了教育内容,提高了教育职能;第五,教育方法崇尚书本、呆读死记、强迫体罚、棍棒纪律;第六,形成官学和私学并行的教育体制;第七,形成个别施教或集体施教的教学组织形式。

1.古代中国

(1)原始社会、奴隶社会的教育

表1-1 古代中国原始社会、奴隶社会的教育

时 期	教育形式	特 征
五帝	"成均""庠"	萌芽状态的学校
夏	"庠""序""校"	出现尚未发展成学校形式的非专门教育机构
商	"大学""小学""庠""序"	学校教育正式产生,划分了不同的教育阶段
西周	"国学""乡学" 基本学科——六艺	政教合一的官学体系"学在官府"
春秋战国	① 百家争鸣,出现了儒家、道家、法家、墨家 ② "稷下学宫"	官学衰微、私学兴起、养士之风大盛

(2)封建社会的教育

表1-2 古代中国封建社会的教育

时 期	内 容
两汉	① 采用董仲舒的"罢黜百家,独尊儒术" ② 设立太学——最高教育机构
隋唐	采用科举制 建立完备的官学体系——"六学二馆"
宋代	国学——程朱理学 教育内容——四书五经

时 期	内 容
明代	出现"八股文"——科举考试的固定格式
清代	1905 年废除科举

真题再现

下列关于封建社会教育表述不正确的是(　　)。

A. 官学和私学是我国封建社会学校教育的基本类型

B. 封建社会的教育内容,中国以"四书""五经"为主;欧洲以"七艺""骑士七技"为主

C. 鲜明的等级性是封建社会教育的重要特征

D. 封建社会的学校教育与生产劳动已经从分离走向结合

【答案】D。

2.古代外国

(1)奴隶社会的教育

表 1-3　古代外国奴隶社会的教育

国家	教育形式	特征
古代埃及	① 宫廷学校:教育皇子皇孙和贵族子弟的场所 ② 职官学校:以吏为师,招收贵族和官员子弟 ③ 文士学校:通常教授书写、计算、有关律令的知识,有的还教授数学、天文、地理等学科 ④ 僧侣学校:以僧为师,注重科学教育	以僧为师 以吏为师
古代希腊	① 雅典:德、智、体、美、劳和谐发展的教育 ② 斯巴达:军体训练,政治道德灌输	雅典教育培养的是有文化修养和多种政治才能的政治家和商人 斯巴达教育培养的是忠于统治阶级的强悍的军人和勇猛的武士
古代罗马 (共和时期)	家庭教育、希腊语学校、拉丁语学校	早期以家庭教育为主,后在希腊文化的影响下,建立起初等学校、中等学校和高等学校

(2)封建社会的教育

表 1-4　古代外国封建社会的教育

时 期	内 容
中世纪	① 教会教育:培养教士和僧侣,主要内容是"七艺" ② 骑士教育:具有鲜明的等级性和阶级性,主要内容是"骑士七技"
文艺复兴	人文主义教育

（三）近代社会的教育

近代社会开始以工业生产为主要特征,产生了脑力劳动从体力劳动中的第二次分离,即产生了运用脑力劳动的生产工作者从主要从事体力劳动的生产工作者中分离。从事脑力劳动的生产工作者和从事体力劳动的生产工作者,都需要掌握系统的科学技术知识。因此,传授系统的科学知识的教育脱离了生产劳动,而成为一个独立的过程,于是就出现了现代学校。

近代社会教育的主要特征有:第一,从法律上废除了封建教育的等级制,普遍实施了初等义务教育;第二,国家加强了对教育的重视和干预,公立教育崛起;第三,教育逐步确立了实用功利的教育目的,科学教育兴起,教学内容日益丰富;第四,学校教育系统逐步完善;第五,创立了新的教学组织形式——班级授课制;第六,教育逐渐摆脱宗教的影响,走向世俗化;第七,重视教育立法,实施依法治教。

（四）现代社会的教育

进入 20 世纪以后,电气化革命在主要国家已经完成,两次世界大战深刻地改变了世界的格局,民主化、工业现代化、国家主义成为世界三股最强大的潮流[①]。在这样的背景下,教育被看作现代化的法宝和增强国家竞争力的基础,规模和数量迅速膨胀。20 世纪 80 年代以后,一种新的经济形态——知识经济逐渐成为经济的主流,迅速而深刻地改变着世界。

现代社会教育的主要特征有:第一,培养全面发展的个人正由理想走向实践;第二,教育与生产劳动相结合的深度和广度大大加强;第三,教育民主化向纵深发展;第四,人文教育与科学教育携手并进;第五,教育拥有前所未有的新手段;第六,教育日益显示出整体性、开放性;第七,教育的社会地位逐步发生根本性变化;第八,终身教育和全民教育成为现代教育中富有生命力和感召力的教育思潮;第九,不断变革是现代教育的本性和存在方式。

第二节　教育学的产生及其发展

一、教育学的研究对象和任务

教育学是研究教育现象和教育问题、揭示教育规律的一门科学,是一门研究如何培养

---

① 薛红艳,黄念一.中国现代工业设计及教育史发展进程研究[J].民族艺术研究,2020(1).

人的学问。教育现象和教育问题十分普遍,教育学的研究任务就是从这些大量的教育现象和问题中,总结出教育规律,从而指导我们的教育实践。教育规律就是教育内部诸因素之间、教育与其他事物之间的本质联系,以及教育发展变化的必然趋势。教育规律是建立教育科学的依据。教育学是一门社会科学,具有综合性、理论性和实践性等特点。传统教育学主要研究学校教育活动。当代教育学的研究范围不断扩大,除了学校教育外,还包括作为终身教育重要组成部分的社会教育和家庭教育、正式教育与非正式教育、正规教育与非正规教育等教育形式。

二、教育学的发展阶段

在西方,"教育学"源于希腊语"pedagogue"(教仆)一词,意为照看、管理和教育儿童的方法。起初,教育学主要是针对儿童,确立儿童教育和管理工作的目的,寻求有效工作的基本原则、方式和方法。所有关于教育问题的研究都可以归到"教育学"的名下。

19世纪末以后,教育学的传统概念的内涵和外延都经历了复杂的变化,在不同国家出现了不同的情况。或基本上被弃置不用(英美),或被局限在一个狭小的实践研究领域内(法国),或出现各种定语限定的教育学(德国)[①]。

在中国,20世纪初,中国知识分子在日本翻译西方的教育学著作,并着手编写自己的教育学著作,才开始频繁使用"教育""教育学"这两个词。

(一)萌芽时期

古代一些思想家、政治家和教育家,如中国的孔子、孟子、荀子、朱熹,西方的苏格拉底、柏拉图、亚里士多德、昆体良等,在阐明其他各种社会现象的同时,也涉及教育这种现象,并试图对它做出各个方面的说明。

在中国,《论语》记述了孔子的教育思想观点,是反映中国古代教育思想的代表性著作。《学记》是在人类历史上最早出现的专门论述教育问题的著作。在西方,教育学的萌芽可以追溯到古希腊,苏格拉底提出"知识即美德",并系统提倡"精神助产术"作为教育的根本方法和原则;柏拉图在《理想国》中系统论述了其教育理论,提出培养哲学王的教育理想;亚里士多德肯定了教育与政治之间的紧密关系,提出教育应该由国家负责,受国家控制。古罗马时期的昆体良,其著作《雄辩术原理》(即《论演说家的教育》)既是一本修辞学教程,也是一部教学法论著,是西方最早的教育著作。

拓展阅读

学 记

《学记》是中国古代一篇教育论文,是古代中国典章制度专著《礼记》(《小戴礼记》)中的一篇,是中国也是世界上最早的专门论述教育和教学问题的论著。一般认为是战国晚

---

① 田丽,张树林.国内外高等教育学方法比较之反思[J].产业与科技论坛,2020,19(2):143-144.

期思孟学派的作品,据郭沫若考证,作者为乐正克。其文字言简意赅,喻辞生动,系统而全面地阐明了教育的目的及作用,教育和教学的制度、原则和方法,教师的地位和作用,教育过程中的师生关系以及同学之间的关系,比较系统和全面地总结和概括了中国先秦时期的教育经验。

总之,此阶段著名的代表性人物有孔子、苏格拉底、柏拉图、昆体良等。此阶段代表性论著有《论语》《学记》《理想国》《雄辩术原理》等。这一时期处于萌芽状态的教育学主要有以下特点:第一,思想家和教育家们概括和总结出不少符合教育发展的客观规律和人的认识规律;第二,对教育的认识活动主要停留于经验和习俗的水平,理论的系统性和深刻性还没有达到科学的水平,没有形成系统的理性认识;第三,思维与论述的方式大都采用一些机械类比、比喻、格言、寓言等方式;第四,教育学思想还没有从哲学体系中分化出来,处于前学科时期。

真题再现

1. 战国后期,我国出现的具有世界影响的教育文献是(　　　)。

　A.《学记》　　　　B.《中庸》　　　　C.《孟子》　　　　D.《大学》

2. "君子欲化民成俗,其必由学"最早出自(　　　)。

　A.《论语》　　　　B.《学记》　　　　C.《孟子》　　　　D.《中庸》

【答案】1. A。　2. B。

(二)学科独立及开始发展时期

17世纪到19世纪,教育学在西方开始形成一门独立学科,独立形态的教育学产生的主要标志包括以下五个方面:① 从对象方面而言,教育问题成为一个专门的研究领域;② 从概念和范畴方面而言,形成了专门的反映教育本质和规律的教育概念与范畴以及概念和范畴体系;③ 从方法方面而言,有了适应特定时代的科学的研究方法;④ 从结果方面而言,产生了诸多重要的教育家,出现了一批专门的、系统的教育学著作;⑤ 从组织机构而言,出现了专门的教育研究机构。

这一时期涌现出许多教育家,可谓群星荟萃。处于学科独立和初步发展状态的教育学开始形成独立的体系,其理论化、科学化水平有了一定程度的提高。此阶段著名的代表性的人物有夸美纽斯、卢梭、裴斯泰洛齐、赫尔巴特、斯宾塞等。

1623年,英国哲学家培根首次把"教育学"作为一门独立的学科提出来与其他学科并列。他还提出了实验的归纳法,将其看成是真正获得知识的必由之路,为后来教育学的发展奠定了方法论基础,为独立形态教育学的出现做出了重要贡献。

1632年,捷克教育家夸美纽斯完成《大教学论》,这是近代最早的一部教育学著作,被普遍认为是教育学学科独立的标志。在这本著作中,提出了普及初等教育,主张建立适应学生或学习特征的学校教育制度;论述了班级授课制度;规定了广泛的教学内容;提出了教学的便利性、彻底性、简单性与迅捷性的原则;高度评价了教师的职业,强调了教师的作用。

1693年，英国哲学家洛克出版了《教育漫话》，提出完整的绅士教育理论体系，对后世有比较大的影响。他还根据"白板说"高度评价了教育的作用。

1762年，法国思想家卢梭出版享誉全球的名著《爱弥儿》，倡导自然教育，对后来康德、杜威等的教育学说产生了深远的影响。

1776年，德国著名哲学家康德在哥尼斯堡大学开始讲授教育学，这是教育学列入大学课程的开端。1803年，《康德论教育》一书出版。在该书中，康德明确认为，教育是一门很难的艺术，其实践必须和"真知灼见"结合起来，否则就会变成机械的东西。

1781年，瑞士教育家裴斯泰洛齐出版《林哈德与葛笃德》，把教育目的规定为"全面、和谐地发展人的一切天赋力量和能力"，还提出"要素教育论作为中小学教学的理论基础"。

1806年，德国教育家赫尔巴特出版了《普通教育学》，这是近代教育理论系统化和科学化的奠基之作。虽然当时的心理学也非现代意义的科学的心理学，但他第一个提出要使教育学成为科学，并认为应以伦理学和心理学作为教育学的基础，因此被誉为现代教育学之父、科学教育学的奠基人。这标志着教育学已从哲学中独立出来，成为科学大家族的一员。

1861年，英国教育家斯宾塞出版《教育论》，提出教育的任务是教导人们怎样生活，反对古典语言和文学的教育，倡导科学教育。

（三）19世纪末以来教育学多元化发展时期

20世纪以来，在继承和批判近代传统教育学的基础上，出现了很多教育学派别。各种学派相互争鸣，共同推动教育学的进一步发展和繁荣[1]。此阶段教育学派有实验教育学、文化教育学、实用主义教育学、马克思主义教育学、批判教育学；代表性理论有结构主义教育理论、最近发展区理论、一般发展理论、范例教学理论等。

实验教育学，19世纪末20世纪初在欧美国家兴起，反对教育学中的纯粹概念思辨，主张用自然科学的实验法研究儿童及其与教育的关系。其代表人物是德国教育学家梅伊曼和拉伊。梅伊曼的代表作是《实验教育学纲要》(1914)，拉伊的代表作是《实验教育学》(1908)。

文化教育学又称精神科学教育学，是19世纪末以来出现在德国的一种教育学说。文化教育学认为人是一种文化的存在，教育的过程是一种历史文化过程，教育的目的就是要促使社会历史的客观文化向个体的主观文化的转变，从而培养完整的人格[2]。其代表人物主要有狄尔泰、斯普朗格等。

实用主义教育学是19世纪末20世纪初在美国兴起的一种教育思潮。实用主义教育学注重教育和生活相联系、学校和社会相配合，主张教育即生长，教育即生活，教育即经验

---

① 屠新伟.中美体育教育研究的比较分析[D].华东交通大学,2019.
② 吴国斌.文化教育学视域中的战后德国政治教育研究(1945—1968)[D].中国地质大学,2017.

的改造,从做中学等①。其代表人物是美国的杜威、克伯屈等。1916 年杜威《民主主义与教育》的出版是 20 世纪教育学发展历史上的一件大事,具有里程碑意义。

马克思主义教育学是 20 世纪以来根据马克思主义的基本原理,研究现代教育问题的一种教育学说。它认为教育是一种社会历史现象,在阶级社会中具有鲜明的阶级性;教育的根本目的是促使学生个体的全面发展;教育与生产劳动相结合是培养全面发展的人的唯一方法。凯洛夫于 1939 年主编、1948 年和 1956 年两次修改的《教育学》,在苏联和我国产生过很大的影响。马卡连柯 1935 年完成《教育诗》,强调教育应尊重信任并严格要求儿童,提出集体教育的原则和方法。杨贤江 1930 年以李浩吾的笔名出版了《新教育大纲》,这是我国第一本试图以马克思主义的观点论述教育的著作。

批判教育学是 20 世纪 70 年代之后在西方国家兴起的一种教育思潮,认为在资本主义制度下,教育维护现实社会的不公平和不公正,是造成社会差别歧视和对立的根源,人们应该对此有清醒的认识。批判教育学的代表人物有美国的鲍尔斯和金蒂斯(代表作《资本主义美国的学校教育》1976)、阿普尔(代表作《教育与权力》1982)、法国的布尔迪厄(代表作《教育、社会和文化的再生产》1979)等。

20 世纪,在教育学多元发展的同时,教育理论研究不断深入,也取得了长足发展。主要教育理论成果有:

结构主义教育理论。美国教育家和心理学家布鲁纳 1963 年出版《教育过程》。这一理论强调教授学科基本结构,即构成学科的基本概念、基本原则、基本公式、基本法则以及它们之间的相互关系和规律性。其倡导类似科学发现的发现学习法。

教育目标分类理论。20 世纪 60 年代,美国教育家和心理学家布卢姆出版《教育目标分类学》,把经教育活动而希望引起和实现的学生学习结果的行为类型分为认知、情感、动作技能三大目标领域。其中认知领域的教育目标分为六级:知识、理解、应用、分析、综合和评价。

最近发展区理论。20 世纪 30 年代,苏联教育家维果茨基提出最近发展区理论。他认为,学生能够独立完成的学习任务是学生的现有水平,学生不能独立完成但在教师的指导下或通过在集体中模仿别人而能够完成的学习任务为学生的潜在水平,学生的现有水平和潜在水平之间的这个差幅,就是学生的最近发展区。教学的着眼点既不能迁就学生的现有水平,也不能超越潜在水平,而应该在最近发展区内实施教学。

一般发展理论。苏联教育家赞可夫从 1957—1974 年进行了近 20 年的教学改革实验,并于 1975 年出版了他的教育代表作《教学与发展》。他批评苏联传统的教育理论忽视发展学生智力,强调教学应走在学生发展的前面,促进学生一般发展。其五大教学原则是:以高难度进行教学、以高速度进行教学、理论起主导作用、让学生理解学习过程、让全班学生包括后进生都得到发展。

教学过程最优化理论。苏联教育家巴班斯基从 1972 年起,陆续出版了《教学过程最优化》等几本著作。他认为,应该把教学看作一个系统,从系统的整体与部分之间,部分与部分

---

① 丁玲.杜威访华活动对实用主义教育思想在中国传播的影响[D].江西师范大学,2019.

之间以及系统与环境之间的相互关系、相互作用之中考察教学,以便达到最优处理教育问题的目的。巴班斯基把现代系统论的方法引进教学论的研究,是对教学论进一步科学化的新探索。

范例教学理论。20世纪50年代,德国教育家瓦根舍因、克拉夫基等人提出著名的范例教学理论,主张优化组合教学内容,使学生通过范例性材料举一反三地理解和接受基本性、基础性的知识,训练独立思考和判断能力。

陶行知的"生活教育"思想。在批判杜威"教育即生活"的基础上,陶行知提出"生活即教育""社会即学校""教学做合一"的主张,形成"生活教育"思想体系。

真题再现

"千教万教教人求真,千学万学学做真人"的提出者是( )。

A. 蔡元培　　　　B. 黄炎培　　　　C. 陶行知　　　　D. 杨贤江

【答案】C。

这一时期,处于多元化发展状态的教育学主要有以下特点:第一,教育学理论发展多样化,在不同的国家形成了不同的教育学传统和风格;第二,自然科学和社会科学的研究方法广泛应用到教育研究之中,研究方法走向科学化;第三,教育学的发展得益于不同教育学派之间的相互批评和借鉴。

三、教育学的价值

(一)反思日常教育经验

人类有关教育的认识大致有两种基本的形式:一种是习俗的形式,即人类在日常教育生活中对教育问题自然形成的一些态度、看法、评价或信息,它们构成了日常教育经验;另一种是科学的形式,即通常所说的"教育学",它诉诸专门的范畴、方法和表述方式,力图对教育问题有一个系统、合理、深入的认识,它们构成了教育理论或学说[①]。教育的习俗认识不仅大量存在于家庭教育生活中,也存在于学校教育生活中。许多教师在分析和解决教育问题时,依据的主要就是他们从习俗性认识中所获得的日常教育经验。但学校教育的观念、制度和行为,更是直接地建立在系统的教育理论基础之上的。所以,教师必须经常通过教育理论的学习和研究来审视自己的日常教育经验,并将其纳入教育科学认识的架构之中加以解释和理解。

(二)科学解释教育问题

教育学既是规范性的学科,也是解释性的学科。教育学之所以有利于教师科学解释教育问题,首先,教育学是以教育问题为逻辑起点和对象的,教育学研究的主要任务就是

---

① 王建华.高等教育研究:教育学的视角[J].高等教育研究,2013,34(10):28-37.

对教育问题提供超越日常习俗认识和传统理论认识的新解释。其次,教育学作为对于教育问题的科学解释,就必须使用专门的语言、概念或符号,而不能使用日常的语言、概念或符号。再次,教育学作为对于教育问题的科学解释,其解释是有理论视角、根据或预设的,而不是直接建立在感性经验与判断基础上的,因而是一种理性的解释。

(三)沟通教育理论与实践

在教育实践活动过程中,教育学可以启发教师的教育自觉,使他们不断领悟教育的真谛;帮助教师获得大量的教育理论知识,扩展教育工作的理论视野;帮助教师养成正确的教育态度,培植坚定的教育信念;提高教师的自我反思和发展能力,为教师成为研究型教师打下基础。

【本章小结】

教育学是一门研究人类的教育活动及其规律的社会科学。它广泛存在于人类生活中。通过对教育现象、教育问题的研究来揭示教育的一般规律。

19世纪中叶以后,马克思主义的产生,近代心理学、生理学的发展,为科学化教育奠定了辩证唯物主义哲学和自然科学基础。现代生产和科学技术的发展,教育实践的广泛性、丰富性,更进一步推动了教育学的发展。教育学的研究对象是人类教育现象和问题,以及教育的一般规律,是教育、社会、人之间和教育内部各因素之间内在的本质的联系和关系,具有客观性、必然性、稳定性、重复性。教育学的任务就是要探讨、揭示种种教育的规律,阐明各种教育问题,建立教育学理论体系。

思考题

1. 简述学校教育产生的条件。
2. 简述教育学的价值。
3. "学校教育是随着人类社会的产生而出现的。"这一说法是否正确? 为什么?

第二章

学 制

学习目标

1. 能解释下列概念：教育制度、学校教育制度、双轨学制、单轨学制、分支型学制、终身教育、义务教育。

2. 掌握教育制度的特点，掌握现代学校教育制度的类型、了解教育制度的历史发展及其制约因素。

3. 了解我国现行学校教育制度的演变历程。

4. 能结合我国目前的教育实际，分析我国学制的优越性及局限性，探讨学制的改革方向。

5. 在了解我国现行学制的演变历程之后能够结合教学实际，在教学过程中坚定以学生为主体的制度改革。

思维导图

```
                         ┌─ 教育制度的含义与特点
              教育制度概述 ─┼─ 制约教育制度的社会因素
                         └─ 教育制度的历史发展

                         ┌─ 现代学校教育制度的形成
学制 ─────── 现代学校教育制度 ─┼─ 现代学校教育制度的类型
                         └─ 现代学校教育制度的变革

                         ┌─ 我国学校教育制度的演变
            我国现行学校教育制度 ─┼─ 我国现行学校教育制度的形态
                         └─ 当前我国学校教育制度的改革
```

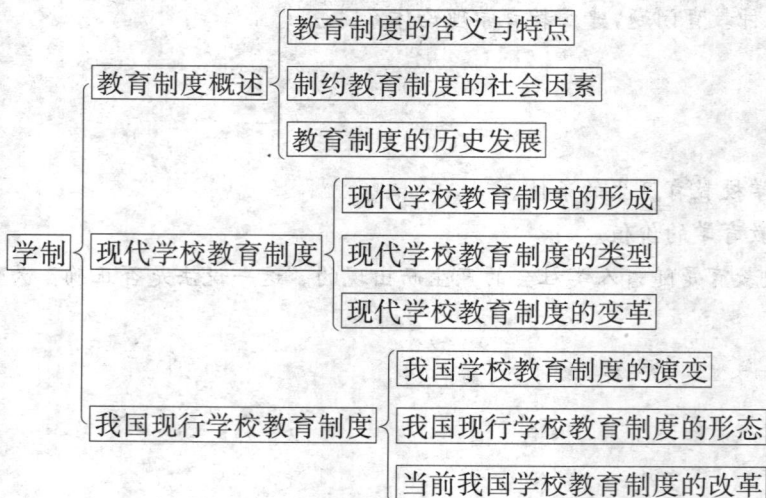

第一节 教育制度概述

一、教育制度的含义与特点

广义的教育制度是指国民教育制度，是国家提出的最大的、最宏观的概念，是一个国家为实现其国民目的,从组织系统上建立起来的一切教育设施和有关规章制度。①

狭义的教育制度指学校教育制度,简称学制,是一个国家各级各类学校的总体系,具体规定各级各类的性质、任务、目的、入学条件、修业年限以及它们之间的关系。学制不只是修业年限,学校的性质、目的、入学条件等均属于学制规定的范围。学校教育制度处于国民制度的核心和主体地位。

教育制度,特别是学校教育制度,既有与其他类型的社会制度相类似的性质,又有自身独特的特点。

1. 客观性

教育制度作为一种制度化的东西,自然不是从来就有的,而是一定时代的人们根据自己的需要制定的。教育制度的制定虽然反映着人们的一些主观愿望和特殊的价值需求,但是人们并不是也不可能随心所欲地制定或废止教育制度,某种教育制度的制定或废止,有它的客观基础,是有规律可循的。这个客观基础和规律性主要是由社会生产力发展水平和人的发展水平所决定的。教育机构的设置,层次类型的划分,各级各类教育机构的制度化,都受生产力发展水平和受教育者发展水平的制约。

例如,在古代,由于生产力发展水平低,学校教育,乃至师徒制度,面向的是少数人;至近代,普及义务教育的提出,虽然与个别机构或个别人的提倡有关,在不同国家提出的时间和普及的年限也有所不同,但是归根结底反映了现代大机器生产对劳动者文化素质的要求,反映了大工业时代初期体力劳动和脑力劳动由分离走向结合的趋势。这些都是客观的,不以个别人的意志为转移的。②

2. 规范性

任何教育制度都是其制定者根据自己的需要制定的,是有其一定的规范性的。这种规范性,主要表现为入学条件即受教育权的限定和各级各类学校培养目标的日益标准化。在阶级社会中,教育制度的规范性主要表现为其阶级性,即教育制度总是体现着某一阶级的价值取向,总是为某一阶级的利益服务。社会主义的教育制度应该为广大人民的利益服务,应该最大限度地保障和满足广大人民日益增长的文化教育需要,从而体现社会主义教育的性质。

3. 历史性

教育制度既是对客观现实的反映,也是一种价值性的选择和体现,而客观性和价值性的具体内容又是随着社会的变化而变化的,因此在不同的社会历史时期和不同的文化背景下,就需要建立不同的教育制度。教育制度是随着时代和文化背景的变化而不断创新

① 陈国安,王海燕.教育理论精讲[M].北京:北京大学出版社,2001.
② 朱德全.教育学概论[M].重庆:西南师范大学出版社,2003.

的。教育制度创新是教育改革的一个重要内容,也是教育实践得以深化的一个重要条件。

4. 强制性

教育制度作为教育机构系统的制度,是先于个体而存在的。它独立于个体之外,对个体的行为具有一定的强制作用。只要是制度,在没有被废除之前,都不管个人的好恶,无条件地要求个体遵守。但随着教育制度的发展,特别是终身教育制度的确立,个体的可选择性也愈来愈大。[①]

真题再现

教育制度反映人们的主观愿望、价值需求,但人们不可以随心所欲制止或废止,有一定的规律和基础,根据人的身心发展规律、社会政治经济制度、文化氛围等制定,体现教育制度的(　　)性质。

A. 强制性　　　　　B. 历史性　　　　　C. 规范性　　　　　D. 客观性

【答案】D。

二、制约教育制度的社会因素

教育制度如同整个教育一样,除受人的身心发展规律的制约外,还受整个社会的制约。人的身心发展规律制约着教育制度的纵向分段以及其他许多方面。但是,教育制度的性质、状况及其发展,则主要是由各种社会因素决定的。[②]

(一)经济

经济的发展为教育制度提供了一定的物质基础和相应的客观需要。例如,在古代社会,教育制度基本上把教育机构与组织的功能规定成为上层建筑服务,而不是为生产力服务。学校教育的内容绝大多数也都是一些伦理的、宗教的内容,而不是生产知识与技能。这一方面与统治阶级脱离生产劳动,鄙视生产劳动有关;另一方面,也与当时生产力水平及经济发展水平总体上不高,不需要通过专门的教育机构来传递有关知识和技能有关。只有当社会生产的发展达到这样的地步,即与之相关的知识和技能再也不依靠经验获得的时候,才逐渐地把生产的知识和技能,纳入教育体系中去,才会出现一些专门性质的工业、农业、商业等学校。现代生产水平的发展,对劳动者的素质要求越来越高,普及义务教育的年限也就越来越长,不少国家已经达到了 12 年,普及高中教育已经在一些发达国家成为现实,高等教育大众化的时代也已经到来。当前,人类社会正进入一个知识经济时代。这个时代出现的许多新型高科技产业和经济—社会管理的思想文化重构,必将对教育的层次、科类以及人才培养的目标产生深刻的影响,从而影响到教育制度的发展和

---

① 王子朴.建构和完善我国终身体育体制的初步研究[J].首都体育学院学报,2004(4):38-41.
② 章荣庆,吕福松.教育学[M].武汉:武汉大学出版社,2003.

变革。①

（二）政治

教育是人类的一种社会活动,在阶级社会里具有鲜明的阶级性。掌握着政权的统治阶级必然要掌握教育权,决定着谁能享受教育,谁不能享受教育,决定着不同社会背景的学生享受教育的类型、程序和方式。统治阶级的这些要求既体现在他们的教育观念上,又体现在他们的教育制度上,而且必须借助教育制度加以保障和实现。因此,政治制度对教育制度的影响是直接的。在现代社会里,由于义务教育的普及,再把一部分社会处境不利的人排斥在学校教育系统之外的做法是行不通了。但是,家庭财产和文化背景对受教育权仍然起着重要作用,远没有实现教育公平。教育公平已成为政治关注的一个重点问题。②

拓展知识

在古代社会里,由于社会政治的阶级性和等级性,古代教育制度也具有阶级性和等级性,能够享受学校教育的只能是一部分有特权(出身、军功或宗教信仰)的人,其余的人都被排斥在学校体系之外,接受一些粗浅的生活教育或师徒式的教育。教育具有极强的阶级性。

（三）文化

教育活动既是在一定的文化观念的影响下进行的,又承担着一定的文化功能,如文化选择、文化传承、文化整合与文化创造等。不同的文化类型必然会影响到教育的类型,影响到教育制度。例如,同为资本主义国家,法国在教育行政上实施集权制,而美国在教育行政上实施分权制;同样是实施分权制,美国的分权制又与英国的分权制不同,各有各的传统和特色。这些都是由于文化的不同而引起的。在文化因素中,科学技术对教育制度的影响非常明显,而且其影响力还在逐渐增大。同时,人文精神对教育制度的影响也日益增强,把受教育权视为基本人权,要求尽可能地实现教育公平。③

三、教育制度的历史发展

由于教育制度要受各种社会因素的制约,所以教育制度必然会随着社会的发展变化而发展变化,在不同的社会历史发展阶段表现出不同的发展状况。

原始时代,社会还处于混沌未分化状态,教育还没有从社会生产和社会生活中分离出来,还没有产生学校,因此,那时就不可能有教育制度。

在进入古代阶级社会之初,由于社会的分化,教育从社会生产和社会生活中的第一次

---

① 张亿钧,秦元芳.21世纪走进每一个人的教育:当代成人教育论[M].长春:吉林大学出版社,2004.
② 董建春,许德宽.教育学[M].开封:河南大学出版社,2004.
③ 张亿钧,秦元芳.21世纪走进每一个人的教育:当代成人教育论[M].长春:吉林大学出版社,2004.

分离,于是就产生了古代学校,甚至后来还有了简单的学校系统,因此就产生了古代教育制度。① 由于古代学校只有阶级性和等级性,没有生产性和科学性,只培养少量的剥削统治人才,不培养广大的生产劳动者,即它具有脱离生产和脱离劳动人民的性质,这就决定了在教育内容上科学和技术的东西很少,决定了它在学校规模上的狭隘性和非群众性,从而决定了古代教育制度的不系统性和不完善性。古代教育没有严格的程度划分,没有严格的年限规定,学校类型很少,层次简单。古代教育只有蒙学和大学,甚至连中学都没有。

拓展阅读

蒙学:

"子能食食,教以右手。能言,男唯女俞,男鞶革,女鞶丝。

六年,教之数与方名。七年,男女不同席,不共食。

八年,出入门及即席饮食,必后长者,始教之让。

九年,教之数日。十年,出就外傅……"

——《礼记·内则》(中国最早的学前教育计划记录)

古之教者,家有塾,党有庠,术有序,国有学。

比年入学,中年考校。

一年视离经辨志。三年视敬业乐群,五年视博习亲师,七年视论学取友,谓之小成;

九年知类通达,强立而不反,谓之大成。

——《学记》

现代教育制度则不然。现代学校是人类进入现代社会之后的产物。它是社会的进一步大分化,特别是教育从社会生产和社会生活中第二次分离的结果。② 现代学校不但培养政治统治人才和管理人才,更重要的是它还培养大量科学技术人才、文化教育人才、经济管理人才和众多的有文化的生产工作者。就是说,现代学校不但有阶级性和等级性,而且还有生产性和科学性,即它有为生产服务和与生产劳动相结合的性质。这就决定了现代学校教育内容上的科学性及其与生产劳动密切联系的性质,决定了学校规模上的群众性和普及性,决定了学校结构上的多种类型和多种层次的特点,从而决定了现代教育制度的系统性和完善性。

教育制度在当代还在随社会的发展变化而不断地发展变化。它已由过去的现代学校教育机构与组织系统发展为当代的以现代学校教育机构与组织系统为主体,包括幼儿教育机构与组织系统、校外儿童教育机构与组织系统和成人教育机构与组织系统的一个庞大的体系③,它的发展方向是终身教育制度。这在发达国家体现得尤为

① 经柏龙.教师专业化背景下的教育理论与实践[M].沈阳:辽宁人民出版社,2005.
② 经柏龙.教师专业化背景下的教育理论与实践[M].沈阳:辽宁人民出版社,2005.
③ 章荣庆,吕福松.教育学[M].武汉:武汉大学出版社,2003.

明显。

终身教育是人一生各阶段当中所受各种教育的总和,是人所受不同类型教育的统一综合。前者是从纵向上来谈的,说明终身教育不仅仅是青少年的教育,而且涵盖了人的一生,如同1973年法国"巴黎全国讨论会"对终身教育所讲的"是从幼儿期到死亡的不间断的学校及校外教育,不存在青少年、成年之间的区别,与培养人格和职业生活的训练相结合"。后者是从横向上来讲的,说明终身教育既包括正规教育,也包括非正规教育,这如同英国学者里士满(Richmond,K.)与终身教育的倡导者朗格朗(Lengrand,P.)会谈所讲的:"终身教育的含义相当简单,指教育并非局限于学校教育。相反,它的影响扩展到学习者的私人生活和公众生活的所有方面——他的家庭和职业关系、他的政治、他的社会活动、他的业余爱好等等。终身教育求助于各种各样的机构:学校、学院、大学,同时还有家庭、社区、工作领域、书籍、出版社、剧场和大众传播媒介。"[①]

自20世纪60年代以来,终身教育作为一种最有影响的教育思潮引起世界各国的注意。从东方到西方,从发达国家到发展中国家,它已为不同社会制度的国家普遍接受。不同学派的教育学家都把它作为"现代教育学的重要主题"进行探讨。联合国教科文组织更是把它作为教育领域活动的指导原则,并组织了一系列国际会议和地区会议,发表了一系列重要的研究报告;很多国家已把它作为教育改革的总政策,并在教育结构、教育内容和方法、教育管理、师资培训等方面进行了一系列革新和实验。有的国家已在国家一级设立"终身教育委员会",不少国家制定了保证终身教育实施的法律;很多国家正结合各自的国情把终身教育从原则和政策转向实际的应用。国际21世纪教育委员会在《教育:财富蕴藏其中》的报告中认为,在迅速变革的时代,终身教育应该处于社会的中心位置;终身教育是打开21世纪之门的一把钥匙。终身教育对当代世界教育实践的影响正越来越清楚地显示出来,教育制度正在越来越多地向终身教育的方向迈进。

第二节 现代学校教育制度

一、现代学校教育制度的形成

现代教育制度的核心部分是学校教育制度。学校教育制度简称学制,指的是一个国家各级各类学校的系统及其管理规则,它规定着各级各类学校的性质、任务、入学条件、修业年限以及它们之间的关系。

现代学校教育制度的形成是与现代学校的产生和发展联系在一起的。在古代,无论是东方还是西方,学校都没有严格的大、中、小学之分,更没有幼儿园。就是叫作大学和小学,如我国西周的大学和小学、欧洲中世纪的大学,和今天的大学和小学相比,存在着极大的差别。近代以来,随着商品经济和资本主义的发展,逐步产生了现代大学和现代中学,

---

① 丁锦宏.教育学[M].南京:南京大学出版社,2002.

特别是随着为劳动人民子女设立的国民学校的产生和发展,逐步形成了公共教育制度,形成了大、中、小学的严格区分,形成了现代学校教育系统。[1]

现代学校最早发源于欧洲中世纪末期的文艺复兴前后。现代学校的产生,事实上是分为两条路线进行的。一条是自上而下地发展,以最早的中世纪大学及后来的大学为顶端,向下伸延,产生了大学预科性质的中学。经过长期演变,逐步形成了现代教育的大学和中学的系统。另一条是自下而上地发展,是由小学(及职业学校),到中学(及职业学校),并上延至今天的短期大学。[2]

1. 大学和高等学校

在欧洲,随着商业、手工业和城市的发展,于12世纪就产生了中世纪大学。中世纪大学最早产生于意大利、法国和英国。到14世纪时,欧洲已有了几十所大学。这些大学一般设文科、神学科、医学科和法学科。[3]

在中世纪大学的四科中,文科教授七艺,属普通教育性质,起着后来的普通中学的作用,是大学的预科。当时大学的四科,入学年龄和修业年限都没有严格的规定。文科一般为6—7年,其他三科为5—6年。在文科学习三四年,学完文法、修辞学和辩证法三艺之后,就可当助教了,这就是学士。学完文科七艺后,获得在文科任教许可证的,就是硕士。文科修业期满,就有权进入大学的其他三科中的某一科学习,毕业合格,并获得任教许可证的,就是博士。

现代大学和现代高等学校是经过两条途径发展起来的:一条是通过增强人文学科和自然学科把这些中世纪大学逐步改造成为现代大学的,如牛津大学、剑桥大学和巴黎大学;一条是创办新的大学和新的高等学校,如伦敦大学、洪堡大学、巴黎高等师范学校。现代大学和现代高等学校是在18—20世纪随着市场经济、现代生产和现代科技的发展而发展和完善起来的。

2. 中学

在欧洲文艺复兴前后,曾出现了以学习七艺和拉丁文或希腊文为主要内容的学校。在英国叫文法学校或公学,在德国和法国叫文科中学。这批学校修业年限不等,有六年的,也有八到十年的。但它们的教学内容、修业年限、毕业生的权利和中世纪大学的文科基本相同,都是为大学培养预备生和为教会、国家培养僧侣、官吏的。因此,我们把它们统称古典文科中学。古典文科中学与中世纪大学的文科的联系十分明显。有的就是由中世纪大学的文科演变来的,例如在18世纪德国就把大学文科的第一阶段并入了文科中学。过去的古典文科中学是大学的附庸。

在18世纪初,商业和手工业的发展提出对管理人才和技术人才的需求,于是在欧洲出现了以学习自然科学和现代外语为主要课程的实科中学。实科中学的出现是中等教育发展史上的一个里程碑,这意味着中等学校向现代学校的方向迈出了决定性的一步。比

① 丁锦宏.教育学[M].南京:南京大学出版社,2002.
② 张文杰.教育学[M].北京:人民日报出版社,2006.
③ 马健生.现代教育制度与思想[M].北京:高等教育出版社,2004.

起古典文科中学来，实科中学更适应生产和国民经济的需要，更接近生活，它具有更鲜明的现代中等学校性质。

实科中学与具有浓厚的古代学校传统的古典文科中学，曾经历了二百年的长期斗争，其结果是实科中学的地位越来越强大。在斗争中，两者都得到了改进和发展，但总的方向是两者都逐步变成了愈益完善的现代中等学校。现代普通中学是随着市场经济和资本主义的产生、发展而产生、发展起来的。

3. 小学

早在文艺复兴以前，西欧就有了行会学校和基尔特学校，学习本族语的读写、计算和宗教，这些学校就是欧洲城市最早的初等学校。在文艺复兴时期，教会又办起了许多小学。在18世纪至19世纪这一百多年里，欧洲发生了以蒸汽机的发明和广泛使用为标志的第一次工业技术革命。这场革命要求劳动者必须具有初步读写算的能力和一定的自然与社会常识，这就推动了以劳动人民子女为教育对象的小学教育的广泛发展。到19世纪后半叶，英、德、法、美、日都通过了普及初等教育的义务教育法，这些先进的资本主义国家都先后普及了初等教育。[①]

4. 初级中学

从19世纪70年代到20世纪初，又发生了以电气在工业上的广泛应用为标志的第二次工业技术革命。这一革命要求从事电气化生产的劳动者，必须具有更高的文化科学基础知识，就是说，只具有小学的文化程度就不够了，必须具有中学的文化程度。于是每个发达的资本主义国家先后把义务教育延长到了八到九年。所延长的这部分义务教育，尽管名称不同，事实上都是初中教育。英国叫现代中学，法国叫市立中等学校，德国叫初级中学。这些中学是为把劳动人民子女培养成有文化的体力劳动者而办的，并不是要把他们培养成脑力劳动者。美国在19世纪前半期掀起了儿童涌入小学的高潮，19世纪后半期又掀起了儿童涌入中学的高潮，于是在小学之上都办起了中学。

5. 职业学校

适应电气化生产的劳动者不但应具有初中的文化水平，而且还应有一定的职业技术技能。传统的学徒制已不能满足这个要求了。于是许多发达国家先后通过了各种职业教育法令，在发展初中水平教育的同时，也大力发展这个阶段的职业教育。第一次世界大战对发展职业教育起了很大的推动作用。1919年德国决定对14—18岁的青少年继续实施义务的职业教育。同年，法国通过《阿斯蒂埃法》，规定每个市镇设立一所职业学校，对18岁以下的青少年实施免费的和义务的职业教育。1924年英国也采取了类似措施。美国于1917年通过了《史密斯—休士法案》，在全国范围内建立中等职业学校，影响更为深远的是把普通中学办成综合中学，设立职业科，开设各种职业选修课程。十月革命后，苏联也建立起了完善的初中程度和高中程度的职业学校，形成了初等教育或初中教育后的职业教育系统。

---

① 马健生.现代教育制度与思想[M].北京:高等教育出版社,2004.

6. 高级中学

从 20 世纪中叶起开始了以电子计算机为标志的第三次工业技术革命的时代。这个时代各种新技术在生产上的广泛应用引起了生产和劳动性质及整个社会生活的革命性变化,同时也就决定了对劳动者掌握科学技术知识的新要求。由于脑力劳动者的人数和比例越来越大以及体力劳动者的脑力劳动因素的日益增加,每个生产者就必须具有高中或高中以上的文化程度,才能满足当前和今后日益发展的生产和社会生活的要求。因此,从 20 世纪中叶起,各发达国家的教育都经历着一个进一步延长义务教育年限、提高教育水平、普及完全中等教育的时期。现在,美、日、俄等国已普及了高中教育,其他发达国家也正在普及高中。

7. 短期大学和大学

20 世纪中叶以来,随着现代生产、现代科技的大发展,随着高中教育的逐步普及,高等教育也走向大众化。美、日、德、法、俄、英等国适龄青年升入高校的已达同龄人的 1/5 到 2/3。有的升入短期大学的比例很高,例如美国短期大学和四年制大学的学生数就大致相等。

8. 幼儿教育机构

作为公共教育的现代幼儿教育机构,最早出现于第一次工业技术革命后的 18 世纪下半叶。19 世纪时各个先进的资本主义国家都出现了幼儿教育机构。20 世纪前半叶,随着第二次工业技术革命的深入发展,各发达国家的幼儿教育机构得到了较快的发展。第二次世界大战以后,各发达国家的幼儿教育逐步走向普及。与此同时,幼儿教育的性质也在发生变化,即从以保育为主走向以教育为主。幼儿教育机构在不少国家已被列入学校教育系统,已成为国民教育体系的组成部分,并将成为终身教育的一个有机组成部分。

9. 研究生教育机构

现代生产和现代科技的发展,引起了对高级科学技术人才和教育人才的需求,这就要求部分大学本科生毕业后进一步攻读高级学位。于是 19 世纪初在德国产生了现代学位(哲学博士)之后,又产生了现代研究生教育机构。在以后的一百多年里,研究生教育在各发达国家得到了广泛发展。到了 20 世纪,研究生教育机构成了不少发达国家学校教育系统的组成部分。20 世纪中叶以来,研究生教育得到了长足的发展,有的国家的研究生以高于本科生增长速度的 2—4 倍的速度增长着。[①]

10. 成人教育机构

成人教育,古已有之。即活到老,学到老。这是指自学、向生活和实践学习、自我修养以及手艺上的精益求精等等。现代成人教育已超出上述含义。它是现代社会的产物,是以在生产上运用科学技术为特征的大生产的产物。

一方面,现代科学技术的创造周期和陈旧周期越来越短,因此,每个人从学校毕业后,

---

① 宋敏.现代终身教育思想在我国的传播及影响之研究[D].华东师范大学,2011.

在劳动生活中如果不多次更新知识，就不能适应人员流动和改行转业的需要。于是成人教育就蓬勃地发展起来，并成为现代学校教育制度的一个重要组成部分。另一方面，由于科技和社会的进步，劳动者闲暇时间的增多，以及个性多方面发展的需要，成人接受多方面的教育已经成了人们的一种精神追求。由于退休的老人也在追求这种个人的精神享受。于是老年人学校、老年人大学就应运而生。正是这两个方面，使我们有充分的根据认为，现代社会已显示了学习化社会的若干特征，未来社会肯定将是学习化社会。因而，现代学校教育制度正在向终身教育制度发展，并将成为完善的终身教育制度。

二、现代学校教育制度的类型

现代学制主要由两种结构所构成：一是纵向划分的学校系统，二是横向划分的学校阶段。[①] 不同类型的学制只不过是学校的系统性和阶段性的不同组合。由纵向划分的学校系统占绝对优势的学制结构就是双轨学制，由横向划分的学校阶段占绝对优势的学制结构就是单轨学制。原来的西欧学制是前者，美国的学制属后者。介于这二者之间的学制结构，属中间型，叫分支型学制。苏联的学制是最早出现的这种分支型学制（见图2-1）。

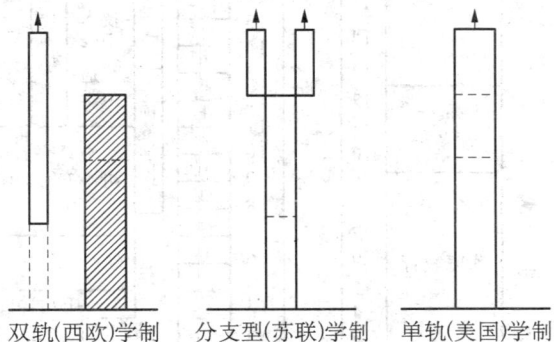

双轨(西欧)学制　　　分支型(苏联)学制　　　单轨(美国)学制

图 2-1　学制的类型

1. 双轨学制

在18、19世纪的西欧，在社会政治、经济发展及特定的历史文化条件影响下，由古代学校演变来的带有等级特权痕迹的学术性现代学校和新产生的供劳动人民子女入学的群众性现代学校，都同时得到了比较充分的发展，于是就形成了欧洲现代教育的双轨学制：一轨自上而下，其结构是——大学(后来也包括其他高等学校)、中学(包括中学预备班)；另一轨从下而上，其结构是——小学(后来是小学和初中)及其后的职业学校(先是与小学相连的初等职业教育，后发展为和初中联结的中等职业教育)。[②] 双轨学制有两个平行的系列，这两轨既不相通，也不相接，最初甚至也不对应，因为一轨从中学开始，一轨只有小学。这样就剥夺了在群众性学校上学的劳动人民子女升入中学和大学的权利。后来，群众性学校一轨从小学发展到了中学时，才有了初中这个相对应的部分。一轨是文法中学

---

① 李朝军.论欧洲双轨学制对现代高等教育二元结构的影响[J].承德职业学院学报,2007(2):1-3.
② 陈伟.对教育与社会分层关系的审思[J].宿州教育学院学报,2016(4):54-55.

（英国）、国立中学（法国）和文科中学（德国）的第一阶段，另一轨相应的是现代中学（英国）、市立中等学校（法国）和初级中学（德国）。欧洲国家的学制都曾是这种双轨学制。

19世纪末20世纪初在欧洲形成的这种双轨学制，由于和第二次工业技术革命，特别是和第三次工业技术革命时代的大生产的性质的矛盾越来越尖锐，由于与这些工业技术革命所推动的普及教育由初等教育向初中教育甚至高中教育的发展相矛盾，因而引起了双轨学制的变革。① 这种变革从英国20世纪初的学制图和现行学制图的对比中可以看得出来（见图2-2和图2-3）。

图 2-2 20 世纪初的英国学制

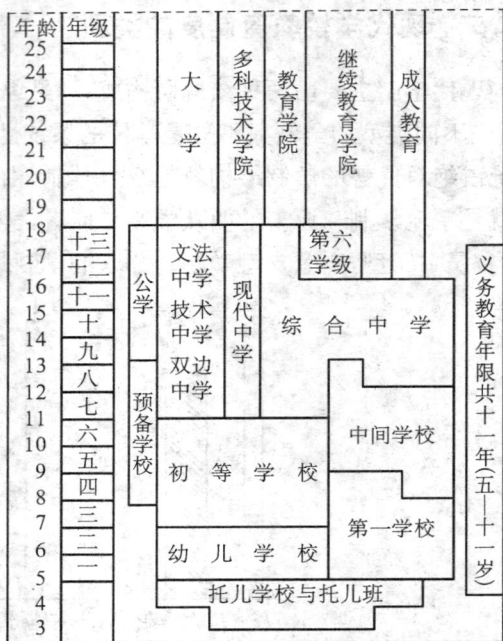

（图示内容）高等学校；高级技术班；技术学校与职业学校；中心学校（4年）；中学；小学（6~8年）；中学预备班；幼儿学校（3年）；家庭教育。年龄标注 3~22。

图 2-3 英国现行学制图

（图示内容）大学；多科技术学院；教育学院；继续教育学院；成人教育；公学；文法中学、技术中学、双边中学；现代中学；第六学级；综合中学；预备学校；初等学校；中间学校；幼儿学校；第一学校；托儿学校与托儿班；义务教育年限共十一年（五—十一岁）。年龄标注 3~25，年级标注 一至十三。

2. 单轨学制

北美多数地区最初都曾沿用欧洲的双轨学制。哈佛、耶鲁等大学可以说是牛津、剑桥大学的缩影，拉丁语学校则是文法学校的翻版。后来，拉丁语学校又演变为兼重文、实的文实学校。18世纪末，美国北部各州已都有了在城镇设立初等学校的法令。1830年以后，小学得到了蓬勃的发展。由于产业革命和电气化的推动，美国由农业社会向工业社会急剧地发展，于是继小学的大发展之后，从1870年起，中学也得到了大发展。在上述这种急剧发展的经济条件和在美国这种没有特权传统的文化历史背景下，美国原来的双轨学制中的学术性一轨没有得到充分的发育，却被在短期内迅速发展起来的群众性小学和群众性中学所淹没，从而形成了美国的单轨学制。美国单轨学制自下而上的结构是小学、中学，而后可以升入大学。其特点是一个系列、多种分段，即六三三、五三四、四四四、八四、

---

① 丁锦宏.教育学［M］.南京：南京大学出版社，2002.

六六等多种分段。单轨制最早产生于美国,后被世界许多国家陆续采纳。

美国单轨学制(见图 2-4)数十年来之所以没有重大变化,并为许多国家所采用,是因为它有利于教育的逐级普及,不但有利于过去初等教育的普及,而且也有利于后来初中教育的普及以及 20 世纪以来对高中教育的普及。[①] 实践证明,它对现代生产和现代科技的发展具有更大的适应能力。

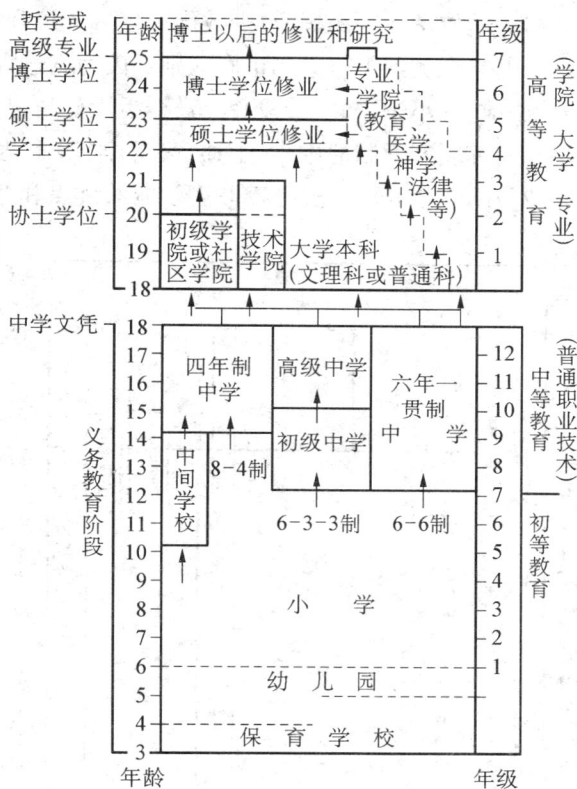

图 2-4　美国现行学制图

真题再现

判断正误:现代学制产生于美国。(　　　)

【答案】错误。

【解析】

现代学制最早出现在欧洲。欧洲资本主义工业革命后,现代学校迅猛发展,它一方面由古代的中世纪大学、古典文科中学发展转化而来,一方面又建立了从小学到中学(包括初级中学、高级中学和职业学校)的新学校。学校的类型不断增加,体系不断完善,到 19 世纪末,现代学制逐步形成。

---

① 俞红,姚顺良.当代欧美国家的社会与文化[M].北京:国防工业出版社,2005.

3. 分支型学制

　　帝俄时代的学制属欧洲双轨学制。十月革命后,苏联制定了单轨的社会主义统一劳动学校系统。后来在发展过程中,又恢复了帝俄文科中学的某些传统和职业学校单设的做法。[①] 于是就形成了既有单轨学制特点又有双轨学制的某些因素的苏联型学制。(见图2-5)苏联型学制不属于欧洲双轨学制。因为它一开始并不分轨,而且职业学校的毕业生也有权进入对口的高等学校学习。一毕业,少数优秀生可直接升入对口高等学校,其余工作三年后也可升学。但它和美国单轨学制也有区别。因为它进入中学阶段时又开始分叉。就是说,苏联型学制前段(小学、初中阶段)是单轨,后段分叉,是介于双轨学制和单轨学制之间的分支型学制。苏联型学制的中学,上通(高等学校)下达(初等学校),左(中等专业学校)右(中等职业技术学校)畅通,这是苏联型学制的优点和特点。

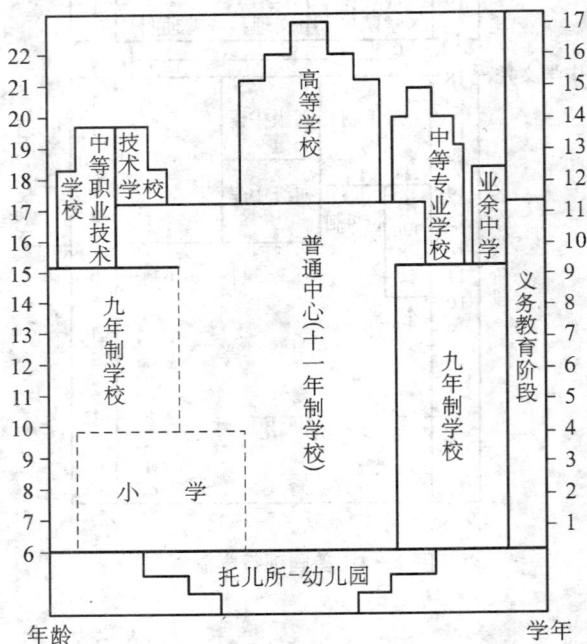

图2-5　苏联20世纪80—90年代学制图

真题再现

　　多项选择题:西方各国学校教育制度在发展过程中形成了下列哪些典型学制类型?(　　)

　　A. 分支制学制　　　　B. 双轨制学制　　　　C. 六三三学制

　　D. 单轨制学制　　　　E. 壬寅学制

　　【答案】ABD。

---

　　① 丁锦宏.教育学[M].南京:南京大学出版社,2002.

三、现代学校教育制度的变革

现代学制在形成后的近百年来,不论从纵向学校系统,还是从横向学校阶段来分析,都发生了重大的变化。

从纵向学校系统分析,双轨学制在向分支型学制和单轨学制方向发展,直到20世纪初,西欧双轨学制,一轨只有小学,一轨则只有中学和大学。几十年后,随着义务教育的上延,教育机会均等原则的实施,双轨学制从小学开始向上逐步并轨。[①]

20世纪初,初等教育是专为劳动人民子女设立的。那时,社会中上层人士的子女是在家庭中或在中学预备班里接受初等教育的。经过两次世界大战,通过劳动人民及其政党、进步人士的努力和争取,德、法、英等国终于先后实行了统一的初等教育,初等教育终于并轨了。

第二次世界大战后,西欧各国普及教育逐步延长到了十年左右,已到了中学的第一阶段。过去,欧洲的中学本来是不分段的。现在,同是接受义务教育,有的在高学术水平的完全中学的第一阶段进行,有的则在新发展起来的低学术水平的初级中学里进行,机会很不均等。于是,英、法、德等国采用了综合中学的形式把初中的两轨并在一起。英国发展最快,20世纪80年代初,综合中学的学生数已超过学生总数的90%以上。这样,西欧双轨学制事实上已变成分支型学制了,即小学、初中单轨,其后多轨。[②] 现在,英国的高中也正在通过综合中学实行并轨。

根据双轨学制的并轨情况,我们可以得出如下两点结论:第一,义务教育延长到哪里,双轨学制并轨就要并到哪里,单轨学制是机会均等地普及教育的好形式;第二,综合中学是双轨学制并轨的一种理想形式,因而综合中学化就成了现代中等教育发展的一种趋势。

第三节　我国现行学校教育制度

一、我国学校教育制度的演变

我国现代学制的建立是从清末开始的。1840年鸦片战争后,帝国主义列强的疯狂侵略和国内资本主义势力的兴起,迫使清朝政府不得不对延续了几千年的封建教育制度进行改革。于是"废科举,兴学校",改革教育,制定现代学制。

1. 壬寅学制

1902年,晚清重臣张百熙,临危受命出任管学大臣,掌理全国学务兴革大计,也正是他主持制订"壬寅学制"(见图2-6)。光绪二十八年,清朝政府颁布了《钦定学堂章程》,

① 王金云,徐龙森.新编教育学[M].开封:河南大学出版社,2002.
② 马健生.现代教育制度与思想[M].北京:高等教育出版社,2004.

亦称"壬寅学制",是我国教育史上正式颁布但未实行的第一个学制。章程中分《京师大学堂章程》《考选入学章程》《高等学堂章程》《中等学堂章程》《小学堂章程》及《蒙养堂章程》。①

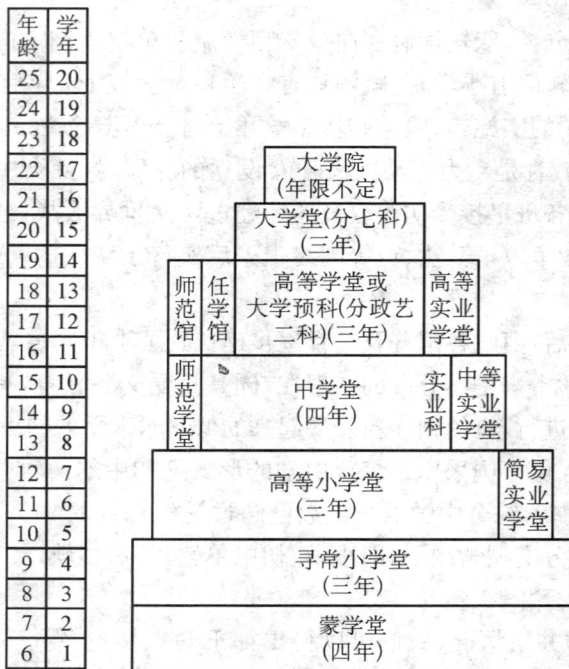

图 2‐6　壬寅学制系统图(1902 年公布)

这个学制具体规定了各级各类学堂的性质培养目标、入学条件、入学年限、课程设置和相互关系。将教育分三个阶段:第一阶段为初等教育,第二阶段为中等教育,第三阶段为高等教育,全学程共二十年。②

学制施行仅仅十个月,便被宣布废除。壬寅学制在"结构"上嫁接了科举制度的功名,所以很快得到了社会认可,可是在实践上却产生了升学次序无法确立、辍学现象普遍存在以及义务教育办学主体权责错位等三个问题,阻碍了"功能"的发挥,壬寅学制废除与它的自身缺陷有密切关系。

2. 癸卯学制

由于主持"壬寅学制"的张百熙素以偏护新学遭谤议,同时也由于壬寅学制制定仓促,存在诸多不足,其公布后即有人提出不同意见,其中湖广总督张之洞还提出了较为系统的建议。③ 1903 年 7 月,清政府命张百熙、荣庆、张之洞以日本学制为蓝本,重新拟订学堂章程,于 1904 年 1 月公布,即《奏定学堂章程》,是年为旧历癸卯年,故称"癸卯学制",这是中

---

① 郑玉平.我国学校教育制度的演变探究[Z].深圳:中国教育学会教育史分会第十四届年会,2013‐12‐01.
② 张蓉蓉.张百熙的学制改革思想及其实践研究[D].湖南师范大学,2011.
③ 侯德华.我国大学章程的发展历程[J].延安教育学院学报,2008(4):24‐26.

国近代第一个正式施行的学制(见图2-7)。

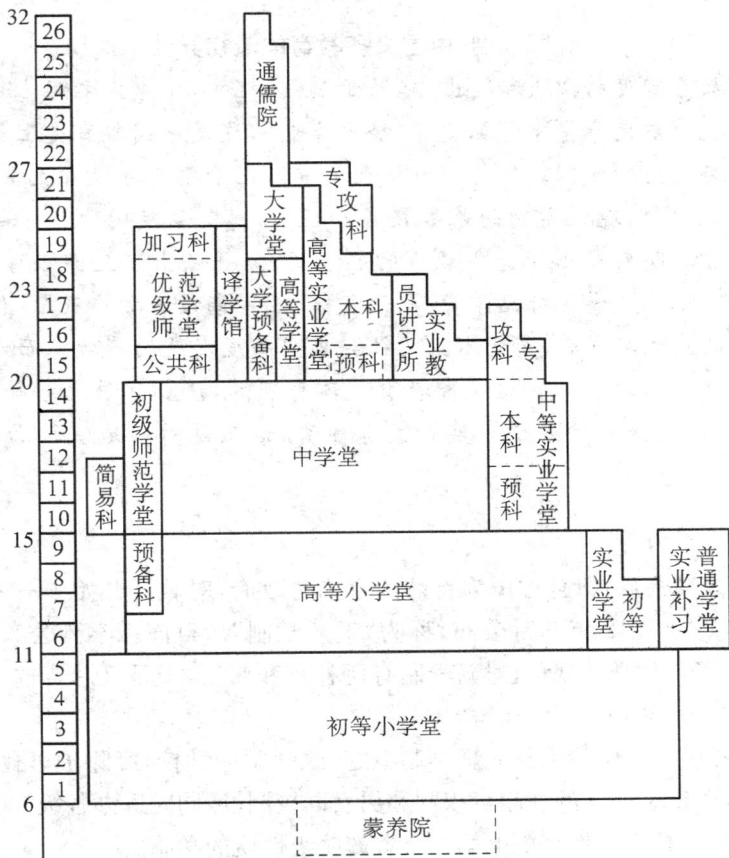

图2-7　癸卯学制系统图

该学制规定学堂的立学宗旨是"以忠孝为本,以中国经史文学为基,俾学生心术壹归于纯正,而后以西学瀹其知识,练其艺能,务期他日成才,各适实用"。还规定了各级各类学堂的性质任务、入学条件、修业年限及相互衔接和关系。①

"壬寅学制"和"癸卯学制"的制定与实施,为中国新型学制的建立奠定了基础。学制颁布后,各类各级学校获得了发展。但是,由于中国处于半殖民地半封建的社会条件下,加之整个学制改革是在"中学为体,西学为用"的指导思想下进行的,所以所实行的学制虽形同西方近代资产阶级国家的学制,但实质上仍然是受封建思想支配,表现出明显的半殖民地半封建性。②

---

① 郑玉平.我国学校教育制度的演变探究[Z].深圳:中国教育学会教育史分会第十四届年会,2013-12-01.
② 张准.晚清政府时期的学位制度与研究生教育述评[J].青年与社会,2013(12):138-139.

拓展知识

癸卯学制:中国义务教育的最初尝试

中国义务教育制度的拟议和提出,起源于20世纪初,并以张之洞1904年《奏定学堂章程》为标志。《奏定学堂章程》,史称"癸卯学制",这是中国教育史上第一个正式颁布且在全国普遍实行的学制。它的颁布结束了中国几千年来办教育无章程、学校无体系的状态,确立了中国现代学制的基本模式和框架,奠定了我国现代学制的第一块基石。该学制也首次明确提出了义务教育的思想观念,并做出了义务教育免费的规定:"官设初等小学,永不令学生补贴学费,以便贫民,庶可期教育之广及"。但当年世界范围内义务教育的产生与发展,是资本主义社会文明高度发展的产物。而清政府在当时的历史条件下效仿西方全面实施义务教育是不可能的,清朝官员也深知,在我国还处在兴办学堂之初,就提出仿效国外实行义务教育,这只是对各地官绅的一种"竭力劝勉"而已。

3. 壬子癸丑学制

1911年辛亥革命后,以孙中山为首的南京临时政府,对教育开始了一系列适应资产阶级需要的改革。[①] 1912年9月公布,称为"壬子学制"。自该新学制公布至1913年8月,又陆续颁布了各种学校规程,对新学制有所补充和修改,于是又总合成一个更加完整的学制系统,即"壬子癸丑学制"。

该学制是参照日本明治维新后新学制拟定,改学堂为学校,废除了尊孔读经,取消了进士出身奖励,确定了妇女的受教育权利和男女同校制度,同时筹办各级女子学校。该学制施行到1922年,是中国教育史上第一个资产阶级性质的学制。

真题再现

1904年,清政府颁布了由张之洞、张百熙等人制定的《奏定学堂章程》,史称(　　),这个学制体现的是张之洞的"中学为体,西学为用"的思想,吸收了日本明治维新时期的学制形式,也保留了一定的封建科举制度的残余。该学制最大的特点是修业年限长,从小学堂到大学堂需要21年,至通儒院需要26年。这是我国正式实施的第一个学制。

A. 六三三学制　　　B. 五四学制　　　C. 壬寅学制　　　D. 癸卯学制

【答案】D。

4. 壬戌学制

第一次世界大战期间,中国近代工业得到进一步发展,战后民族资产阶级不仅要求在政治经济方面给予创造继续发展的条件,也要求在教育方面能提供具有文化知识的劳动

---

① 郑玉平.我国学校教育制度的演变探究[Z].深圳:中国教育学会教育史分会第十四届年会,2013-12-01.

力和科学技术。

　　1922 年制定的"壬戌学制"又称为新学制,主要是采取当时美国一些州已经实行了 10 多年的"六三三制",表明中国现代教育制度从效法日本转向了效法美国,由军国民主义教育转向了平民主义教育。但它却并非盲从美制,而是中国教育界经过长期酝酿、集思广益的结晶。新学制的颁布和实施,标志着中国资产阶级新教育制度的确立,标志着中国近代以来的学制体系建设的基本完成。[①]

　　这个学制受美国实用主义教育的影响,强调适应社会进化的需要,发扬平民教育精神,谋求个性之发展,注重生活教育,使教育易于普及,给各个地方留有伸缩余地。[②] 在学校系统上,将全部学校教育分为 3 段 5 级:初等教育段为 6 年,分初小(4 年)、高小(2 年)2 级;中等教育段 6 年,分初中(3 年)、高中(3 年)2 级;高等教育段为 4—6 年,不分级(见图 2-8)。这个学制虽几经修改,但基本没有变动,影响深远。

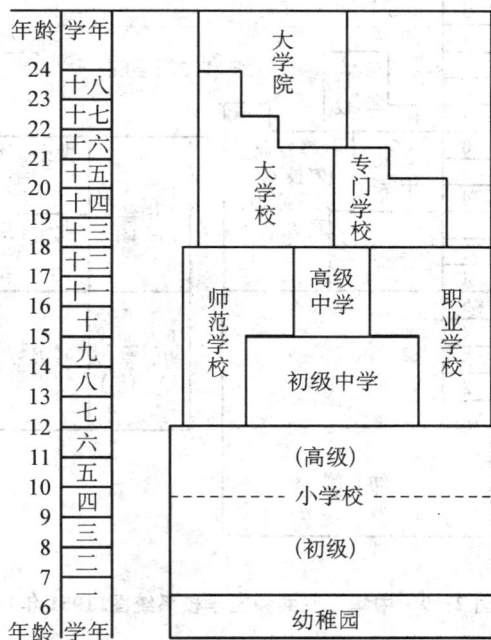

图 2-8　壬戌学制系统图(1922 年公布)

5. 1951 年《关于改革学制的决定》

　　1949 年中华人民共和国成立。中央人民政府政务院于 1951 年颁布了《关于改革学制的决定》,明确规定了中华人民共和国的新学制,这是我国学制发展的一个新阶段。

　　首先,这个学制吸收了老解放区的经验、1922 年学制和苏联学制的合理因素,发扬了

---

①　袁德亮.壬戌学制:中国教育自主意识觉醒之标志[D].华中师范大学,2007.
②　毛乃佳,王等等.教育学理论与实践[M].兰州:兰州大学出版社,2006.

我国单轨学制的传统,使各级各类学校互相衔接,保证了劳动人民子女受教育的平等权利。[①] 其次,职业教育在新学制中占有重要地位,体现了重视培养各种建设人才和为生产建设服务的方针,表现了我国学制向分支型学制方向的发展。再次,重视工农干部的速成教育和工农群众的业余教育,坚持了面向工农和向工农开门的方向,初步表现了我国学制由学校教育机构系统向包括幼儿教育和成人教育在内的现代教育施教机构系统的发展,显示出终身教育的萌芽。

6. 1958 年《关于教育工作的指示》

1958 年,中共中央和国务院发布了《关于教育工作的指示》,明确指出:"现行的学制是需要积极地妥当地加以改革的。各省、市、自治区党委和政府有权对新学制积极地进行典型试验,并报告中央教育部。经过典型试验取得充分经验之后,应当规定全国通行的新学制。"[②](见图 2-9)

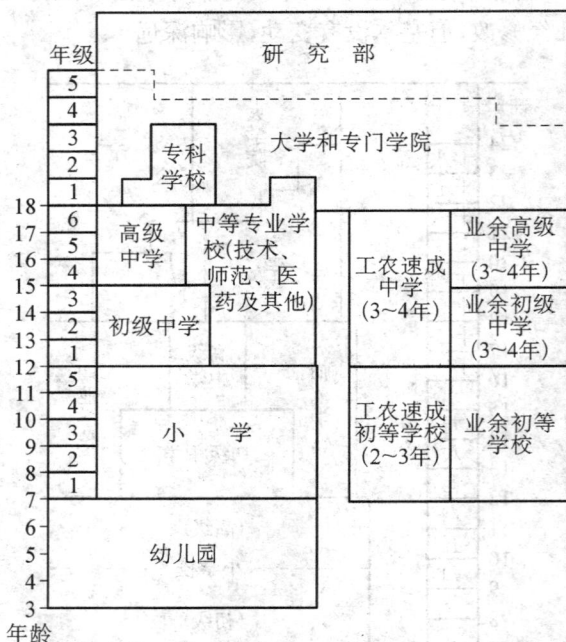

图 2-9 中华人民共和国学校系统图(1951 年)

随后,许多地区开展了学制改革的试验,如提早入学年龄,进行了六岁入学的试验;为了缩短年限,进行了中小学十年一贯制的试验;为了贯彻"两条腿走路"的方针,采取多种形式办学,创办了农业中学、半工半读学校,进一步发展了业余学校。[③] 但是由于"左"的影响,由于急躁冒进和盲目发展,不仅使学制改革的试验不可能在正常的教学秩序下进行,而且一大批新创办的各级各类学校,由于师资、设备跟不上,也难以维持。在中央的及

---

① 丁锦宏.教育学[M].南京:南京大学出版社,2002.
② 郑玉平.我国学校教育制度的演变探究[Z].深圳:中国教育学会教育史分会第十四届年会,2013-12-01.
③ 肖海涛.高等教育学制系统改革研究[D].厦门大学,2009.

时觉察下,1961 年开始贯彻"调整、巩固、充实、提高"的方针,特别是制定了大、中、小学工作条例,在肯定一些积极成果的同时,对当时各种"左"的表现做了纠正。

"文化大革命"提出了"学制要缩短""教育要革命"等口号,对我国的学制和教育事业造成了严重破坏。第一,和当代中学学制延长的发展趋势相反,毫无根据地把中学学制大大缩短,把初高中都缩短到两年;第二,和当代中等教育结构多样化的发展趋势相反,对中专和技校大加砍杀,盲目发展普通高中,使普通教育和职业教育的比例失调;第三,和当代高等教育多层次和多类型的发展趋势相反,把高等教育缩短为三年和一个层次,把很多院校、科系、专业取消,使人才培养比例完全失调;第四,和当代成人教育、业余教育大发展以及发展终身教育的趋势相反,把这类教育形式完全取消,扼杀了职工提高文化科学水平和知识更新的机会;等等,从而把中华人民共和国成立以来我们建设起来的具有某种终身教育因素的社会主义新学制糟蹋得满目疮痍,破坏得不成样子。这完全是一种倒退行为。

7. 1976 年,十一届三中全会重建学制

1976 年结束了这场浩劫。特别是经过十一届三中全会以来的努力,我国迅速结束了十年浩劫所造成的教育上的混乱局面,着手重建和发展被破坏了的学制系统:延长了中学的学习年限;恢复和重建了中专和技校,创办了职业高中;恢复了高等学校专科和本科的两个层次;扩大了高等专科学校;恢复和重建了很多院校、科系和专业;建立了学位制度和完善了研究生教育制度;恢复和重建了各级各类成人教育机构;等等,从而使我国学制逐步向合理和完善的方向发展,使各级各类学校形成了一个完整的系统。

二、我国现行学校教育制度的形态

经过一个世纪的发展,我国已建立了比较完整的学制,这个学制还在 1995 年颁布的《中华人民共和国教育法》里得到了确认。它包括以下几个层次的教育(见图 2-10):

学前教育(幼儿园):招收 3—6、7 岁的幼儿。

初等教育:主要指全日制小学教育,招收 6、7 岁儿童入学。学制为 5—6 年。在成人教育方面,是成人初等业余教育。

中等教育:指全日制普通中学、各类中等职业学校和业余中学。全日制中学修业年限为 6 年,初中 3 年,高中 3 年;职业高中 2—3 年;中等专业学校 3—4 年;技工学校 2—3年。属成人教育的各类业余中学,修业年限适当延长。

高等教育:指全日制大学、专门学院、专科学校、研究生院和各种形式的业余大学。高等学校招收高中毕业生和同等学历者。专科学校修业为 2—3 年。大学和专门学院为4—5 年,毕业考试合格者,授予学士学位。业余大学修业年限适当延长,学完规定课程经考核达到全日制高等学校同类专业水平者,承认学历,享受同等待遇。条件较好的大学、专门学院和科学研究机关设立研究生教育机构。硕士研究生修业年限为 2—3 年,招收获学士学位和同等学历者,完成学业授予硕士学位。博士研究生修业年限为 3 年,招收获硕士学位者和同等学历者,完成学业授予博士学位。在职研究生修业年限适当延长,完成学图中文字（我国现行学校系统图）：

年龄（成人教育年龄不限）
25 24 23 22 21 20 19 18 17 16 15 14 13 12 11 10 9 8 7 6 5 4 3

年级

高等教育 — 中等教育 — 初等教育 — 义务教育阶级

（博士研究生）
（硕士研究生）
普通高等学校
专科
（本科）
成人高等学校（函授学院、广播电视大学、管理干部学院、教育学院、农民大学、职工大学）
农业职业中学
中等专业技工学校
普通中学（高中）
成人中等专业学校
成人中等学校（高中）
普通中学（初中）
成人中等学校（初中）
小学
成人初等学校
幼儿园

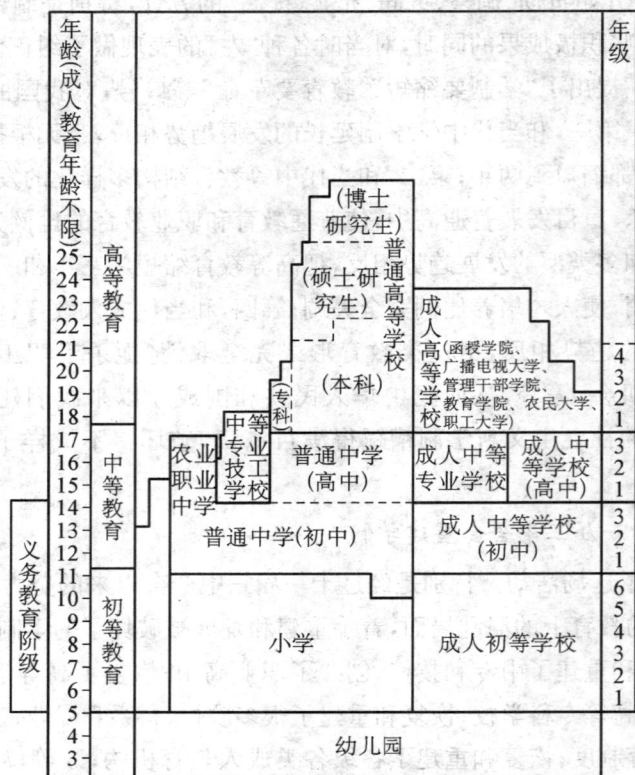

图 2－10　我国现行学校系统图

业者也可获相应学位。

从形态上看,我国现行学制是从单轨学制发展而来的分支型学制。

我国在 20 世纪初从西方引入的现代学制,从总体上看是单轨学制。那是因为我国的现代生产、现代科技和商品经济还很不发达,学校的主要任务还是培养政治人才、管理人才和提高部分人口的科学文化水平,而不是培养大批为生产和经济服务的各级各类人才。因此,这种单轨学制不像美国单轨学制那样是由于现代生产的急剧发展,群众性一轨淹没了另一轨的那种单轨学制。换句话说,这种单轨学制是在现代生产和现代社会生活还未充分发展条件下形成的单轨学制。这种单轨学制中的中学阶段的职业教育极其薄弱就是明证。

随着生产和社会的发展,对有文化的劳动者的需求越来越大和越来越迫切,我国的单轨学制必然要走向分支型学制。所以,1951 年参考苏联分支型学制制定我国的新学制,在总体上是正确和进步的措施。十年动乱对这一学制的破坏,确系倒退,因为它违背了教育发展的历史趋势。

近二十多年来我国学制改革和发展的基本方向就是重建和完善分支型学制。我们现在正在走的道路是通过发展基础教育后的职业教育走向分支型学制。下一步要走的道路将是通过高中综合化走向单轨学制。这是现代学制发展的大趋势。

三、当前我国学校教育制度的改革

(一)我国学校教育制度改革趋势

1.重视幼儿教育并加强与小学教育的衔接

过去幼儿教育发展不够,一般都没有被列入学校教育系统。近年来,由于对早期教育的重视和幼儿教育迅速走向普及,大多数国家强调幼儿教育是整个教育体系的第一环,为此,把幼儿教育列入学校系统。与此相联系,带来了幼儿教育阶段的两个变化。一是幼儿教育的结束期有提前趋势:7岁的提前为6岁,或6岁的提前到5岁。二是幼儿教育和小学教育的联系在加强,甚至使幼儿教育的高班和小学的低年级结合起来。有的国家还提倡把幼儿园办在小学里,以便更好地进行早期教育。英国规定5~7岁、7~9岁和9~11岁三个阶段,把幼儿教育和小学教育结合起来。我国小学、幼儿园所办的学前班(幼儿班)也是力图加强幼儿教育和小学教育的衔接。[①]

之所以出现这种趋势,一个重要原因是教育科学和心理科学研究认为婴、幼儿期是人生发展的重要时期,人的发展水平在很大程度上取决于早期教育。[②] 美国心理学家布鲁姆研究提出,人的智力发展的一般方式是:与17岁所达到的智力水平相比较,4岁时就约占50%,30%是在4—8岁获得的,最后的20%是在8—17岁获得的。这在一定程度上说明,重视幼儿教育对人一生的发展都将会有很大的影响。这一科研成果引起了世界各国对早期教育的重视,推动了幼儿教育的普及和发展。

2.逐渐延长义务教育年限

普及义务教育是工业革命对劳动力文化科学和职业技术素养要求的产物,随着科技革命推动工业革命的发展,普及义务教育的年限不断延长,强制性不断加强,实行的国家和地区不断增多。近百年来世界各国普及义务教育的发展规律表明:以蒸汽机为标志的第一次工业技术革命需要劳动者具有小学文化水平,义务教育普及到小学程度(6年制);以电气化为标志的第二次工业技术革命需要劳动者具有初中文化水平,义务教育就普及到初中程度(9年制);以核能、电子、航天技术为标志的第三次工业技术革命则需要劳动者具有高中以上文化水平,义务教育的普及就已经向高中程度发展,如美国、日本等国家已经出现这一趋势。日本1978年的初中毕业生升入高中的比例已达96%,实际上已经普及了12年制义务教育。[③] 我国上海等大城市及近郊也已开始普及12年制,即高中程度的义务教育。

3.普通教育与职业教育日趋接近

中等教育阶段的普通教育与职业教育之间关系的发展趋势:普通教育职业化,职业教

---

① 郑慧英.幼儿教育学[M].福州:福建教育出版社,1996.
② 王保林,窦广采.幼儿心理学[M].郑州:郑州大学出版社,2007.
③ 杨学为.中国考试改革研究[M].北京:北京大学出版社,2001.

育普通化。所谓普通教育职业化,指的是在普通基础教育学校开设职业技术或劳动技术选修课;所谓职业教育普通化,指的是在职业技术教育学校中加强普通科学文化课的教学。可见,普通教育与职业教育在互相靠拢,日趋接近。今后将会出现和职业教育内容融合在一起的普通教育以及没有严格划分的职业教育,甚至可能将历史上分离的分支的普通教育和职业教育极为紧密地结合起来,直至两者融为一体。从整个世界的角度看,普通教育与职业教育之间的彼此渗透,相互结合和日趋接近,并且逐步向二者统一的方向发展,将成为当前世界各国学校教育制度改革中十分重要的动态和趋势。①

之所以出现这一趋势,既是现代社会对劳动力和各类人才综合素质与文化水平提高的需要,也是教育民主化——个体教育选择权扩大的要求,同时还是终身教育的必然。

4. 高等教育多样化、大众化

由于科学技术和经济发展对各类高级人才的需要,世界各国高等教育得到了迅速发展,其趋势主要表现在两个方面:一个方面是高等教育机构的多样化趋势②,多样化又表现为多层次和多类型两个特点。多层次是指传统大学向下延伸为专科层次,向上延伸为硕士、博士两个层次。这一现象在美国体现为初级学院(社区学院)、大学、研究生院"三级体制",在日本体现为大学、短期大学、高等专科学校和专修学校四种类型。多类型是指教育形式多样化,出现学历与非学历,全日制与业余制,培养与培训等多种教育组织形式。在我国体现为普通全日制大学、电大、夜大、函大、职大、自修大学等6种形式。

另一方面是高等教育向大众化方向发展。高等教育大众化主要是指享受高等教育的青年达到和超过同龄人的15%到50%的程度。这是一个教育发展概念,标志社会发展和公民教育需求都达到了较高水平。也有学者将高等教育大众化理解为大学世俗化、"生活化"趋势,认为高等学校增设培养中级科学技术人员、管理人员的专业,担负在职人员知识更新的任务,改变传统大学强调学术、重视理论知识,只负责一次性培训,只造就高级专家的单一性等等贴近生产活动和世俗生活的现象就是高等教育大众化趋势。③

5. 重视继续教育和终身教育

现代生产和现代科学技术的迅速发展所伴随的知识"爆炸"和知识"老化",使得人们把青少年时期所接受的教育作为终生享用的时代已经成为过去。④ 不论受过多高水平教育的人,都必须随时补充自己的知识,以便能和科学技术的发展同步前进,甚至还需要重新回到教育过程中来补充自己的知识,于是回归教育、成人教育、继续教育、终身教育就被提了出来,函授大学、广播电视大学、自修大学、夜大学、职工大学、开放大学等教育机构得到了广泛的发展。过去在学校系统中没有地位的成人教育不仅被纳入学校教育的制度之中,而且逐渐形成了与普通教育、高等教育相联系的完整的成人教育系统,构成了对过去

---

① 国家教育委员会人事司.国外教育情况专题[M].北京:科学普及出版社,1992.
② 郝瑜.高等教育大众化[M].北京:高等教育出版社,2004.
③ 齐杭.1980年以来我国高等教育学学术争鸣历程与特点研究[D].苏州大学,2017.
④ 丁锦宏.教育学[M].南京:南京大学出版社,2002.

青少年从小学到大学,从普通教育到职业教育的学校教育制度的补充,这是现代学校教育制度的一个重要的发展趋势。

(二)《国家中长期教育改革和发展规划纲要(2010—2020)年》有关学制改革的内容

2010年5月教育部发布《国家中长期教育改革和发展规划纲要(2010—2020年)》,是进入21世纪以来我国第一个教育规划纲要,是指导教育改革和发展的纲领性文件。

今后十年我国教育改革发展要贯彻"优先发展、育人为本、改革创新、促进公平、提高质量"的二十字方针,即① 优先发展:把教育摆在优先发展的战略地位、完善中国特色社会主义现代教育体系;② 育人为本:把育人作为教育工作的根本要求,尊重教育规律和学生身心发展规律;③ 改革创新:把改革创新作为教育发展的强大动力,健全充满活力的教育体制;④ 促进公平:把促进公平作为国家基本教育政策,保障公民依法享有平等受教育的权利;⑤ 提高质量:把提高质量作为教育改革发展的核心任务,为国民提供更加丰富的优质教育。

学制方面,按照完善现代国民教育体系、形成终身教育体系的要求,明确了今后一个时期,我国学制当前的发展任务。主要内容有:① 积极发展学前教育,重点发展农村学前教育;② 巩固提高九年义务教育水平,推进义务教育均衡发展;③ 普及高中阶段教育;④ 把职业教育放在更加突出的位置;⑤ 全面提高高等教育质量;⑥ 发展继续教育,努力建设学习型社会;⑦ 关心和支持特殊教育,完善特殊教育体系,健全特殊教育保障机制。

【本章小结】

本章主要阐述了教育制度的含义与特点、制约教育制度的社会因素、教育制度的历史发展;现代学校教育制度的形成、类型和变革;我国学校教育制度的演变、形态和改革。

思考题

1. 我国现行学制的改革应注重哪些方面?
2. 为什么终身教育会成为现代教育制度的发展方向?

第三章

教育功能

学习目标

1. 理解教育功能的含义及类型,掌握人发展的一般规律。

2. 理解并掌握影响人发展的主要因素以及社会对教育的制约性。

3. 理解教育的正向功能及负向功能的主要表现,能举出现实生活中的例子并分析其产生的原因。

4. 能够运用相关理论分析并提出提升教育的正向功能,减少负向功能的方法。

5. 能够运用教育与社会关系的相关理论分析解决现实中具体的教育问题。

6. 能感受教育对个人成长以及社会发展的重要作用,坚定学生学教、从教信念。

思维导图

```
                          ┌ 教育功能概述 ┬ 教育功能的概念
                          │              └ 教育功能的类型
                          │
                          │              ┌ 人的发展概述
                          │              │
                          │ 教育的个体功能┤ 影响人的发展的主要因素
教育功能 ─────────────────┤              │
                          │              │ 教育对个体发展的正向功能
                          │              │
                          │              └ 教育对个体发展的负向功能
                          │
                          │              ┌ 关于教育与社会关系的主要理论
                          │              │
                          └ 教育的社会功能┤ 教育的社会制约性
                                         │
                                         │ 教育对社会的正向功能
                                         │
                                         └ 教育对社会的负向功能
```

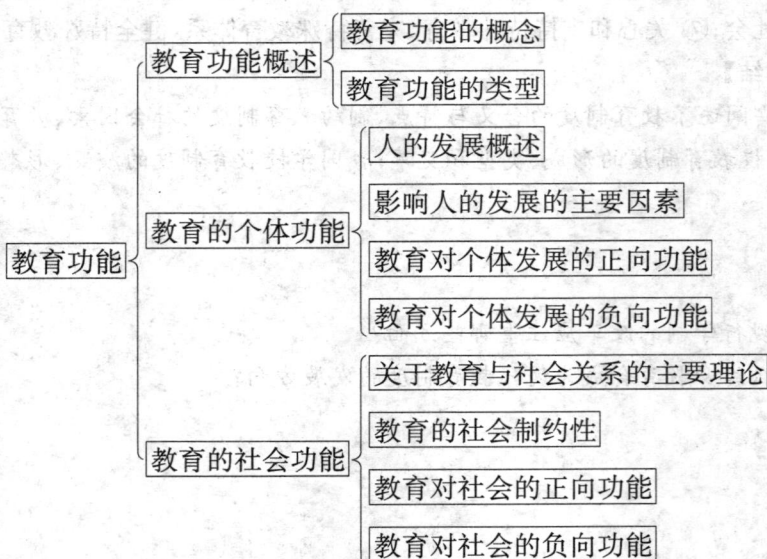

　　教育功能是教育学中一个重要的基本理论问题。它所要回答的是教育"实然"问题,也就是教育实际上做了什么的问题。作为社会生活中的一个子系统,教育势必会对社会发展产生影响。而通过对教育本质问题的探讨,我们知道教育对社会产生的影响是通过教育对人所发挥的影响来实现的。由此可知正确理解教育功能问题有助于对教育本质问题的理解。

第一节 教育功能概述

一、教育功能的概念

功能在《现代汉语词典》中有两种解释,其一为事物或方法所发挥的有利的作用;其二是效能。综合这两种解释可以看出,功能就是事物实际上所具有的性能,抑或是事物所发挥的实际效果。而事物所发挥的实际效果又取决于事物本身所具有的结构以及其与外界相互联系与作用的结果。

教育是一项培养人的社会实践活动。这一本质就决定了它既有其独立的运行系统,又是一个复杂开放的社会系统。

教育作为一个独立的系统,受教育自身的构成要素影响。因此,教育者、受教育者以及教育影响决定着教育的内部结构。从这一角度看,教育内部结构的运行,是教育者借助教育手段,以教育中介作用于受教育者,其结果是影响受教育者的发展。所以教育的内部功能是影响人的发展。

从另外一个方面讲,教育作为社会中的一个子系统,它与政治、经济、文化等社会其他子系统共同构成一个完整的社会结构。因此,教育在社会的大系统中与其他社会子系统共同作用,从而表现出教育对政治、经济、文化的影响,进而影响社会发展。因此从宏观角度看,教育的功能是对社会的影响。因此,教育功能就是教育本身对人的发展和社会发展所产生的影响或所发挥的作用。[①]

二、教育功能的类型

教育功能的类型按照不同的角度可以分为多种:

(一)从作用的对象看,教育功能可以分为:个体功能和社会功能

教育的个体功能又称之为教育本体功能,它发生在教育系统之内。个体功能主要表现在个体生理和心理两个方面的持续变化过程。前者指有机体的生理机能,诸如人体器官、组织的变化、完善。后者指人的心理过程的变化,包括认知、情感、意志、人格等。人既是作为生物体的个体,又是社会中的个体。教育影响个体的社会化和个性化,并将两者统于一体。换言之,教育的个体功能表现为个体个性化功能和个体社会化功能。

教育的社会功能是指教育作为社会的子系统,它通过培养人的活动来影响社会发展。因此,教育的社会功能是基于个体功能的基础上派生出来的教育功能。当然教育的社会功能是有条件的,它受社会性质的影响与制约。比如,古代阶级社会的教育功能重点放在政治功能上,其主要目的是维护统治阶级的统治。而现代社会的教育功能重点放在经济

---

① 全国十二所重点师范大学联合编写.教育学基础[M].北京:教育科学出版社,2002:30.

功能上。例如"教育先行"战略目的就是通过教育促进社会的经济发展。此外,教育对社会结构中的其他子系统也有相应的功能,如教育的文化功能、人口功能、科技功能等。因此,教育的社会功能也称之为教育的工具功能。

(二) 从作用的方式看,教育功能可以分为:正向功能和负向功能

这是美国社会学家默顿(R.K.Merton)在 20 世纪 50 年代提出的一个关于功能的分析维度。他认为:"社会功能系指可见的客观结果,而不是主观意向(目标、动机、目的),若不能区分客观社会结果与主观意向,则必然导致功能分析上的混乱。"[①]根据这一说法,功能既然是客观的结果,那么就意味着功能不全是正向的,也存在负向的作用。默顿认为正向功能是指有助于一个系统适应或顺应的结果,而负向功能则是指会削弱系统适应或顺应的结果。

根据默顿这一观点,那么教育也可以分为正向功能和负向功能。所谓教育的正向功能指教育对个体和社会的积极促进作用,教育的负向功能指教育对个体和社会所产生的阻碍作用或消极影响。[②] 教育的负向功能在现实生活中也有很多表现,如因一味追求考试成绩造成的学生负担过重等。在教育实践中教育的正向功能和负向功能同时存在,只是所占的比重不同。总体上,在社会发展过程中,教育以正向功能为主,在社会发展的某个时期也会出现负向功能,比如"二战"时期的法西斯教育就对社会发展产生消极影响。

(三) 从作用的呈现方式看,教育功能可以分为:显性功能和隐性功能

这一分类也是根据默顿的功能分析维度进行划分的。显性功能是依据教育的预期目的,教育在实际运行中所出现的与之相符合的结果。如教育提高了人的智力、体能、思想品德等水平;促进社会经济、文化繁荣等。隐性功能是伴随着显性功能而出现的非预期的且具有较大隐藏性的功能。[③] 显性功能与隐性功能是相对的,一旦隐性功能被有意识地开发、利用,就转变成了显性教育功能。

日本学者柴野昌山运用默顿关于功能划分的理论,把学校的教育功能分为四大类,即显性正向功能、隐性正向功能、隐性负向功能、显性负向功能。

真题再现

某班教师为了激发和保持学生的学习动机,开展了一系列学习竞赛活动。结果如教师所料,学生的学习热情高涨,成绩明显提高。但没有想到的是,学生之间相互猜忌、隐瞒学习资料等现象日趋严重。上述事实表明,教育(　　)。

A. 既有正向显性功能,又有正向隐性功能

B. 既有负向显性功能,又有负向隐性功能

① 默顿,何兴凡等译.论理论社会学[M].北京:华夏出版社,1990:104-105.
② 全国十二所重点师范大学联合编写.教育学基础[M].北京:教育科学出版社,2002:37.
③ 全国十二所重点师范大学联合编写.教育学基础[M].北京:教育科学出版社,2002:37.

C. 既有正向隐性功能，又有负向隐性功能

D. 既有正向显性功能，又有负向隐性功能

【答案】D。

（四）从作用的性质看，教育功能可以分为：自我保存功能和自我更新功能①

关于教育功能做自我保存与自我更新功能的划分，在联合国教科文组织编写的《学会生存》一书中指出："教育能使自己再现，也能使自己更新。"②在该书看来，教育具有传递传统价值的功能，它倾向于构成一种时间上和空间上密封的体系。其基本特征是重复，即重复地把上一代从祖先那里继承下来的知识经验传递给年轻一代。教育的自我保存功能主要表现在三个方面：③一是就教育的源泉来讲，教育作为传递社会文化的工具，自身通常落后于它所传递的文化本身。二是就教育的过程来讲，教育者与受教育者的关系相对固定，它倾向于形式化、公式化，教育的微观结构不能不具有相当大的稳固性，并影响到教育的中观、宏观结构的稳固性。三是就教育的结果来讲，教育"产品"的检验过程复杂而漫长，这不仅由于教育活动的周期长，教育活动的成效也要在活动周期结束后较长时间才能充分显示出来；而且因为个人的成长受到主客观多方面因素的影响，很难从一个人的成长中把教育的功效所占比重精确计算出来。教育成果检验不易，可能成为教育保守的正当理由。与此同时，教育也在不断地进行自我更新，既然教育是传承社会文化的工具，那么随着社会的持续发展势必导致文化的发展繁荣，因此，教育势必会持续更新自身要素以承担起延续文化的使命。当然，教育的更新也会受到社会诸多因素的制约。

第二节　教育的个体功能

教育的个体功能随着社会的不断发展而不断丰富，继而实现人的全面发展。在人类社会的早期，教育是在社会生活中自发地进行的，这一时期的教育不是独立形态的教育，这一时期实质上还不属于有意识地发展个体。在古代社会中，教育的功能主要是为统治阶级服务的，并为统治阶级利益所制约。教育的个体功能受到了钳制并服从于统治阶级的要求。近代文艺复兴时期，人文主义促进个体身心潜能的发展，培养敢于蔑视社会成规，具有独立、自主、自由的反叛精神的人，作为教育的价值追求，将个体发展与社会发展对立起来。当今社会，一切发展旨在促进人的发展，个体与社会二者不存在根本的对立和冲突。正如马克思所期望的"每个人的自由发展是一切人自由发展的条件"。因此，现代

---

① 何齐宗.教育原理与艺术[M].北京：中国社会科学出版社，2004：28-29.

② 联合国教科文组织国际教育发展委员会.学会生存——教育世界的今天和明天[M].北京：教育科学出版社，1996：85.

③ 陈桂生.教育原理（第二版）[M].上海：华东师范大学出版社，2000：163-165.

教育的本质才回归到培养具有能动性的人。

一、人的发展概述

人既是教育的对象又是教育的主体。要想厘清教育的个体功能,就需要先理解人的发展问题。

(一)人的发展的含义

人的发展是指人的个体发展。所谓人的个体发展,是指作为复杂整体的个人在从生命开始到结束的全部人生中,不断发生的身心两方面的积极变化过程。[①] 人的个体从出生后的婴儿开始,要经幼儿、童年、少年、青年、成年的发展。

人的发展包括生理发展和心理发展,即身心两方面的发展。其中,生理发展又包括两个方面:一方面是指机体的正常发育,即指身体的结构形态(包括各系统、各器官)的健全发展;心理的发展也包括两个方面:一方面是指人的认识能力的发展,如感觉、知觉、注意、记忆、思维、想象等能力的发展;另一方面是指人的心理倾向或意向的发展,如人的需要、兴趣、情感、意志、性格、品德等方面的发展。

(二)人的发展的规律性

1. 人的发展的顺序性

人的发展是一个由低级到高级、由简单到复杂的连续不断的呈现积极变化的过程,具有一定的顺序。如,身体的发展遵循着从上到下、从中间到四肢、从骨骼到肌肉的顺序;心理的发展总是由机械记忆到意义记忆,由具体思维到抽象思维。瑞士心理学家皮亚杰关于个体认知发展的一般规律,即感知运动阶段、前运算阶段、具体运算阶段、形式运算阶段,证明了人的顺序发展的特征。个体身心发展的顺序性说明教育必须遵循循序渐进的原则,而现实生活中"拔苗助长""陵节而施"都是有违身心发展的规律的。

真题再现

人的身体发展遵循"由中心向周围发展"规则,说明人的身心发展具有(   )特征。

A. 不平衡性　　　　B. 顺序性　　　　C. 阶段性　　　　D. 差异性

【答案】B。

---

2. 人的身心发展具有阶段性

个体在不同的年龄阶段表现出某些稳定的、共同的典型特点,这就是身心发展的阶段性。这些特点无论从表现方式、发展速度上,还是从发展的结构方面,与其他阶段相比较,

---

[①] 孙俊三.教育原理[M].长沙:中南大学出版社,2001:93.

都会具有不同的特征。例如,个体在童年时期以形象直观思维为主,而到了青年时期则是以逻辑抽象思维为主。个体身心发展的阶段性决定了教育要根据不同发展阶段的特点分阶段地进行。教育工作不能搞"一刀切""一锅煮",既不能把低年级的学生当作高年级学生来教,同时,也要做好不同阶段的教育衔接工作。

3. 人的身心发展具有不均衡性

人的身心发展是一个错综复杂的过程,发展的速度是不均衡的,主要表现在以下两方面:一方面,在同一方面的发展上,不同年龄阶段的发展不均衡,如在身高、体重方面,不同发展阶段的增长速度是不同的。在出生后的第一年和青春发育期是两个增长的高峰期,而成年人的身高停止了增长。另一方面,同一个体在不同方面的发展水平是不同的。比如,人的生理成熟以性机能成熟为标志,一般是神经系统、淋巴系统成熟在先,生殖系统成熟在后。认识人的身心发展的不均衡性,有助于掌握个体发展的"关键期",提高教育的针对性和有效性。所谓"发展关键期"是指身体或心理的某一方面机能和能力最适宜于形成的时期。

真题再现

教育要遵循个体身心发展的规律。《学记》中有"当其可之谓时,时过然后学,则勤苦而难成",这句话反映了人的身心发展过程中存在(   )的现象。

A."关键期"　　　B."依恋期"　　　C."混沌期"　　　D."最近发展区"

【答案】A。

4. 人的身心发展具有个别差异性

个别差异是指同一发展阶段的个体,在生理和心理方面有着与其他个体不同的特点。人的身心发展的个别差异是客观存在的,这种个别差异是由先天因素、后天因素以及个体主观能动性共同作用的结果。个体的个别差异性表现在以下两个方面:首先是在外部差异上,由于遗传和生活条件的影响,儿童的身高体重有差别,体质有强弱。其次是在内部差异上,个体的认识能力有不同,兴趣爱好不一样,个性差异也很大。例如,有的人幼年"天资聪慧",有的人"大器晚成"。人的发展的差异性要求教育必须坚持"因材施教"的原则,即根据一定的教育目标,根据受教育者的具体特点,采取不同的教育措施。

5. 人的身心发展具有互补性[①]

首先,互补性是指机体某一方面的机能受损甚至缺失后,可通过其他方面的超常发展得到部分补偿。机体各部分存在着互补的可能,为人在自身某方面缺失的情况下能与环境协调,从而继续生存与发展提供了条件。如:盲人的耳朵比较灵。

其次,互补性也存在于心理机能与生理机能之间。人的精神力量、意志、情绪状态对整个机能起到调节作用,能帮助人战胜疾病和残缺,使身心依然得到发展。如:身残志坚。

---

① 王家云,张启树.现代教育学基础[M].合肥:安徽大学出版社,2004:48.

个体身心发展的互补性规律,要求教育工作者要树立信心,相信每一个学生,要掌握科学的教育方法,发现学生的优势,扬长避短,激发学生自我发展的信心和自觉。

二、影响人的发展的主要因素

(一)几种主要的人的发展观

1. 单因素论与多因素论

根据影响人的身心发展因素的多少分为单因素论与多因素论。

单因素论认为在众多影响人的发展因素中只有一个是起决定作用的,忽视了影响人发展的其他因素以及各因素间的联系。代表性的观点有:英国的高尔顿、美国的霍尔等人的遗传决定论;以华生为代表的环境决定论以及以爱尔维修和洛克为代表的教育万能论。

多因素论认为影响人的身心发展的因素是多方面的,是由遗传、环境、教育、个体主观能动性等因素之间相互作用。苏联的巴拉诺夫认为,影响人的发展的因素主要有两类:一类是生物因素,包括人的遗传以及生理结构;另一类是社会因素,包括环境、教育等因素的作用。斯腾则着重强调成熟与学习的相互作用对人的发展的影响。苏联教育学家凯洛夫认为,影响人的发展的因素主要有遗传、环境和教育。

2. 内发论与外铄论

依据影响人的发展因素来源分为内发论与外铄论。

内发论认为,人的自身的内在需要或兴趣是身心发展的力量的重要来源。个体发展的顺序是由身心成熟机制决定的。如孟子的"万物皆备于心"观点。内发论者强调人的内在因素具有不可替代的作用,忽略了外在因素对人的影响,其贡献在于引导人们去认识人的内在力量,研究人的内部需要和内在的发展机制。

外铄论认为,人的发展主要依靠外在的力量,诸如环境的刺激和要求、他人的影响和学校的教育等。著名代表人物有中国的墨子、英国的洛克和美国的华生。外铄论认同教育对个体发展的作用,关注的重点是学习。但外铄论的局限性是否认心理反应的能动性而容易滑向机械主义的极端。

3. 内因与外因交互作用论[①]

辩证唯物主义认为,人的发展是个体的内在因素与外部因素在个体实践活动中相互作用的结果,人是能动的实践主体,没有个体的主动参与,个体的发展是不能实现的。在主客观条件大致相似的情况下,个体主观能动性发挥的程度,对人的发展有着决定性的意义。

(二)遗传素质在人的身心发展中的作用

遗传素质,是指那些与生俱来的有机体的构造、形象、感官和神经系统等方面的解剖生理特点。[②] 遗传素质在人的发展中的作用主要表现在以下方面:

---

① 夏瑞庆.教育学[M].合肥:安徽大学出版社,2003.
② 王家云,张启树.现代教育学基础[M].合肥:安徽大学出版社,2004:51.

1. 遗传素质是人的身心发展的生理前提

人的发展总是要以遗传获得的生理组织、一定的生命力为前提的,没有这个前提,任何发展都是不可能的。如一个先天失明的人难以成为画家;生来就聋的人难以成为歌唱家。当然遗传素质也只是为个体的身心发展提供了可能,而后天影响则使这种可能变为现实。

2. 遗传素质的成熟程度制约着人的身心发展过程和阶段

人的遗传素质是一个渐进发展过程。这是由于人的身心发展的阶段和过程受遗传素质的成熟过程制约。遗传素质的成熟过程为一定年龄阶段人的身心特点的出现提供了可能与限制。例如人的身高和体重在出生前后和青春期发展迅速,而其他时期则相对缓慢。

3. 遗传素质是造成人的发展的个别差异的原因之一

人的发展的个别差异性不仅表现在外部形态上,也表现在感官和神经系统的机能方面具有的不同的先天特点。人的四种先天的气质类型以及神经过程的强度、灵活性和平衡性都有差别。此外,遗传素质对智力的影响较为明显。例如,生活中我们见到的既有天资聪慧的少年,也有智力水平较低的儿童。

(三)环境在人的身心发展中的作用

环境是指人生活于其中,对个体发展产生影响的外部世界。[1] 这里所说的环境包括自然环境和社会环境。其中,自然环境是个体赖以生存的生物圈;社会环境是指人类在自然环境基础上创造和积累的物质文化、制度文化、精神文化和社会关系的总和。

与遗传素质相比,环境特别是社会环境提供人发展所需的物质和社会条件;构成人发展的巨大动力;影响人发展的价值方向;影响人的发展内容;对人的发展本身具有一种广义的教育作用。不过由于环境的复杂性及其影响是自发的、分散的和偶然的,导致其影响既可能是积极的,也可能是消极的。[2]

(四)学校教育在人的身心发展中的作用

从广义上讲,教育特别是学校教育也属于环境的一部分。但是,它是一种经过有目的的选择提炼的特殊环境,这就决定了它的特殊作用,即在人的身心发展中起主导作用。学校教育的主导作用体现在:

(1)学校教育具有明确的目的性和方向性。它根据一定社会发展的要求,根据青少年身心发展的规律,使人按照一定的方向发展。

(2)学校教育具有较强的计划性、系统性以及高度的组织性。学校教育是在各种规章制度的严格制约下进行的,它保证了教育、教学的良好秩序,把人的发展所需要的一切时间和空间全部纳入可控的程序之内。同时,学校教育有系统的学习内容,这些内容的选择和编排考虑了知识本身的逻辑顺序和学生的年龄特点,循序渐进地进行。

---

① 冯建军.现代教育学基础[M].南京:南京师范大学出版社,2003:192.

② 王家云,张启树.现代教育学基础[M].合肥:安徽大学出版社,2004:52.

（3）学校教育是通过一支经过专门训练的教师队伍担负培养人的工作。教师受过专门训练，明确教育目的，掌握教育内容，懂得教育方法，能够有效地培养学生。

（4）学校教育能对影响学生发展的因素加以调节、控制和利用，以最大限度地有利于学生的发展。同时，学校教育可以抓住儿童受教育的最佳时期。

当然，学校教育所产生的作用是有条件的：

学校教育在人的发展中起着主导作用，但是这种主导作用是有条件的、相对的，它只是外部条件，是影响人的身心发展的外因。首先，教育在人的身心发展中的主导作用必须通过人的内部因素，即个体的发展离不开能动的实践，个体主观能动性的发挥，对人的发展才起着决定性的意义。其次是学校教育自身条件。例如，教育的物质条件、教师的素质、教育管理水平等因素也会制约学校教育作用的发挥。

（五）个体主观能动性在人的身心发展中的作用

人和动物的根本区别之一，就在于人从来都不是消极地适应环境。人是一个积极、能动的主体，因此，人的发展与动物的发展的显著区别之一，就在于人的主体自身的主观能动性。

1. 主观能动性是人的发展的动力

教育是使学生掌握生产经验和生活经验、把他人的精神财富转化为自己财富的过程。这种转化过程并不是学生机械被动的接受过程，而是要求学生必须有自身的能动性。在同样的环境和教育条件下，每个学生发展的特点和程度，主要取决于他自身的态度和行为。所以，学生个体的主观能动性是其身心发展的内在动力，自学成才就是充分发挥主观能动性的突出表现。

2. 主观能动性通过人的实践活动表现出来

人的主观能动性是通过人的实践活动表现出来的，离开人的实践活动、遗传、环境所赋予的一切发展条件，都不能促成人持续不断发展。即使是在同样的教育条件下，每个人因其自身的努力程度、实践程度的不同，而影响个体在学习或工作过程中的表现。因此个体的实践活动是个体发展的决定性因素。[①]

另外需要明确的是，在这四个影响个体发展的因素中，每一个因素都有其独特作用，但这并不意味着这四个因素是独立发挥作用。四个因素实际上是一个整体，共同作用于个体的发展。只不过四个因素在不同的场合，发挥的效果是有差异的。

真题再现

影响人的身心发展的因素是多种多样的，促进个体发展从潜在的可能状态转向现实状态的决定性因素是（　　）。

A. 遗传因素　　　　B. 环境　　　　C. 个体主观能动性　　　　D. 教育

【答案】C。

---

① 王道俊，王汉澜.教育学[M].北京：人民教育出版社，1989：55.

三、教育对个体发展的正向功能①

一个人生活在社会上,他既是社会的人,又是个体的人,社会性和个性是相互对立而又矛盾统一的,人是社会性和个性的双重统一体。教育就是通过个体的社会化和个体的个性化,促进一个生物人成为一个生活在现实社会中的社会人。因此,教育的个体发展功能表现在两方面,即个体社会化与个体个性化。

(一)教育促进个体社会化的功能

个体从一个单纯的生物体到成为一个社会人的变化,就是通过个体社会化过程来实现的。个体的社会化是个体学习所在社会的生活方式,将社会所期望的价值观、行为规范内化,获得社会生活必需的知识、技能,以适应社会需要的过程。个体社会化过程是一个持续终身的过程。从婴儿期到老年期,不断地调整个体的观念和行为,以适应社会生活变化的要求。教育在促进个体社会化中的功能主要表现为:

1. 教育促进个体思想意识的社会化

人的行为是一种有意识的行为,思想意识是支配人行为的内在力量。意识不是个体思维的产物,而是社会的产物,个体意识必须反映并符合社会的规范和要求。所以,个体的思想意识本质上是社会价值规范在个体头脑中的反映。

教育代表一定社会的要求,传播社会中的主流文化和价值观念,受这种文化和价值观念的影响,学生就易于形成与主流社会文化要求一致的思想意识,从而认可并自觉维护现成社会的种种关系。由于教育活动组织的计划性和严密性,教育形式的活泼性,就易于使学生接受这种价值观念,并形成完整的思想观念体系。教育促使个体思想意识的社会化。

2. 教育促使个体行为的社会化

个体行为的社会化是指个体学习他所处社会环境中已有的社会习俗、社会价值及规范、生活技能等,不断内化为自己的习惯并能够承担社会角色的过程。通过社会规范的传递,教育使人们认识社会规范的意义和内容,认识到应该干什么,不应该干什么,防止个体行为偏离社会的轨道。

3. 教育培养个体的职业和角色

职业是个体社会化的显著特征,人生活在社会中,就要拥有一定的职业,这就要求教育为个体的未来生活做准备。在国家的教育体系中,中等教育,高等教育尤其是在这其中的职业教育往往将培养学生适应未来的职业技能视为它们的核心教育目标之一。基础教育作为一种全面的素质教育,也负有职业指导和职业定向的重要职责。因此,教师要指导学生根据自己的兴趣、爱好和能力,结合国家的需要,确定自己的未来职业理想。

① 全国十二所重点师范大学联合编写.教育学基础[M].北京:教育科学出版社,2002:33-36.

（二）教育促进个体个性化的功能

个性是个体在原有的生理基础上以及环境的影响下通过实践活动形成的独特性,它是个体个性化的结果。当然个体在适应社会的过程中不是被动的,而是在积极主动地适应持续变化的社会,从而使个体形成独特的个性。

1. 教育能激发主体意识,培养个体合理的自主性

个体通过教育在道德、智力、技能等方面都能得到较好的发展,相应地个体对自我的认识水平也逐渐提高,从而在面对问题时能够大胆果断地做出自己的决定,并且能够保持良好的心理状态。可见,教育的过程实际上是一个不断提升自我的过程,是激发并张扬个体主体意识的过程。

2. 教育能发展个体特征,培养个体的独特性

人的遗传素质中已有个体差异性,但人的个体差异性的发展、个体特征的形成则更多地取决于后天的因素,其中教育的影响较大。教育培养个体独特性的功能主要是通过发展个体特征来实现的,这里侧重指个体的心理发展,诸如个人兴趣、爱好、智能结构、性格、气质等方面的特征。

四、教育对个体发展的负向功能[①]

教育对人的身心发展有极大的作用,甚至可以说主导着人的发展。然而,这种作用的发挥是有条件的,并非所有的教育都能发挥正向的促进作用。

在应试教育下,标准化的教学、测试束缚了人的想象力和创造力,成为扼杀创新精神的最大凶手。第一,学业负担过重,例如教学过程中搞"题海战术"致使学生盲目练习,严重摧残了学生的身心健康。第二,在现存学校管理和班级管理中,过度强调校长和教师的权威,运用各种规则、规范,对学生加以约束。更有甚者,采取体罚和变相体罚等简单、粗暴的方式对待学生。这样做只能使学生规规矩矩,学生富有活力的生命在规范的框架中遭到压抑,限制了人的自主性的发展。第三,教育的功利性,例如过度追求升学率导致教育丧失了对生命的关怀,教育中学生感受到的不是幸福,而是一种痛苦、恐惧和沮丧。

针对已经出现的负向功能,要认真分析原因,采取积极措施去克服和矫正,教育者要树立"以人为本"的教育理念。要把学生的个性发展看作教育的唯一出发点和归宿,而不是为了外在的目的(如遵守纪律,保持安静)而迫使学生就范。

第三节　教育的社会功能

教育的社会功能表现在对教育之外的其他社会子系统的作用,包括人口、经济、政治、文化等方面。教育对社会的作用不是直接施加的,而是通过培养人的过程间接作用的结果。

---

① 全国十二所重点师范大学联合编写.教育学基础[M].北京:教育科学出版社,2002:38.

一、关于教育与社会关系的主要理论

在社会发展过程中,人们对于教育与社会两者关系的认识不断变化,出现了许多具有代表性的理论观点。

(一)教育独立论[①]

这是著名教育家蔡元培在 20 世纪 20 年代提出的观点。蔡元培提出教育独立有其深刻的社会原因:20 世纪 20 年代,军阀混战,经济萧条,北洋政府无暇顾及教育,国家预算中的教育经费极低,还经常挪用。为了维持教育的正常进行,教育界发起了向北洋政府争取教育经费独立的斗争,进而形成了内容广泛的教育独立思潮。1922 年 3 月,蔡元培发表《教育独立议》,阐明教育独立基本观点,成为教育独立思潮的重要篇章。

教育独立应该包括:第一,教育经费独立,要求政府划出某项固定收入,专作教育经费,不能移用。第二,教育行政独立,专管教育的机构不能附属于政府部门之下,要由懂教育的人充任。教育与政党的对立表现在:① 教育要求平衡发展人的个性与群性,而政党要求抹杀人的个性,服从政党;② 教育求远效,政党求近功;③ 当时,各政党更迭频繁,影响教育稳定发展。第三,教育学术与内容独立,教育方针保持稳定,不受政治干扰;学校能自由编辑、自由出版、自由采用教科书。第四,教育脱离宗教而独立,教育与宗教有无法相容的矛盾:① 教育求进步,宗教为保守;② 教育是共同的,要求相互交流,宗教妨碍学术与文化交流;③ 基于当时社会现实,反对帝国主义文化侵略。

对教育独立论的评价:一方面,蔡元培主张教育脱离政党、教会而独立,要求把教育交给教育家办理,反映了资产阶级民主派要求摆脱军阀政府对教育的控制,反对帝国主义国家的文化侵略。这在当时国家衰落的国情下维持教育基本生存状态有其合理性,也对后来的收回教育权运动,抵制殖民教育起到积极作用。另一方面,教育不可能也不应该完全独立,因为教育独立性是相对的,由政治经济制度和生产力所决定,即教育活动必须接受社会的物质支持,并传播一定的政治和社会价值体系。所以,教育独立运动在理论上有片面性,在实践中也行不通。也只是在中国危难之际,教育家们想挽救教育的一次无奈反抗。

事实上教育要受社会的形态、变迁以及社会各构成要素的制约,但是教育又具有自身的运行特点和发展规律,有其自身的相对独立性。教育的相对独立性是教育的基本属性之一。

(二)教育万能论[②]

18 世纪末,在法国资产阶级革命前夕,以爱尔维修为代表的资产阶级思想家为抨击人的天赋不平等以及教育等级制的贵族理论,提出人人智力天生平等,教育应该民主化。他把人的成长归因于教育与环境,但在这个问题上他走了极端,提出"教育万能论"的口号。教育万能论认为,教育在任何情况下都能对人的发展起主导作用,人的发展完全是由

---

① 孙培青.中国教育史[M].上海:华东师范大学出版社,2009:375.
② 张焕庭.西方资产阶级教育论著选[M].北京:人民教育出版社,1979:143-144.

教育决定的。教育万能论对教育作用的高度评价对于认识教育在人发展中的作用具有一定的意义。但它把教育视为人发展的决定因素,夸大了教育的作用。

对教育万能论的评价:教育对人的主导作用是有条件的。首先,教育的主导作用是建立在遗传、环境以及个体的主观能动性等几个因素共同影响的基础上的,没有其他几个因素综合作用,教育是不可能发挥主导作用的。其次,教育作为一种有目的、有计划、有组织的社会活动,在一般情况下,是由经过专业训练的具有较高素质的人员担任教育者,能够反映社会发展的要求,遵循人的身心发展规律和教育自身的规律,因而能起主导作用。如果这些条件不具备,教育就不可能发挥主导作用。

(三)人力资本论[①]

人力资本论是美国经济学家舒尔茨于 20 世纪 60 年代率先予以解释和阐述的。人力资本就是指凝聚在劳动者身上的知识、技能及其所表现出来的能力。这种能力是生产增长的主要因素,它是具有经济价值的一种资本,但不能被继承和被转让。人力资本理论的基本观点主要表现如下:① 劳动者通过教育和训练所获得的技能和知识是资本的一种形式,它同物质资本一样是可以通过投资生产出来的;②人力资本的作用大于物质资本的作用,人力资本的增长是国民收入增长快于国民资源增长的根源;人力资本的增长速度快于物质资本增长的速度是现代经济最基本的特征;③ 人力资本投资能提高生产率,因而也是劳动收入增加的根本原因;④ 人力资本的投资同样受市场供需规律的作用。

对人力资本论的评价:由于舒尔茨对人力资本理论的系统阐述,深化了人们对教育与经济发展之间的关系的认识。在这一理论和经济发展需要的相互刺激下,教育的经济主义思潮获得了极大的发展。但是,人力资本理论也存在不足:首先,教育增长与经济增长并不总是成正比的。教育、教育产品不能像商品、经济组织那样进行严格而准确的成本核算和费用分摊,更难以计算它的即时"利润"。其次,经济增长是受多因素变量制约的,教育只是其众多因素之一,而且在一定程度上教育也不是经济发展的决定性因素。再次,人力资本理论着重从经济角度衡量和研究教育问题,容易忽视教育的主体价值。

真题再现

20 世纪 60 年代以来,许多国家推行"教育先行"政策以促进本国经济的发展。这种政策的理论基础是(   )。

A. 教育万能论   B. 劳动力市场理论   C. 筛选假设理论   D. 人力资本理论

【答案】D。

(四)筛选假设理论[②]

进入 20 世纪 70 年代,教育的快速发展不仅没能促进经济的快速增长,反而导致了教

---

① 靳希斌.教育经济[M].北京:人民出版社,1994:134-137.

② 曲恒昌,曾晓东.西方教育经济学研究[M].北京:北京师范大学出版社,2000:241-244.

育过剩,因此有学者对人力资本理论的观点开始进行批驳。1973 年迈克尔·史潘斯发表《筛选假设——就业市场信号》一文系统阐述了这一理论。筛选假设指把教育看成是一种帮助雇主识别不同能力求职者,以便将他们安置到不同岗位上的装置理论。

筛选假设理论的基本观点主要表现如下:① 基本假定前提:不完全信息和不确定投资。雇主由于不了解求职者的生产能力,因而雇用的决定便成为一种不确定的投资,成为一种风险投资。但雇主可以通过个人属性和特征间接地了解求职者的生产能力。② 信号和标识。求职者的个人属性可分两类,即信号与标识。标识:可观察到但不能改变的个人属性,如年龄;信号:可观察到的隶属于个人并且可以改变的属性。信号和标识可以表明一个人的生产能力。③ 教育成本与能力呈负相关。每个人的能力是固有的而且是不同的,教育不能提高一个人的能力,但却能反映一个人的能力,因为教育成本与能力呈负相关:支付同样的成本,能力较高的人能够获得较高的教育水平,能力较低的人只能获得较低的教育水平,结果是得不偿失。教育水平是反映一个人能力大小的有效信号,是雇主鉴定求职者能力、筛选求职者的装置。④ 教育与工资成正相关。能力高的人,在职培训所需的成本较低,但生产率却较高,因而雇主支付他们较高的工资。由于教育水平反映了求职者的能力,因而教育水平越高的人,雇主付给他们的工资也越高,反之亦然。

对筛选假设理论的评价:筛选假设理论是从分析劳动力市场上雇主选聘求职者的过程去说明教育的经济价值。其描述和解释了 20 世纪 70 年代以来困扰许多国家的教育文凭膨胀问题,并因此在世界各国得到了广泛传播,但该理论片面强调教育的信号筛选作用,因而否认教育提高人的认知技能,从而提高劳动生产率作用的观点是错误的。

(五)劳动力市场理论[①]

劳动力市场理论是在 20 世纪 70 年代初期出现的,主要代表人物有皮奥雷、多林格、戈登等。他们认为人力资本理论关于教育与工资关系分析的基础前提不正确,关于教育水平和个人收益成正相关的论断不全面,没有考虑到劳动力市场的内部结构。

主要观点:劳动力市场划分理论采用制度经济学的观点,认为劳动力市场由于种种制度性力量的影响被划分为不同的部分,主要由主要劳动力市场与次要劳动力市场两个部分组成。在主要劳动力市场中,工资普遍较高,福利丰厚,工作和培训条件优越;在次要劳动力市场中,工资较低,福利较少,易遭解雇。两个市场之间具有相对的封闭性,它们之间的人员很少流动。

教育与工资的关系:按照劳动力市场理论的观点,一个人的工资水平主要取决于他在哪个劳动力市场工作,而他能在哪个劳动力市场工作,又与他的性别、年龄、种族与教育程度有显著关系。一般来说,在主要劳动力市场中,受教育程度的提高可以改变个人收入,而在次要劳动力市场,教育的扩展并不能显著改变个人收入。原因在于,主要劳动力市场非常重视在职教育培训,以提高员工能力,减少人员流动带来的损失,而次要劳动力市场的高流动性阻碍了在职教育培训行为的发生。

① 袁振国.当代教育学[M].北京:教育科学出版社,2010:269.

二、教育的社会制约性

作为社会系统的一部分,教育的发展往往受到社会其他方面的影响和制约,这主要体现在以下几个方面:

(一)生产力对教育发展的影响和制约

生产力水平为教育的发展提供物质基础,在社会发展过程中教育的发展与生产力发展水平大致是相互适应的。即有什么样的生产力,就有什么样的教育。

1. 生产力的发展水平制约着教育目标的设定

社会生产力的水平、方式对劳动力的规格提出了新的要求,这进而也决定着教育所培养的人的规格,尤其是人的知识、技能和态度的规格。[①] 当代科学技术和生产力水平有了更为迅猛的提高,生产力发展对教育所培养的人的要求也更为显著地表现出来,因此,当考虑教育所培养的人才规格时,必须深刻把握当代生产力水平的要求。

2. 社会生产力的发展水平制约着教育事业发展的速度、规模和学校的结构

这一点主要表现在两个方面:第一,生产力的发展影响教育经费的支出,而教育经费支付能力直接影响着校舍建设、仪器设备配备、教材建设、教师待遇和师资培养等方面的条件,成为决定教育事业发展速度和规模的主要因素。第二,社会生产力的发展水平反映着社会对教育事业的需求程度。生产力发展的水平,一方面决定着社会为教育发展提供的物质水平,另一方面也决定着社会对教育所培养的人的需求水平。因此,不断适应社会生产力发展的要求,是教育事业发展的重要动力。

3. 社会生产力的发展水平制约着课程的设置和教育内容的选择

生产力发展一方面推动着科学技术的发展,另一方面又要求学校培养的人必须掌握与生产力发展水平相适应的科学技术知识和生产技能。因此,学校教育内容也要随着社会生产力的发展而不断充实和更新。

4. 生产力的发展促进了教学组织形式、教育教学手段和方法的沿革

生产力的发展持续推动着生产方式的变革。生产方式带动着科学技术与思想观念的丰富和拓展。因此,为了适应生产方式的变化,教育教学的手段方法以及教学组织形式也要相应地做出调整。原始社会,生产力水平较低,生产方式比较简单,主要是狩猎和采集活动。因此,这个阶段的教学组织形式主要以个别教学为主,而手段则是以"口耳相传"为主。到了近代随着工业革命的发展,生产方式以机器代替人工。因此,这个阶段则要求教育在短时间内培养造就一批产业工人,从而催生了班级授课制的教学组织形式,教学方法、手段开始多样化。

(二)政治经济制度对教育的影响和制约[②]

经济基础对教育有决定作用,并通过政治集中表现出来,政治经济制度对教育发展的

---

① 唐德海,梁庆.教育学基础[M].北京:北京师范大学出版社,2015:29.
② 王道俊,王汉澜.教育学[M].北京:人民教育出版社,1989:66.

影响与制约体现在政治经济制度决定着教育的性质,就是说政治经济制度决定着教育的思想政治方向和为谁服务的问题,并非决定着教育的一切。政治经济制度对教育发展的影响与制约主要表现在:

1. 政治经济制度决定着教育的领导权

在人类社会中,谁掌握了生产资料、掌握了政权,谁就支配着精神的生产资料,掌握着教育的领导权。在阶级社会中,统治阶级总是利用它的政权力量来颁布教育的方针、政策,制定教育的目的和制度,规定教育的内容,派遣和任免教育行政人员和教师,控制教育的经费,按照他们的思想政治要求去教育受教育者,通过这些手段,把教育权掌握在自己的手里。

2. 政治经济制度决定着受教育的权利

谁有受学校教育的权利,谁无受学校教育的权利,以及谁有受什么样的学校教育的权利都是由社会的政治经济制度决定的。

3. 政治经济制度决定着教育目的的性质和教育内容

教育目的是社会对人培养规格的总要求,是教育工作的出发点和目标。因此,教育目的在国家中首先反映着统治阶级的意志。在由不同统治阶级统治的社会中,其教育目的的性质是不同的。原始社会没有阶级性,教育的目的也只是为了维系氏族的延续。阶级社会,统治阶级用教育来塑造维护其阶级利益的力量。

同样,政治经济制度决定着教育统治阶级为培养代表自身利益的力量而选择相应的教育内容。

真题再现

一定社会的政治经济制度对教育目的的制定具有( )。

A. 定向作用　　　　B. 决定作用　　　　C. 影响作用　　　　D. 促进作用

【答案】B。

(三)文化对教育的影响和制约[①]

一般认为,广义的文化是指人类所创造的物质财富和精神财富的总和。狭义的文化专指精神财富方面,即与人类精神活动及其产物有关的方面。文化的作用主要是直接影响人的精神风貌和精神创造的能力,影响人类精神文明的发展。这里主要指狭义的文化。文化对教育的影响是广泛而直接的。

1. 文化影响着人们的教育观念和价值取向

文化规范指在各种文化领域中人们所共同遵守的规则。学校是社会的子系统,学校教育一定要反映当时社会的文化规范,以便能培养出符合社会文化发展要求的人才。以中国为例,儒家文化的价值取向一直对我国教育价值观的形成有着重要的影响。比如团结友爱、尊师爱生,注重集体利益、反对个人扩张,注重精神追求、反对受小利驱使,注重人

---

① 江西省教师招聘考试辅导用书编写委员会.教育综合知识[M].南昌:江西高校出版社,2018:59.

格气节、反对见利忘义等,都是中国传统文化价值观念中值得发扬的积极因素。当然,中国传统的价值取向中也有一些阻碍现代教育价值观形成的因素,如在认知上重传统与权威、在人事上重功名的取向。

2. 社会文化影响教育的目标、内容、方法

社会文化类型不同,教育目标也不同。任何社会的培养目标都是社会统治阶级人才利益的集中体现,是统治阶级主观意志的产物。人的意志决定于人的需要和价值取向,所以,教育目标中的主观成分越多,受文化的影响也就越大。中国古代社会的主流文化是以儒学为核心的伦理型文化,反映在人才培养上则强调教育目的"在明明德,在亲民,在止于至善",通过修己正人,达到"明人伦"的目的。

(四)科学技术对教育发展的影响和制约

1. 科学能够有力地改变教育者的教育观念,提高他们的教育能力

教育观念是教育者的教育价值观、教育理想、教育目的的总和,教育能力则是教育者实现这种理想和目的的本领和技能,教育观念和教育能力在很大程度上反映了一定时期科学发展的水平。科学发展水平会影响到他们对教育内容、教育方法的选择和对教育工具的使用,也会影响到他们对教育规律的认识和教育过程中的教育机制。

2. 科学也能影响到教育对象

一方面,科学的发展日益揭示出教育对象的身心发展规律,从而使教育活动更符合这种规律,并使学习者扩展自己的受教育能力。另一方面,科学的发展及其在技术上的广泛应用,能够使教育对象的视野和实践经验得以扩大。

3. 科学还会渗透到教育资料的所有环节之中,为教育资料发展提供技术条件

科学技术迅速发展迫使教学内容不断更新,课程体系不断变化,学校类型与教育规模的扩展、教育设施的兴建、教育内容的记载与表达方式、教学用具制造等都离不开科学的作用。

(五)人口对教育发展的影响和制约

第一,人口数量制约着教育的规模与投资,影响着教育发展的速度和质量,人口数量增长快,要求受教育的人数多,特别是受基础教育的人更多。这样,就需要扩大教育的规模,增加教育的投入。第二,人口就业结构制约着教育的内部结构。人口的就业结构要求与各级各类学校和专业,以及在校生人数构成一定的比例关系。第三,人口的地域分布,制约着学校布局和办学形式,影响着教育投资的效果和发展速度。

一般而言,一个国家或地区的人口素质高,就会普遍地重视教育,从而积极地发展教育;反之,人口素质低就会对教育漠不关心,不重视教育,从而不利于教育的发展。

三、教育对社会的正向功能

(一)教育对政治的正向功能

1. 教育通过培养人才为社会政治服务

自古以来,任何一种政治制度,在很大程度上是依靠学校教育来培养大批的领导和管

理人才,直接为政治制度服务。在英国历史上50多位首相中,毕业于牛津、剑桥两校的就有30位以上。

2. 教育可以促进政治民主

一个国家的政治是否民主,这由国家的政体来决定,但与人民的文化水平,教育事业的发展程度也有关系。一个国家普及教育的程度越高,人的知识越丰富,就越能增强公民意识,认识民主的价值,推崇民主的措施,在政治生活和社会生活中履行民主的权利,推动政治的改革和进步。

3. 为政治的稳定和变革制造一定的舆论

传播统治阶级或政党的思想、路线、政策是教育最突出的政治功能。其主要包括两个方面:一方面,学校是知识分子和青年学生聚集的地方,对于进步的符合时代潮流的政治观点和政治变革,进行积极的学习、研究和宣传,扩大其影响,从而促进社会政治进步和变革;对于消极腐败的社会政治理论和观点,进行有效的抵制,不让其在社会上扩散和蔓延。另一方面,学校对于社会政治的决策,即政治路线、方针、政策的确定具有咨询作用,特别是高等学校在这方面的功能更为显著。

4. 教师和学生是任何一个时代政治稳定和变革的中坚力量

教师和青年学生都是知识分子,他们有知识、有见解、思想敏锐、关心时事、以天下为己任,敢于发表自己的见解,对维护政治的稳定和促进政治的变革发挥着重要作用。例如北京大学成为五四运动的策源地,一大批青年学生成为五四运动的中坚力量。

(二)教育对经济的正向功能

教育在接受经济的决定和制约的同时,也对经济发展有着极其重要的推动和促进作用。教育的经济功能是教育社会功能的一个极其重要的方面。

1. 教育是劳动力再生产的基本途径

主要表现在:① 培养出大批能够直接使用和操纵现代化生产工具的人;② 培养出大批能够在生产工具和生产技术上不断有所革新的人;③ 培养出一批能够在科学技术领域有所发现和有所发明的人。教育为社会提供了科研人员队伍、管理人员队伍、设计人员队伍、工程技术人员队伍和熟练工人队伍,从而极大地推动生产和经济发展。

2. 教育是科学技术再生产的最有效形式

教育在科学技术再生产中所发挥的作用主要表现在:① 教育是使科学技术得以继承和传递的重要条件;② 教育对科学技术的再生产是一种扩大的再生产;③ 教育对科学技术的再生产是一种高效率的再生产。教育中的学校教育,更使原来为少数人所掌握的科学知识,在较短的时间内为更多的人所掌握,并且不断扩大其传播范围。

(三)教育对文化的正向功能

文化构成了教育生长的土壤和条件,教育只有适应社会文化环境才能获得生存和发展。[①]

---

① 张云霞.教育功能的社会学研究[M].武汉:武汉大学出版社,2011:78.

但是,教育在传承和再现文化的过程中,还会调节、促进或阻碍社会文化的传承和发展,从而影响着社会文化演化的进程。这就是教育的文化功能,具体表现在以下方面:

1. 传递、保存文化的功能

教育传递着文化,它使新一代能迅捷、经济、高效地占有人类创造的精神文化财富的精华,迅速成长为具有摄取、鉴赏、创造文化的"文化人"。与此同时,教育将人类的精神文化财富内化为个体的精神财富,教育也就有了保存文化的功能。

2. 传播、交流与丰富文化的功能

文化的传播与交流使交流的双方都有自我超越的过程,都是向自身灌注生命力和新鲜血液的过程。教育作为传播、交流文化的重要手段和途径,也就有了丰富文化的功能。

3. 选择、提升文化的功能

教育对"文化"进行筛选,把经过"过滤"了的文化传递给下一代,以促进文化的进步和发展。教育对文化的选择,是文化进步的一个重要的内在机理,因而教育对文化也具有提升的功能。教育对文化的选择意味着价值的取舍与认知意向的转变,并且是为了文化自身的发展与进步。

4. 创造、更新文化的功能

教育创造、更新文化的功能主要是通过培养人的过程中来实现的。其主要反映在两个方面:一是教育通过造就高素质人才以实现文化的更新;二是教育本身就是一种文化,因此在开展教育交流的过程中通过创造新的思想与观念,发展社会科学技术,以及培养有创新精神的人,也可以对社会文化进行创造与更新。

(四)教育对科技的正向功能[①]

科技水平是衡量一个国家国力的重要标志,而教育则具有促进科技发展的功能。

1. 教育对科学技术的传播功能

在现代教育中,无论是自然科学,还是社会科学,其传播都要依靠教育去组织实施。学校的教育内容在一定程度上说是过去创造的科学技术;而新的科学技术还可以借助教育实现更新而成为新的教育内容。因此,可以说教育对科学技术的传播功能实质上是新科学技术取代旧科学技术的过程,当然从科技的文化属性上看,它可以借助教育实现较大范围的扩散与传播。

2. 教育是科学知识再生产的重要手段

教育是科学知识再生产的手段。学校教育的职能是将人类数千年传承下来的科学知识通过有目的的选择、提炼、加工之后传递给学生,在这一过程中教育工作者也有对科学知识的更新与创造,进而在一定程度上缩短科学知识再生产的时间。

---

① 陈丹.我国职业技术教育及其创新探析[D].东北大学,2008.

3. 教育促进科学研究与创新,并使科研成果实现转化

教育,尤其是高等教育一般都设有设立专门的科学研究机构。这些科研机构一方面通过科技创新引领着科学知识的发展;另一方面,可以将科学研究迅速地转化现实生产力。邓小平同志曾讲过:"科学技术是第一生产力。"近年来高等学校的一系列研究成果被转化,对生产生活带来巨大影响。

(五)教育对人口的正向功能

1. 教育可以控制人口数量

控制人口增长的手段很多,发展教育是其中之一,而且被认为是长远起作用的手段。人们的生育行为是受生育观所支配的,不同的生育观,就有不同的生育行为。调查研究表明,人口出生率与教育水平呈反比关系。教育程度较高的妇女,愿意将育龄初期用于学习,对就业的要求较迫切,就业机会也较多,这样势必晚婚,从而缩短生育旺盛期。

2. 教育可以提高人口质量

人口素质包括人口的身体素质、科学文化素质和思想品德素质,它们都与教育密切相关。人口质量的一个重要指标是人们所具有的科学文化水平,每万名职工中拥有工程师人数,以及科研队伍状况等,这些都同教育有着直接的关系。教育还可以通过实施优生教育,改善人口的先天素质;实施出生后的教育,改善后天素质。

3. 教育可以促进人口结构趋于合理化

所谓人口结构合理化是指人口结构有利于社会生产和人口的自然平衡,主要表现在对人口的职业结构和城乡结构的影响上。比如教育学历是大多数人取得工作的凭证,它能够决定个人未来的职业角色,而且,受教育者专业的选择可以调节各种社会职业人员的比例构成。因此,教育程度的提高有助于人口向城市流动,教育结构的合理化有助于人口职业结构趋于合理化。

四、教育对社会的负向功能[①]

教育可以促进社会的发展,但有时也阻碍社会的发展。教育一旦阻碍社会的发展,这时的教育就表现出负向功能。教育对社会的负向功能有两种情况:

(一)当社会发展处于负向功能时期,教育对社会出现总体的负向功能

社会发展的方向是通过组成社会的个体人的发展来表现的。当社会处于正向发展时期,社会更重视个体的自由发展。教育通过培养人的主体性,促进社会的正向发展,教育总体上发挥着正向功能。但若社会处于倒退状态,反动势力得势之时,对个体发展的影响也是消极的,这时教育发挥的是负向功能。欧洲中世纪和我国的封建宗法统治时期都是

---

① 全国十二所重点师范大学联合编写.教育学基础[M].北京:教育科学出版社,2002:47.

反动的和复辟的时代,教育培养了野心家式的人物和他的顺民,这些人维护反动的统治,阻止着人类社会的发展,带来了人类社会的倒退和灾难。所以,社会发展处于负向状态时,教育总体上呈现的是负向功能,维护反动势力的统治,极大地阻碍了社会的发展。

(二)当社会发展处于正向时期,教育与社会的外部关系一旦失调,出现局部的负向功能

教育受社会政治、经济、文化所制约,所以必须与社会的发展相适应,这是教育的基本规律之一,也是衡量教育与社会关系协调与否的准绳。违背这一规律,必然出现教育的社会负向功能。比如,由于教育内容陈旧,教师的教育理念滞后,教学方式落后,那么学校所输送的人才没有受到合适的训练,因而不能适应社会的变化,这就会造成人才的供需矛盾。社会拒绝使用学校的毕业生,也造成教育资源的浪费。近年来高校毕业生就业时,面临较大困难,时常被人称为"最难就业季",事实上一部分用人单位存在"用工荒"问题。这实际上是劳动力的结构性矛盾。

教育的发展需要社会物质生产提供相应的基础性条件,如果超过了物质生产所能提供的底线,就会出现教育的负向功能。如盲目的教育先行,就是不顾本国经济发展的现有水平,过度地投资教育而导致国民经济的失衡,工农业生产投入降低,反而抑制了国民经济的发展。例如喀麦隆从1967年到1968年把公共教育经费增加了65%,国民生产总值只增加10%,导致国民经济失衡。

在社会发展处于正向时期,教育的负向社会功能总体上是轻度的,是可以减少和避免的。只要我们正确认识并遵循教育规律,合理安排教育活动,协调教育与社会的关系,就可以最大限度地减少负向功能,增强正向功能。

【本章小结】

教育功能就是教育本身对人的发展和社会发展所产生的影响或所发挥的作用。它是一种客观的结果。从教育功能分析的不同角度,教育功能根据作用的对象、方式、呈现方式、性质依次分为教育的个体功能和教育的社会功能;正向功能和负向功能;显性功能和隐性功能;教育的自我保存和自我更新功能。教育与社会的关系主要有两方面:社会对教育的制约以及教育对社会发展的作用。其中,社会对教育的制约因素有生产力、政治经济制度、文化、科技、人口等。教育对社会的功能也包含两方面,即对社会的正向促进作用与负向的迟滞影响。

思考题

1. 如何理解教育的正向和负向功能,请举例说明。
2. 如何理解学校教育在个体成长中的作用?
3. 结合"全面二孩"政策,谈谈教育对优化人口的功能。

第四章

教育目的

🔍 **学习目标**

1. 识记教育目的、素质教育和全面发展观等基本概念,了解我国教育目的发展的历程。

2. 理解教育目的的核心内涵和基本特点等;掌握教育目的的价值取向理论;较为全面地理解教育目和我国教育目的精神内涵,并且联系实际有所启示和灵活运用。

3. 在充分理解本章知识点以后,将内化的知识外化为行动,牢记作为师范生以后是为党育人、为国育才的理念,要坚定不移地培养社会主义事业的建设者和接班人。

思维导图

```
                          ┌─ 教育目的的概念
          ┌─ 教育目的概述 ─┤── 教育目的的性质和特点
          │               └─ 教育目的的功能
          │
          │                    ┌─ 个人本位论
          │                    ├─ 社会本位论
教育目的 ─┤── 教育目的的价值取向 ─┤── 教育无目的论
          │                    ├─ 生活本位论
          │                    └─ 全面发展理论
          │
          │               ┌─ 我国教育目的的基本精神和理论基础
          └─ 我国的教育目的 ─┤── 我国教育目的的历史沿革和发展
                          └─ 素质教育和全面发展教育
```

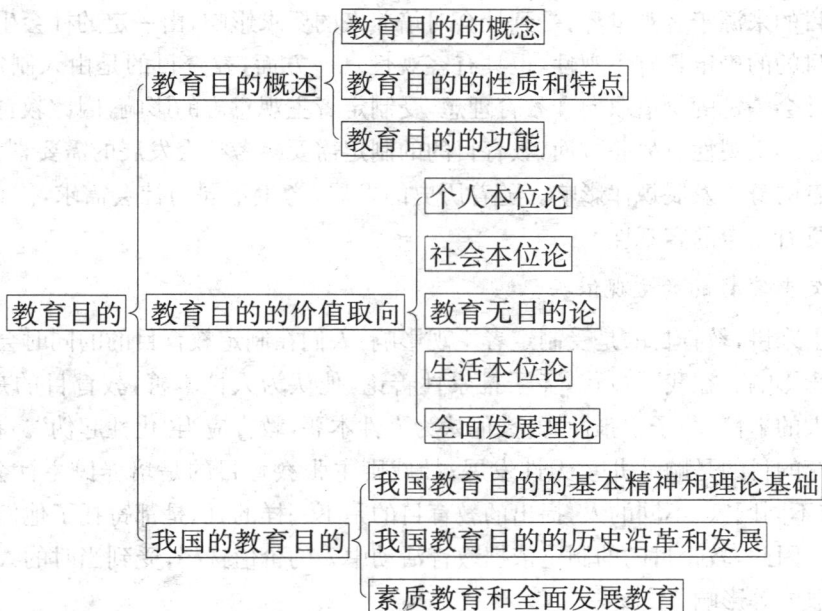

第一节　教育目的概述

一、教育目的的概念

人的一切实践都是具有一定的目的,作为人类特有的实践活动的教育亦是如此。教育目的既是教育学中的基本概念,也属于教育实践的基本范畴,它是教育工作的核心、灵魂,也是教育的出发点和归宿。

(一)教育目的的含义

教育目的是教育所要培养的人的质量和规格的总要求,包括人的培养规格标准、努力方向和社会倾向性等方面。教育目的主要探讨"为谁培养人""培养什么样的人"的问题。教育目的是一切教育工作的出发点和归宿,它贯穿于教育活动的全过程,对教育工作具有指导意义。

教育目的有广义、狭义之分,广义的教育目的是指人们对受教育者的期望,即人们希望受教育者通过教育发生什么变化。例如,国家和社会教育机构、父母、教师对学生的期望。广义的教育目的包括家庭教育、社会教育和学校教育。

狭义的教育目的指一定社会(国家或地区)对所属各级各类学校教育人才培养的要求。狭义的教育目的特指学校教育目的。学校无论具体培养什么领域和什么层次的人才,都需符合狭义的教育目的。

(二)制定教育目的的基本依据

教育目的来源于客观世界,受到社会对培养人的要求影响,由一定的社会生产方式决定。教育目的的确定具有主观性,也具有客观性。一方面,教育目的是由人制定的,需要反映当时社会一定的价值取向和教育理想,受制定者主观意志的影响,因此教育目的的制定具有一定的主观性。另一方面,教育目的的制定需要参考社会发展的需要,制定依据受到受教育者的身心发展规律影响。随着历史的发展,产生不同的社会需求,因此,教育目的的制定具有一定的客观性。

1. 制定教育目的的主观依据

主观上来讲,教育目的是受制定者主观影响,人们在制定教育目的的同时会受到当时的社会观念影响。在我国古代,孟子推崇性善论,他认为人性本善,教育目的是"扩充善心",恢复人的本性;荀子主张性恶论,他认为人性本恶,教育应当"化性起伪"。在西方,卢梭主张教育的目的是顺从儿童天性发展;杜威则主张教育目的是培养民主社会的公民。不同时代、不同国家、不同的人,提出的教育目的是不一样的,但是都寄托了他们对理想人格的向往。因此,教育目的的制定依据教育活动中人的价值选择,受到当时的人的哲学观念和价值取向等影响。

2. 制定教育目的的客观依据

(1)教育目的的确立要符合社会政治经济的需要。教育目的的确立受社会政治经济的制约,一个社会需要什么样的人,具有什么样的政治倾向和思想意识,需要哪些类型与规格的劳动力,都集中表现在教育目的上。原始社会教育的目的主要是培养人学会基本的生活技能和习俗;奴隶社会随着金属生产工具出现,生产发展、剩余生产品增多和阶级分化产生,教育与生产劳动分离,学校轻视体力劳动。"劳心者治人,劳力者治于人",其教育目的主要是培养统治者和为他们服务的"顺民"。封建社会和奴隶社会的教育目的大同小异,都是以剥夺被统治阶级子弟的受教育权以达到"愚民"的目的。资本主义主张公平和民主,是为了培养为资本主义服务的人。而社会主义中,教育目的是培养德、智、体、美、劳全面发展的国家建设人才。因此,教育目的的确定具有一定的社会阶级性,"超阶级"的教育目的是不存在的。

（2）教育目的的确立要反映生产力和科学技术发展对人才的需求。教育目的的确立要考虑生产关系适应生产力发展,生产力的发展对人才的要求,制约着教育目的的确立。因此,教育目的的制定要反映生产力和科学技术发展对人才的需求。不同社会、不同时代,生产力和科学技术发展水平不同。例如,封建社会,生产力和科学技术发展程度低,教育目的是培养统治人才。随着生产力和科学技术的发展,社会对技术性人才的需求的提高,因此对人才选择的标准的要求也发生变化。例如,资本主义社会,生产力和科学技术快速发展,因此对人才的培养趋向于技术性人才。可见,生产力和文化科学发展水平影响着教育目的的确立。

（3）教育目的的确立要符合受教育者身心发展的需要。教育的对象是受教育者,因此受教育者的身心发展需要是确立教育目的的依据。教育目的的确立要符合教育者的身心发展规律,首先,教育目的的确立要符合教育对象的身心发展程度,必须考虑教育对象能够实现的可能性。其次,教育目的的确立要符合教育对象的身心发展变化,因此不同阶段的教育目的是不一样的。最后,教育目的的确立要符合不同类别的教育对象的不同需要,例如:小学生、中学生、大学生,他们的需要不同,因此,教育目的的制定也要考虑他们的需求。

（三）教育目的的层次

每一个概念都有它的横向和纵向体系,教育目的也不例外。横向来看,教育目的包括:一是对教育要培养出的人的身心素质做出的规定;二是对教育要培养出的人的社会价值做出的规定。纵向来看,教育目的是一个多层次的体系,它与上位层次的教育方针和下位层次的培养目标等逐级构成教育的整个目标体系（见图4-1）。

教育方针

教育目的

培养目标

教育目标

教学目标

图4-1　教育目的的层次

1. 教育方针

教育方针是阶级或政党在一定时期内确定的教育发展的基本指导思想,是教育的总方向,是教育工作的宏观指导思想;虽然,教育方针和教育目的都是由国家制定和执行的,都是回答"为谁（哪个阶级,哪个社会）培养人"的问题,都是一定社会各级各类教育在其性质和方向上不得违背的根本性指导原则,但是它们有一定的区别。教育方针是对教育工作的总规定,教育方针包含了教育内容,它包括教育指导思想、培养人才的总规格、实现教育目的的基本途径。

2. 培养目标

培养目标是指依据国家的教育目的和各级各类学校的性质、任务提出的具体培养要求。它是教育目的的具体化,是结合教育目的、社会要求和受教育者的特点制定的。培养目标必须依据教育目的来制定,不能脱离教育目的,是某一级或某一类学校或某一专业人才培养的具体要求,例如:景德镇学院教育学院小学教育专业培养目标。培养目标是教育目的在不同类型的学校、不同教育阶段、不同专业中的具体化,是多种多样的。教育目的需要通过培养目标来实现具体的落实。

3. 教育目标

教育目标又称课程目标,是教育活动的具体努力方向,是培养目标下每一门具体课程的基本教学要求。教育目标因学校与专业性质、教育阶段、教育对象、教学课程的不同而不同。教育目的最终都需要转化为具体的教育目标,才能有效实施。

4. 教学目标

教学目标是指教学活动实施的方向和预期达成的结果,也就是教师在一次课的教学过程中需要达到的教学效果,是一切教学活动的出发点和最终归宿,它既与教育目的、培养目标相联系,又不同于教育目的和培养目标。它分为三个层次:一是课程目标(狭义);二是课堂教学目标;三是教育成才目标,也就是教学最终的目标。

教育方针、教育目的、培养目标、教育目标和教学目标既相互区别又相互联系,后者是前者的具体化,前者是后者的大方向。

二、教育目的的性质和特点

教育目的作为教育的出发点和归宿,具有它独特的特点,第一,教育目的具有质的规定性,一方面,对教育活动具有质的规定性;另一方面,对教育对象的发展具有质的规定性。教育目的规定了教育对象培养的社会倾向,受教育者为什么阶级、什么社会服务。教育目的也规定了受教育者的基本素质,在哪些方面得到发展,应培养哪些方面的素质等。第二,教育目的具有社会性和时代性。教育是培养人的社会活动,不同的时期有不同的教育目的。第三,教育目的具有一定的预期性,它是对受教育者预期的要求,需要通过教学活动达到的价值追求。第四,教育目的具有一定的观念性,它表现为教育观念或教育思想,并通过观念影响和指引人们教育实践。

三、教育目的的功能

教育目的主要回答"培养什么样的人""怎样培养人"的问题,对教育活动具有一定的指导功能,其主要有以下几个功能。

(一)导向功能

教育目的具有一定的导向功能,教育目的规定了受教育者的发展方向,也为教育工作者指明了工作方向。教育目的对教育的社会性质具有导向多用的功能,它明确规定了教育"是为谁培养人",规定教育目的是"培养什么样的人";教育目的制约了教育制度、教育内容的选择、教育方法和手段的使用。因此,教育目的无论是对受教育者还是教育者,都具有目标导向的作用。教育目的的导向功能既通过教育者对教育目的的认同并转化为其实际教育行为得到体现,又必须通过转化为受教育者的自我追求而实现目标。

(二)选择功能

人类社会发展至今,可供学生学习的知识经验复杂繁多,需要培养的技能、技巧多种多样。教育目的的选择功能集中体现在教育活动和教育内容的选择上,有了教育目的,教育内容的选择确定了基本范围,任何一个国家的学校和教师都会根据教育目的的基本要求,决定哪些研究成果和社会文化可以进入教育内容,哪些则应受到批判和抵制。教育目的对教育内容的选择功能保证了教育能够科学地对人类丰富的文化做出有价值的取舍。教育目的也为选择相应的教育途径、方法和形式提供了依据。[①]

(三)激励功能

目的反映人的需要和动机。因此,教育目的对教育活动具有一定的激励功能。教育目的是对受教育者能够达到的发展结果的一种设想,教育目的是对受教育者未来发展的期望。这种期望一方面激励教育者通过一定的方式把教育目的和培养目标转化为学生的学习目的,另一方面也激励受教育者自觉地参与教育活动。教育目的越清晰,越能激励人,反之亦然。

(四)评价功能

教育目的是衡量和评价教育取得的效果的根本依据和标准。一方面,为检查和评价教育活动提供了量尺,另一方面,验证了学生在教育活动中的发展情况。评价教学效果的标准可以细化到具体,但是所有的细化的评价标准都要以最高的教育目的为基准。教育目的是教育质量评判的重要依据与指标,学校教育质量的好坏主要体现其达成教育目的的程度。

总之,教育目的的功能是相互联系、综合体现,在现实教育中,应充分发挥教育目的的功能,使教育活动达到预期的效果。

第二节 教育目的的价值取向

教育目的的价值取向,是指教育目的的提出者或从事教育活动的主体依据自身的需要对教育价值做出选择时所持的一种倾向。人们对教育活动的价值选择,历来有不同的见解和主张。许多思想家、教育家总是从各自需要出发,形成关于教育目的的不同价值取向,形成不同的教育目的的理论。争议最多的是个人本位论和社会本位论,除此以外,还有教育无目的理论、生活本位论以及全面发展理论。

---

① 曲振国.当代教育学[M].北京:清华大学出版社,2006.

一、个人本位论

个人本位论的全盛时期出现在 18、19 世纪,具有强烈的人道主义特色,突出人的本性需要和自由发展。个人本位论把人作为教育目的的根本,认为人生来就具有健全的本能,教育的目的是使本能不受影响地得到完善和发展。因此,个人本位论否定社会制度的权威,反对社会对个人的约束,认为按照社会的要求培养出来的人,其本性就会被抹杀掉,强调个人自由权利至高无上。

个人本位论,其主要的代表人物是法国思想家卢梭、英国的洛克、美国的罗杰斯、德国的福禄贝尔、捷克的夸美纽斯、瑞士的裴斯泰洛齐、德国的康德、美国的马斯洛和法国的萨特等。

个人本位论有助于新兴的资产阶级伸张自己在教育和社会政治层面上的权力,是一种人性解放的革命。但是,个人本位论将"自然性"与"社会性"、"个性"与"共性"对立起来,将个人的利益凌驾于社会利益和国家利益之上,最终毁坏教育的社会基础或前提,也是具有一定的片面性的。

拓展阅读

卢梭的教育观

卢梭是 18 世纪法国启蒙思想家,被称为"浪漫主义运动之父",他力倡人性,呼吁关注和尊重人。反映在对教育目的的认识上,他把个人与社会对立起来,以培养"自然人"作为教育目的。他认为,不能同时把人培养成"人"与"公民",并对此做了区分:自然人完全是为他自己而生活的;他是数的单位,是绝对的统一体,只同他自己和他的同胞才有关系。公民只不过是一个分数的单位,是依赖于分母的,它的价值在于他同总体,即同社会的关系。他激进地认为:"出自造物主之手的东西,都是好的,而一到了人的手里,就全变坏了。"并据此提出,在人的心灵中根本没有什么生来就有的邪恶。因此,教育的目的就是要顺从儿童的自然本性,使人的天赋才能得到和谐发展。在他看来,尊重自然的教育必然是自由的教育,自然的教育必然保护儿童善良的天性,使人的身心得到自由的发展。

在《爱弥儿》中体现的卢梭对教育的观念——自然主义,深深地影响了现代教育理论。他降低书面知识的重要性,建议孩子的情感教育先于理性教育。他尤为强调通过个人经验来学习。在早期的作品中,他把自然描述为原始人所处的原始的状态。后来,在伏尔泰(Voltaire)的批评下,他把自然描述为人建立自己个性和个人世界过程的自发性。所以,自然意味着内心的状态、完整的人格和精神的自由。与之形成对比的是社会在文明的幌子下进行的关押和奴役。因此,回归自然就是使人恢复这种自然过程的力量,脱离外界社会的各种压迫,以及文明的偏见。[①]

---

① 王萌,张春艳.教育学[M].广州:中山大学出版社,2013.

二、社会本位论

社会本位论鼎盛时期主要是在 19 世纪到 20 世纪初期。社会本位论主张教育目的应当根据社会的要求来确定,把满足社会需要作为教育目的。这种观点认为,人是社会的产物,个人的发展依据赖于社会,受社会制约。教育的目的就是要使受教育者成为社会需要的人,为此,要通过教育使受教育者掌握社会规范和已有的人类文化遗产。除此之外,教育无其他目的。①

社会本位论,重视教育的社会价值。站在社会的立场,教育承担着重大社会职责,适应现实社会是教育得以存在的重要前提;重视培养公民及其所承担的社会责任,持社会本位论的教育目的观者多是国家主义者,强调作为公民必须承担社会责任,扮演不同的社会角色,服务于国家利益。

社会本位论代表人物主要有德国的那笃普、凯兴斯泰纳,法国的孔德、涂尔干等。其中,有代表性的是凯兴斯泰纳。他说:"我十分明确地把培养有用的国家公民当作国民学校的教育目标,并且是国民学校的根本目标。"

社会本位论看到了社会政治、经济、文化对教育的制约作用,强调教育的目的应根据社会需求确定,国家要承担教育的主要责任;忽略了社会是由个体组成的,没有个体也就没有社会存在,完全割裂了人与社会的关系,使人工具化,具有片面性和不科学性。

三、教育无目的论

教育无目的论是美国教育家杜威提出的观点。主张教育即生长,教育即生活,教育本身除生长以外没有其他目的。认为教育就是人的天赋本能的一种自发的、自然生长的过程,与植物生长一样,不是为了一定目的而生长。反对家长和学校为儿童确定教育目的,认为强加给活动过程的目的是固定的、呆板的,不能在特定情境下激发智慧;它脱离生活实际,是遥远的,与用以达到目的的手段无关。认为教育不仅要使个人能维持生活,还应尽其所能为社会服务,把儿童培养成为美国社会的合格公民。②

教育无目的论开启了教育理论史上的崭新篇章,对当时美国乃至世界各国的教育理论和实践都产生了深远影响。"教育无目的论"其实并不是主张教育没有目的,而是强调"教育的过程,在它自身以外没有目的,它就是它自己的目的"。教育无目的论,反对从教育过程外部强加而来的多重的教育目的,提倡教育目的存在于教育过程中,培养的人是能够不断适应和改造民主社会的公民和建设者。但是,教育无目的论过分重视教育的内在目的而忽略教育的外在目的,过分强调个体对于环境的适应能力而忽略环境对个体的约束和限制因素,看到个体与环境一致的一面,忽略个体与环境相冲突的一面。③

---

① 杜萍,顾书明.教育学新编[M].北京:人民出版社,2009.
② 顾明远.教育大辞典[M].上海:上海教育出版社,1998.
③ 教师资格考试命题研究中心.教育知识与能力(中学)[M].北京:光明日报出版社,2012.

四、生活本位论

"生活本位论"又叫作教育准备生活说,把教育目的与受教育者的生活紧密联系在一起,认为教育的目的就是为未来生活做准备,典型的代表是斯宾塞。

根据人类活动的重要程度,斯宾塞把教育分为:① 准备直接保全自己的教育;② 准备间接保全自己的教育;③ 准备做父母的教育;④ 准备做公民的教育;⑤ 准备生活中各项文化活动的教育。他认为教育目的是为"完满的生活"做准备,教育的主要任务就是教会人们怎样生活,做到"对己对人最为有益"。① 斯宾塞的"生活预备说"体现了当时英国资产阶级希望通过教育而获取个人幸福的现实要求。斯宾塞的教育理论批判了当时的经院主义教育,提倡实践教育和科学教育,具有一定意义。但是,随着社会的发展以及儿童哲学的进步,斯宾塞的"教育准备说"渐渐受到人们的质疑和批判。

五、全面发展理论

1. 西方思想家关于全面发展教育的观点

早些年的时候,西方思想家就提出了全面发展教育的观点,古希腊哲学家亚里士多德主张"和谐教育"。教育的目的,一是参加体育活动发展他的身体和生理,促进他的植物灵魂的发展;二是参加德育活动发展他的非理性灵魂;三是参加智育活动发展他的理性灵魂。他认为,人的灵魂的三个方面的发展不是相互排斥的,教育目的要促进这三个灵魂相互联系、和谐发展。夸美纽斯在其名著《大教学论》一书中,提出了泛智教育的理想,教育目的是希望所有人都受到完善的教育,使之得到多方面的发展,成为和谐发展的人。

2. 马克思的人的全面发展理论

人的全面发展理论是马克思主义最高价值理想,是未来社会的价值目标,也是现实人发展的最高理想境界。人的全面发展,即指人的体力和智力的充分、自由、和谐的发展。

马克思在《1844 年经济学哲学手稿》初步提出人的全面发展理论。在《德意志意识形态》中第一次正式使用"个人的全面发展"这一概念,人的全面发展是"人以一种全面的方式,也就是说,作为一个完整的人,最终占有自己的本质"。人的全面发展包含了人的类本质、群体本质和个体本质的全面发展:作为人类存在物,人的本质是自由自觉的劳动,即人的实践活动能力;作为社会存在物,人的本质是一切社会关系的总和;作为个体的人,人的本质就是人的个性。后来马克思和恩格斯在《共产党宣言》中指出:人的全面发展是共产主义者的理想目标和共产主义社会的基本原则,这为人的全面发展思想走向成熟奠定了坚实的基础。②

---

① 王作亮,张典兵.教育学原理[M].徐州:中国矿业大学出版社,2015.
② 张金鹏.鲜活的马克思主义:马克思主义基本原理概论实践教程[M].北京:中国经济出版社,2014.

第三节　我国的教育目的

一、我国教育目的的基本精神和理论基础

（一）我国教育目的的基本精神

《中共中央国务院关于深化教育改革，全面推进素质教育的决定》中关于教育目的的表述是："以培养学生的创新精神和实践能力为重点，造就有理想、有道德、有文化、有纪律的德、智、体、美等方面全面发展的社会主义建设者和接班人。"这一表述体现了现阶段我国教育目的的以下几项基本精神：

（1）教育目的要求培养的人是社会主义事业的建设者和接班人，因此要坚持政治思想道德素质与科学文化知识能力的统一。

（2）教育目的要求培养德、智、体、美等全面发展的人，要求脑力与体力两方面协调发展。

（3）教育目的要适应时代的要求，强调学生个性的发展，培养学生的创造精神和实践能力。不仅重视学生多方面能力的培养，还要强调学生个性的发展，注重学生独立能力和选择能力的培养。

（二）我国教育目的的理论基础

"人的全面发展"是马克思主义的基本原理之一，也是我国教育方针的理论基石，为我国社会主义教育目的的提出提供了理论基础。马克思认为人的全面发展，主要包括人的劳动活动、能力、社会关系、自由个性、需要和人类整体的全面发展。

1. 马克思人的全面发展的基本内涵[①]

（1）人的劳动活动的全面发展。马克思在《1844 年经济学哲学手稿》中指出：自由自觉的劳动是人的类特性，是人区别于动物的本质性活动；正是在劳动中人的类存在才得以体现，人的本质才得以反映，人才成其为人。人的发展取决于人们生活在其中的社会物质生活条件，人通过劳动改造客观世界，也改造了自己本身，在劳动的发展中获得物质生活条件。因此，人的全面发展建立在人的劳动活动全面发展的基础上。

（2）人的能力的全面发展。社会生产和社会关系的发展，是提升人的体力、智力、自然力、道德力、现实能力和内在潜力等的重要驱动力。能力的发展是人的全面发展的核心。人的能力既包括体力，又包括智力；既包括从事物质生产的能力，又包括从事精神生产的能力；既包括社会交往的能力，又包括道德修养的能力和审美能力等。体力和智力的发展，是人的能力的全面发展的主要内容，也是人的其他能力得以全面发展的基础和前提。

（3）人的社会关系的全面发展。人的劳动就是社会的劳动，人的全面发展就是人的

---

① 张金鹏.鲜活的马克思主义：马克思主义基本原理概论实践教程[M].北京：中国经济出版社，2014.（引用改编）

社会关系的全面发展。个人发展取决于与他人的普遍交往和全面的关系。只有进行普遍的交往才能造成人与人之间全面的联系。

（4）人的自由个性的全面发展。人的个性是个人的自我意识及由此形成的个人特有素质、品格、气质、性格、爱好、兴趣、特长、情感等的总和。自由个性的充分发挥，是人的全面发展的综合体现和最高目标，也是人的全面发展的根本内涵。自觉能动性是个性的根本特征。创造性则是个性的最高表现，也是最活跃的因素，其实质是主体对现实的超越。

（5）人的需要的全面发展。资本主义生产方式的建立和发展，使人的需要有可能向多方面发展。到了社会主义和共产主义社会，剥削制度被消灭，生产力高度发展，社会产品极大丰富，人的需要将呈现丰富性和多面性。

（6）人类整体的全面发展。马克思主义认为，个人的全面发展和人类整体的全面发展是相辅相成、不可分割的一个问题的两个方面：一方面，没有个人的全面发展，就不可能有人类整体的全面发展；另一方面，个人的全面发展也只有在人类整体的全面发展中才能实现。真正的人的全面发展必须是人的素质的普遍提高，是全社会所有成员的共同发展，而不是部分阶级、阶层和个人的片面发展，更不是某一个体或社会集团的特殊嗜好的畸形扩张和繁衍。因为，"一个人的发展取决于和他直接或间接地进行交往的其他一切人的发展"。

2. 马克思主义关于人的全面发展学说的基本思想

马克思、恩格斯在政治经济学的研究中，提出了关于人的发展的基本原理，主要包括以下几个方面：第一，人的发展与社会发展相一致；第二，就是劳动分工造成人的片面发展；第三，机器大工业生产要求人的全面发展，并为人的全面发展提供了物质基础；第四，实现人的全面发展的基本途径是教育同生产劳动相结合。

真 题 再 现

马克思主义认为，实现人的全面发展的唯一方法是（　　）。

A. 脑力劳动和体力劳动相结合

B. 教育与生产劳动相结合

C. 知识分子与工人农民相结合

D. 城市与农村相结合

【答案】B。

二、我国教育目的的历史沿革和发展

（一）我国古代的教育目的

我国古代的教育目以孔子为代表的儒家教育思想为主流，认为教育目的是培养统治阶级所需要的统治人才，"读书做官""仕而优则学，学而优则仕"是当时的教育目的，隋朝进一步强化"读书做官"，所以科举考试一直在延续直至近代被废除。除此以外，古代的教育目的还注重普通人的道德水准的提高，孟子认为教育的最高目的是"明人伦"，也就是清楚为人之道:父子有亲、君臣有义、夫妇有别、长幼有序、朋友有信。因此古代的教育目的内则"修身",外则"治国",就是通过教育培养理想人格,并以个人的魅力和德行修养来服务统治阶级的需要,成为统治阶级所需要的人。

（二）我国近代的教育目的

鸦片战争以后,我国的教育目的主要为培养"顺民"。1911 年辛亥革命,蔡元培在《对于教育方针的意见》中提出一个包含公民道德教育、实利主义教育、军国民教育、世界观教育和美育的教育方针。1936 年,《中华民国宪法草案》公布了"中华民国之教育宗旨,在发扬民族精神,培养国民道德,训练自治能力,增进生活智能,以造就健全国民"的教育方针。1934 年毛泽东提出"在于以共产主义的精神来教育广大的劳苦民众,在于使文化教育为革命战争和阶级斗争服务,在于使教育与劳动联系起来,在于使广大中国民众都成为享受文明幸福的人";1938 年提出坚定正确的政治方向,艰苦奋斗的工作作风,灵活机动的战略战术;1940 年提出新民主主义教育方针(民族的,科学的,人民大众的新文化和新教育)。

（三）新中国成立以来关于教育目的的表述

1957 年,我国在生产资料所有制的社会主义改造完成后,开始了以发展社会生产力、发展经济为重点的大规模建设时期,根据这一时期政治、经济、文化等方面发展的新要求,毛泽东在国务会议上指出:"我们的教育方针,应该使受教育者在德育、智育、体育几方面都得到发展,成为有社会主义觉悟的有文化的劳动者。"它在当时对我国教育事业的发展和人才培养起了非常有力的指导作用,对以后教育目的的影响很大。

1978 年,我国的教育目的在人大会议通过的宪法中被表述为:"我国的教育方针是教育必须为无产阶级政治服务,教育必须同生产劳动相结合,使受教育者在德育、智育、体育几方面都得到发展,成为有社会主义觉悟的有文化的劳动者。"

1981 年《关于建国以来党的若干历史问题的决议》对教育目的有新的表述:"坚持德智体全面发展、又红又专、知识分子和工人农民相结合、脑力劳动和体力劳动相结合的教育方针。"在同年政府工作报告中指出教育目的是"使受教育者在德育、智育、体育几方面都得到发展,成为有社会主义觉悟的有文化的劳动者和又红又专的人才,坚持脑力劳动和体力劳动相结合,知识分子和工人农民相结合。"

1982 年《中华人民共和国宪法》中规定:"国家培养青年、少年、儿童在品德、智力、体质等方面全面发展。"

1985 年《中共中央关于教育体制改革的决定》提出:"教育要为 90 年代至下世纪初叶我国经济和社会发展培养新的能够坚持社会主义方向的各级各类人才。"其明确指出:"所有这些人才都应该有理想、有道德、有文化、有纪律,热爱社会主义祖国和社会主义事业,具有为国家富强和人民富裕而艰苦奋斗的献身精神,都应该不断追求新知,具有实事求是、独立思考、勇于创造的科学精神。"

1986 年《中华人民共和国义务教育法》规定:"义务教育必须贯彻国家的教育方针,努力提高教育质量,使儿童、少年在品德、智力、体质等方面全面发展,为提高全民族素质,培养有理想、有道德、有文化、有纪律的社会主义的建设人才奠定基础。"在这里,首次把提高全民族素质纳入教育目的。

1990 年《中共中央关于制定国民经济和社会发展十年规划和"八五"计划的建议》把教育方针和教育目的明确表述为:"教育必须为社会主义现代化建设服务,必须与生产劳动相结合,培养德、智、体全面发展的建设者和接班人。"

1993 年《中国教育改革和发展纲要》提出:"教育改革和发展的根本目的是提高民族素质,多出人才,出好人才,各级各类学校要认真贯彻'教育为社会主义现代化建设服务,必须与生产劳动相结合,培养德、智、体等全面发展的建设者和接班人'的方针,努力使教育质量在 90 年代上一个新台阶。"

1995 年《中华人民共和国教育法》规定:"教育必须为社会主义现代化建设服务,必须与生产劳动相结合,培养德、智、体等方面全面发展的社会主义事业的建设者和接班人。"

1999 年 6 月的《中共中央国务院关于深化教育改革,全面推进素质教育的决定》把教育目的表述为:"以培养学生的创新精神和实践能力为重点,造就有理想、有道德、有文化、有纪律的德、智、体等方面全面发展的社会主义建设者和接班人。"

2001 年 6 月的《国务院关于基础教育改革与发展的决定》明确提出:"要高举邓小平理论伟大旗帜,以邓小平同志'教育要面向现代化,面向世界,面向未来'和江泽民同志'三个代表'的重要思想为指导,坚持教育必须为社会主义现代化建设服务,为人民服务,必须与生产劳动和社会实践相结合,培养德智体美等全面发展的社会主义事业建设者和接班人。"

2002 年中国共产党第十六次全国代表大会的报告中要求:"全面贯彻党的教育方针,坚持教育为社会主义现代化服务,为人民服务,与生产劳动和社会实践相结合,培养德、智、体、美全面发展的社会主义建设者和接班人。"

2004 年 2 月国务院颁发的《关于进一步加强和改进未成年人道德教育的若干意见》:"培养有理想、有道德、有文化的,德智体美等全面发展,建立有中国特色的社会主义事业建设者和接班人。"

中国改革开放以来,教育目的的具体内容在表述上几经变化,但贯穿在教育目的中的主导思想和基本精神始终是一致的,即教育必须为社会主义现代化建设服务,培养社会主义事业的建设者和接班人,我们的教育就是要培养社会主义现代化建设所需的各类人才。

真题再现

2001 年,《国务院关于基础教育改革与发展的决定》提出,坚持教育必须为社会主义现代化建设服务,为人民服务,必须与生产劳动和社会时间相结合,培养( )等全面发展的社会主义事业建设者和接班人。

A. 德智体　　　　B. 德智体美　　　　C. 德智体美劳　　　　D. 德智体劳
【答案】B。

三、素质教育和全面发展教育

在我国教育目的的实践中,多年来一直存在一些问题,例如:只注重少数学生的发展而忽视全体学生的发展,注重学生的个别方面(知识方面)的发展而忽视学生素质的全面提高。针对此种现象,素质教育和全面发展教育应运而生。

(一)素质教育

1. 什么是素质教育?

素质教育是根据社会经济发展和人的发展的需要,以提高受教育者诸方面素质为目标的教育模式,它重视人的思想道德素质、能力培养、个性发展、身体健康和心理健康教育。素质教育的特点主要包括:素质教育以提高国民素质为根本宗旨,强调面向全体的学生;素质教育促进学生的全面发展和个性发展;素质教育以培养学生的社会责任感、创新精神、实践能力为重点;素质教育贯穿于教育的全过程,并渗透于教育的各个方面。

2. 素质教育和应试教育

素质教育与应试教育相对应,但并非绝对对立的概念。总的来说,素质教育立足于"发展人",旨在使每个人获得发展,而应试教育立足于"选拔人",是一种面向少数学生的选拔性的教育。两者存在一定的区别:第一,教育价值观不同,应试教育深受传统教育的继承性价值观影响;素质教育则以促进学生全面和谐发展为取向,是教育的外部价值和内部价值的辩证统一体。第二,教育内容不同,应试教育的内容以应试和升学为中心来设置课程安排教学内容;素质教育则着眼于学生素质的全面提高,以完整的素质结构为核心设置课程。第三,教育方法不同,应试教育是"授之以鱼",重视灌输,以注入式讲授为主;素质教育主张"授之以渔",注重调动学生学习的积极性和主动性。第四,教育评价不同,应试教育以考分为尺度来评价学生,以学生的考分和升学率为标准来评价老师;素质教育强调面向全体学生、促进学生全面发展,要求全面提高教育质量。[1]

(二)全面发展教育

马克思主义关于人的全面发展的学说是我国教育目的的理论基础。

我国教育目的反映出来的基本精神之一为使受教育者德、智、体、美等方面全面发展,社会主义的全面发展教育是由德育、智育、体育、美育和劳动技术教育等部分组成。

德育,即培养人思想道德的教育,是向学生传授一定社会思想准则、行为规范,并使其养成相应思想品德的教育活动,是思想教育、政治教育、道德教育、法制教育、健康心理品质等方面教育的总称。它的基本任务包括:第一,培养学生良好的道德品质,使学生成为具有良好社会公德、文明行为习惯的遵纪守法的好公民;第二,培养学生正确的政治方向,使学生形成正确的政治信念,具有为国家富强和人民富裕而努力奋斗的献身精神;第三,培养学生正确的世界观、人生观,使他们形成科学辩证的思想方法,正确认识世界和人生,在社会生活中追求新知;第四,培养学生良好、健康的心理品质,使学生能正确认识自己,形成完善人格;第五,培养和发展学生良好的思想品德能力;等等。[2]

---

① 靳玉乐.教育概论[M].重庆:重庆出版社,2006.
② 李森,陈晓端,金玉梅,詹先友.现代教育学基础[M].上海:华东师范大学出版社,2009.

智育,是指向学生传授系统科学知识和技能,培养和发展学生智力才能的教育活动。其基本任务包括:首先,向学生系统传授科学文化基础知识,为学生各方面发展奠定良好的知识基础;培养训练学生,使其形成基本技能。其次,培养和发展学生的智力才能,增强学生各方面能力。最后,培养学生良好学习品质和热爱科学的精神。[1]

体育,是指向学生传授身体运动及其保健知识,增强他们的体质,发展他们的身体素质和运动能力的教育。体育的基本任务包括:首先,指导学生身体锻炼,促进身体的正常发育和技能发展,增强学生体质,提高健康水平;其次,使学生掌握身体运动锻炼的科学知识和基本技能,掌握运动锻炼的方法,增强身体运动能力;再次,使学生掌握身心卫生保健知识,养成良好的身心卫生保健习惯;最后,发展学生良好品德,养成学生文明习惯。[2]

美育,即培养学生正确的审美观点,发展他们感受美、鉴赏美和创造美的能力的教育。美育的基本任务包括:首先,培养学生正确的审美观点,使他们具有感受美、理解美以及鉴赏美的知识和能力;其次,培养学生艺术活动的技能,发展他们体现美和创造美的能力;最后,培养学生美好心灵和行为,使他们在生活中体现内在美和外在美的统一。

劳动技术教育,即引导学生掌握劳动知识和技能,形成劳动观点和习惯的教育。其实施途径可以通过综合实践活动、基地劳动、社区的工厂、农村的劳动和服务性劳动等劳动技术教育来完成。

五育各有各的特点,但是相互依存、相互促进,表现在:第一,德育在人的全面发展中起着灵魂和统帅的作用,为人的发展提供方向;第二,智育在人的全面发展中起着前提和支撑的作用,为人的全面发展提供知识和智力支持;第三,体育在人的全面发展中起着基础的作用,是使人全面发展的途径;第四,美育在人的全面发展中起着动力作用;第五,劳动技术教育可以综合德智体美各育的作用,是实现社会与个体协调统一、和谐发展的纽带和桥梁。

真题再现

简答题:简述马克思主义人的全面发展和教育的关系。

(三)素质教育和全面发展的关系[3]

1. 全面发展教育是实施素质教育的基本理论依据

人的全面发展学说是实施素质教育的基本理论依据。对学生实施全面发展教育,就必须实施素质教育。促进实现全面发展教育才能提高人的素质。

2. 全面发展教育是素质教育的途径

我国全面发展从开始的德育、智育与体育三项内容,逐步加进了美育和劳动技术教育,形成了"五育"并举的局面。"五育"与素质教育的内容是基本相应的,通过全面发展"五育"就可以促成素质教育的实施。

---

① 全国十二所重点师范大学联合编写.教育学基础[M].北京:教育科学出版社,2002.
② 全国十二所重点师范大学联合编写.教育学基础[M].北京:教育科学出版社,2002.
③ 庞守兴.教育学基础[M].北京:北京大学出版社,2015.(引用改编)

3.素质教育是全面发展教育的目标

全面发展教育,主要是促进学生德、智、体等全面发展。素质教育提出之后,全面发展教育中存在的各个方面割裂的问题得到了解决。素质教育的目的是全面提高学生素质,体现了素质教育与全面发展教育的统一:全面发展教育有了"素质"的补充,其目标更加具体,对"全面"的要求也就更加明确。"全面"与素质的彼此补充,反映出素质教育与全面发展教育是相辅相成的。

【本章小结】

教育目的作为教育的出发点和归宿,规定了教育所培养的人的质量和规格的总要求,探讨了"为谁培养人""培养什么样的人"等问题,具有规定性、社会性、时代性和预期性的特点。教育目的有广义、狭义之分。广义的教育目的是指人们对受教育者的期望,包括家庭教育、社会教育和学校教育;狭义的教育目的指一定社会(国家或地区)对所属各级各类教育人才培养的要求,特指学校教育。教育目的的制定既受到教育者的主观因素影响,又受到社会政治经济需要、生产力和科学技术和人的身心发展规律等客观因素影响,总的来说教育目的具有社会制约性。教育目的具有导向、选择、激励和评价四大功能,四大功能相互联系,综合作用。古往今来,对教育到底是培养什么样的人的探讨层出不穷,因此,不同的教育目的理论应运而生,主要有个人本位论、社会本位论、教育无目的论、生活本位论和全面发展理论。全面发展教育强调德育、智育、体育、美育和劳动技术教育并举,实现社会和个体的协调统一。素质教育则强调重视人的思想道德素质、能力培养、个性发展、身体健康和心理健康教育的发展。全面发展教育是素质教育的基本理论依据,全面发展教育是素质教育的途径,素质教育又是全面发展的目标,两者相辅相成,彼此补充。

思考题

1.什么是教育目的? 教育目的与教育计划、培养目标之间的关系如何?

2.试辩述以下结论:"教育作为一种有目的的行为,其结果就一定是'种瓜得瓜,种豆得豆'吗?"

3.论述素质教育和全面发展教育之间的关系。

4.结合本章所学的知识,谈一谈你对以下案例的思考:

某教师在教学《乌鸦喝水》时,组织学生讨论这样一个问题:"乌鸦为什么喝不着瓶子里的水?"经过讨论,绝大部分学生都认为原因有两个:一是瓶子的口太小,乌鸦的嘴伸不进去;二是瓶子里的水太少。但有一位学生认为乌鸦的嘴够不着,"是因为乌鸦的嘴太大了,伸不进瓶子。"教师一愣,随之付之一笑:"坐下,再仔细读读课文。"学生满脸不解地坐下,可是不到两分钟,学生又举手了:"老师,我说的书上没写。"被打断教学的教师显然有些始料未及,便不耐烦地说:"既然书上没写,就不能乱说,必须想清楚再举手,坐下吧!"学生欲辩又止,却也不肯坐下,教师上前,将学生按在座位上……

第五章
教师与学生

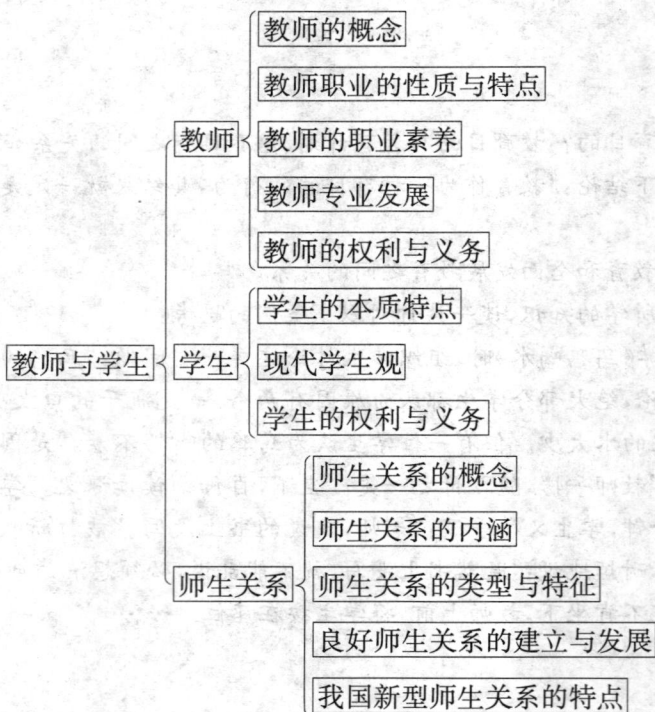

学习目标

1. 了解:教师职业的发展历程、师生关系的多重性,以及良好师生关系在教育教学过程中的重要性。

2. 识记:教师的多重角色;新时期的教师职业道德规范;学生的本质特征。

3. 理解:教师的职业定位;教师职业的专注性内涵;教师的角色;学生在教育过程中的地位和作用;教师的专业素质结构。

4. 掌握:教师提升职业道德品质的基本要求;构建民主平等的新型师生关系的基本策略。

5. 能够运用相关理论分析并提出如何加强教师专业素养和构建和谐师生关系的方法。

6. 能够运用师生关系的相关理论分析解决现实中具体的问题。

7. 能感受教师这一职业的重要作用,坚定学教、从教信念。

思维导图

```
                          ┌ 教师的概念
                          ├ 教师职业的性质与特点
                   ┌ 教师┤ 教师的职业素养
                   │      ├ 教师专业发展
                   │      └ 教师的权利与义务
                   │      ┌ 学生的本质特点
教师与学生─────────┼ 学生┤ 现代学生观
                   │      └ 学生的权利与义务
                   │        ┌ 师生关系的概念
                   │        ├ 师生关系的内涵
                   └ 师生关系┤ 师生关系的类型与特征
                            ├ 良好师生关系的建立与发展
                            └ 我国新型师生关系的特点
```

78

第一节　教师

一、教师的概念

教育是一种培养人的社会活动,教育系统是以人的集合为主要构成要素的社会系统。在诸种要素中,教师和学生是其最基本的要素。[1] 要研究教育系统,要研究教育系统中人的活动,首先必须研究教师和学生,研究师生之间的关系。

二、教师职业的性质与特点

(一)教师职业的性质

我国于1993年10月31日颁布的《中华人民共和国教师法》第一章第三条规定:教师是履行教育教学职责的专业人员,承担教书育人,培养社会主义事业建设者和接班人、提高民族素质的使命。第一次从法律上确认了教师的社会地位的专业性。

1. 教师职业是一种专门职业,教师是专业人员

教师职业属于专门职业,教师是从事教育教学工作的专业人员。

1966年,联合国教科文组织在《关于教师地位的建议》中提出,教师是专业人员,而且应该把教师工作视为专门职业,认为它是一种要求教师具备经过严格训练而持续不断的研究才能获得并维持专业知识及专门技能的职业。

1986年6月21日,我国国家统计局和国家标准局发布的《中华人民共和国国家标准职业大类与代码》中,将所有职业分为8大类、63个分类和303个小类,其中各类教师被列入"专业、技术人员"这一类别。教师职业是以教书育人为职责的创造性职业,有目的地培养人才是教育区别于其他社会领域的根本特征。

1994年实施的《教师法》第一次从法律角度确认了教师的专业地位。作为专门职业具有三个基本特征:一是需要专门技术和特殊智力,在职前必须接受专门的教育;二是提供专门的社会服务,具有较高职业道德和社会责任感;三是拥有专业自主权和控制权。

2. 教师是教育者,教师职业是促进个体社会化的职业

"教育者"一词,具有广义与狭义之说。广义的理解是:"凡是在教育活动中承担教的责任(包括直接承担者或间接承担者)和施加教育影响的人都是教育者。"[2]狭义的理解是确定以教书育人为专门职责的人,意即学校教师。

教师是学校教育工作的主要实施者,教师最重要的职责就是履行教育教学工作,根本

---

① 金东海,蒋明之.教育学[M].兰州:甘肃人民出版社:2004.
② 罗华陶.试论本体内涵下现实教师教育的缺陷及修正[J].贵州师范学院学报,2010(12).

任务是教书育人。① 这也是教师最本质的特征。

我国教师承担着教书育人、培养社会主义事业建设者和接班人、提高民族素质的使命,从事的是培养人的事业。② 教师整体素质的高低,决定着教育的前进方向,建设一支高水平的教师队伍,是实施素质教育、培养全面发展的人才的根本保证。

拓展阅读

"教师"的名称,起源于军官,"师"最初是军官的称号。"师氏":高级军官;"大师":比"师氏"更高级的军官;"师某":以"师"和军官的人名连称。西周时担任国王警卫队长的师氏、保氏,除了负责警卫、随从等大事,还兼管贵族子弟的教育工作。由于贵族子弟要成为未来的统治者、军队的骨干,因此军训就成了教学内容的重要方面,自然,教官也就由师氏来兼任了,久而久之,"师"就转为教育者的称呼。后来担任教育工作的职官也都可以称"师"。

(二)教师职业角色

教师职业的最大特点在于职业角色的多样化(即角色丛)③。教师角色是指教师在与学校课程有关的关系中所表现的一种身份并由此而规定的行为规范和行为模式的总和。一般来说,教师的职业角色主要有以下几个方面:

1."传道者"角色

教师负有传递社会道德传统、价值观念的使命,"道之所存,师之所存也"。教师向学生传播正确的思想、道德和科学的知识是教师最原始、最基本的角色。除了社会一般道德、价值观外,教师对学生的"做人之道""为业之道""治学之道"等也有引导和示范的责任。④

2."授业、解惑者"角色

韩愈在《师说》里讲道:"师者,所以传道授业解惑也。"教师是各行各业建设人才的培养者,他们在掌握了人类经过长期的社会实践所获得的知识经验、技能的基础上,对其进行精心加工整理,帮助自身在很短的时间内掌握人类几百年、几千年积累的知识,形成自己的知识结构和技能技巧。⑤ 在学生遇到困惑时,他们能帮助解除困惑。

3."示范者"角色

教师的言行是学生学习和模仿的榜样。夸美纽斯曾说过,教师的职务是用自己的榜样教育学生。学生具有可塑性和向师性的特点,教师的言谈举止、行为方式、为人处世态

① 田宝,张熙君,辛勇.教育学新编[M].北京:中国人民公安大学出版社,1999.
② 陶仁,沈雪松,周文斌.教育学[M].西安:电子科技大学出版社,2010.
③ 王琦.教育学[M].大连:辽宁师范大学出版社,2005.
④ 李明善.教师专业发展论纲[M].长春:吉林大学出版社,2011:40-45.
⑤ 明庆华.教育学导论[M].武汉:湖北人民出版社,2005.

度等都会对学生产生耳濡目染、潜移默化的影响,因此教师是学生学习的最直接榜样。[1]

4."教育教学活动的设计者、组织者和管理者"角色

(1)教师是教育教学活动的设计者。好的教学设计可以使教学有序进行,给教学提供好的环境,使学生养成循序渐进的习惯,全面地完成教学任务。要精心地进行教学设计,就要求教师全面把握教学的任务、教材的特点、学生的特点等要素。

(2)教师是教育教学活动的组织者,即教师在教学资源分配(包括时间分配、内容安排、学生分组)和教学活动展开等方面是具体的实施者。[2] 通过科学地分配活动时间,采取合理的活动方式,可以启发学生的思维,协调学生的关系,激发集体学习的动力。

(3)教师是教育教学活动的管理者。教师需要肩负起教育教学管理的职责,包括确定目标、建立班集体、制定和贯彻规章制度、维持班级纪律、组织班级活动、协调人际关系等等,并对教育教学活动进行控制、检查和评价。[3]

5."家长代理人、父母"和"朋友、知己"的角色

教师是儿童继父母之后所遇到的另一个社会权威:家长的代理人。[4] 低年级的学生倾向于把教师看作父母的化身,对教师的态度类似于对父母的态度。

而高年级学生则往往愿意把教师当作他们的朋友,也期望教师能把他们当作朋友看待,希望得到教师在学习、生活、人生等多方面的指导,希望教师能与他们一起分担痛苦与忧伤、分享欢乐与幸福。学生是教育的主体,教师角色转变也要以学生为中心。学生的表现、要求和反馈是教师角色态度动态发展的关键因素。

6."研究者"角色和"学习者、学者"角色

教师即研究者,意味着教师在教学过程中要以研究者的心态置身于教学情境之中,以研究者的眼光审视和分析教学理论与教学实践中的各种问题,对自身的行为进行反思,对出现的问题进行探究,对积累的经验进行总结,以形成规律性的认识。[5] 教师的研究,不仅是对科学知识的研究,更有对教育对象即学生的研究,对教师和学生交往的研究等等,这都需要教师终身学习,更新自己的知识结构,以便使教育教学建立在更宽广的知识背景之上,适应学生的个性发展、自己的专业发展和教育教学改革的需要。教师还被认为是智者的化身,作为教师,必须拥有渊博的知识。

20世纪70年代,英国学者斯腾豪斯在其《课程研究与开发导论》中提出了课程开发的过程模式,并从课程实施的角度首倡"教师作为研究者"的理论,即在以过程原则为基础的课程中,教师在教学上采用探究的方法,而不是讲授、指导的方法,积极扮演学习者和研究者的角色。

① 李明善.教师专业发展论纲[M].长春:吉林大学出版社,2011.
② 夏瑞庆.教育学[M].合肥:安徽大学出版社,2003.
③ 王琦.教育学[M].大连:辽宁师范大学出版社,2005.
④ 郭瞻予.中小学教育违法心理的形成及其预防[M].哈尔滨:黑龙江人民出版社,2001.
⑤ 马雪芹.新课程与教师的教育思想[M].武汉:武汉理工大学出版社,2003.

真题再现

教师的言谈举止会对学生产生潜移默化的影响,这体现了教师职业的(　　)。

A.示范者角色　　　B.授业解惑者角色　　　C.传道者角色　　　D.研究者角色

【答案】A。解析:本题考查的是教师的角色。示范者角色是指教师的言行举止都会成为学生仿效的对象,教师的人品、才能、治学态度等都可成为学生学习的楷模。

三、教师的职业素养

教师的职业素养是教师做好教育工作的前提,也是衡量教师能否胜任本职工作的基本条件。[①] 因此,每位从事教育教学工作的教师,都应当按照教师职业素养的要求,不断地完善自己,提高自己的职业素养。

(一)教师的职业道德素养

教师的职业道德素养是从教师对待事业、对待学生、对待集体和对待自己的态度上来体现的。[②] 具体来说就是:

1. 对待事业:忠于人民的教育事业

我国教师所从事的是人民的教育事业,它是为国家培养社会主义建设者和接班人,为社会主义现代化建设培养人才的重要阵地。它关系到国家的振兴、民族素质的提高,是一项伟大而崇高的事业,每一个投身于教育事业的人,都应感到光荣和骄傲,这是做好教育工作的强大动力和精神支柱。热爱教育事业是教师做好教育工作的前提。忠于人民的教育事业要求教师做到:依法执教、严谨治教、爱岗敬业、廉洁从教。

2. 对待学生:热爱学生

热爱学生是教师职业道德的核心,是教师高尚道德品质的表现。教师热爱学生在教育过程中起着十分重要的作用。热爱学生要求教师做到:

(1)把对学生的爱与严格要求相结合。不迁就、放纵或溺爱学生。[③]

(2)把爱与尊重、信任相结合。尊重学生人格,尊重学生的自由选择权。相信每个学生都是可教育的。

(3)要全面关怀学生。关心学生的学习,关心学生的生活,关心学生的身心健康。

(4)要关爱全体学生。一视同仁,平等对待,不偏爱某些或个别学生。

(5)理解和宽容学生。了解学生的特点,理解学生的特定情境下的行为,给他们反思和纠正不良行为的机会。

(6)解放学生。给学生时间、空间和权利,使其能够在指引下创造性地学习、自由地生活。

---

① 王琦.教育学[M].大连:辽宁师范大学出版社,2005.
② 程刚.教育理论[M].沈阳:辽宁人民出版社,2005.
③ 程刚.教育理论[M].沈阳:辽宁人民出版社,2005.

(7) 对学生要保持积极、稳定的情绪。驾驭自己的情绪,积极地面对学生,不能将个人的消极情绪带到教育中来。

3. 对待集体:团结协作

人的培养靠单个教师是不行的,因为人的成长要受到多方面因素的影响。人才的全面成长,是多方教育者集体劳动的结晶。这就要求教师必须与各方面协同合作,以便形成教育合力,共同完成培养人的工作。为此,要求教师做到:

(1) 相互支持,相互配合。在校内,教师要与班主任、各科教师、学校领导和其他教职员工协调一致,相互配合;在校外,要与家长、社会有关方面和人士建立联系,取得他们的支持与帮助,以便目标一致地开展工作。

(2) 严于律己,宽以待人。在与各方联系交往的过程中,教师要从大局出发,严格要求自己,尊重他人。

(3) 弘扬正气,摒弃陋习。教师之间要形成互帮互学、进取向上、互通信息、共同进步的风气。

4. 对待自己:为人师表

教师的言行举止、品德才能、治学态度等方面都会对学生产生潜移默化的影响,成为学生学习的对象。这是教师劳动的"主体性、示范性"特点以及学生的"向师性、模仿性、可塑性"特点所决定的。[1]

因此,教师只有自己具备了良好的道德修养,才能有力地说服学生,感染学生,教育学生。现实中也存在着"失范"乃至"失德"的教师,他们以教师的个人身份,做出了许多破坏教学秩序、危害学生健康发展、干扰师德师风建设的行为。这些行为必须遏止。[2] 由此,教师必须做到:

(1) 高度自觉,自我监控。教师以高标准严格要求自己,才能使自己在学生面前成为活生生的教材,成为学生做人的榜样。

(2) 身教重于言教。要做到身教,最基本的要求:凡是要求学生去做的,教师一定要身体力行,做到言行一致,发挥表率作用。

真题再现

"捧着一颗心来,不带半根草去"的教育信条体现了教师的(　　　)。

A. 扎实的教育理论知识　　　　B. 崇高的职业道德

C. 深厚的文化学科知识　　　　D. 过硬的教学基本功

【答案】B。解析:陶行知的名言"捧着一颗心来,不带半根草去"表达了一种无私奉献的高尚精神。故本题答案为B。

---

① 程刚.教育理论[M].沈阳:辽宁人民出版社,2005.
② 夏小红.教师失范行为的自我检视与问题规避[J].教学与管理,2019(26):6.

（二）教师的业务素养

教师职业是一种专业性较强的职业，合格的教师应具有不同于其他各种职业的业务素养。教师的业务素养主要包括知识素养和能力素养两大方面。[①]

1. 知识素养

知识素养是从事教育工作的基本前提条件。教师要完成教书育人的根本任务，必须具有广博的知识和完整的知识结构。从结构上看，教师的知识素养应包括以下几个方面：

（1）政治理论修养

我国是社会主义国家，是以马列主义为指导思想的。为此要求教师以马克思主义基本理论观点统领教育教学，学会在教育教学工作中以马克思主义的基本立场、观点和方法去发现问题，认识并解决问题，以保证培养出来的学生有正确的政治方向。

（2）精深的学科专业知识

掌握所教学科的基本知识和基本技能。凡是教学中要求学生掌握的内容，教师自己必须先掌握。

掌握所教学科的基本理论和学科体系。这是保证教师从一个更高更深的层面上来把握所教内容的一个基本要求。

了解所教学科的发展脉络。教师要随时了解所教学科领域的历史、最新的研究成果和发展动向。当今时代知识更新迅速，科技发展速度加快，为了保证自己的教学内容不陈旧过时，教师必须注意了解和掌握该学科的新进展。[②]

教师还要了解学科领域的思维方式和方法论。教师要领悟其所教学科的思维方式，即本学科独特的认识世界的视角、视野、层次，认识的对象，提出问题的方式，以及认识事物的方式、工具和方法，熟悉学科内的研究者创造发明的过程及成功的原因，学习科学家身上展现出来的科学精神和人格力量。

（3）广博的科学文化知识

教师的知识不仅要"专"，而且要"博"，教师的专业知识应建立在广博的科学文化知识的基础之上。这是因为：

① 这是科学知识日益融合和渗透的要求。随着科学技术的不断发展，学科之间的相互联系日趋紧密，相互渗透日益明显。教师应适应这一趋势，不仅要跨学科学习邻近学科的知识，而且要跨领域学习其他领域的知识。

② 这是青少年多方面发展的要求。当今的青少年生活在科技发达、信息畅通的时代，眼界开阔，兴趣广泛，生活丰富多彩，求知欲望强烈。如果教师只局限于本专业，知识面狭窄，则很难满足他们多方面的需求。

③ 教师的任务是教书育人。教师的任务不仅是"教书"，更重要的是教会学生怎样做人、怎样学习、怎样做事、怎样健体，要做到这些，没有广博的科学文化知识素养和宽厚的

---

① 饶玲.教育理论[M].北京：中国时代经济出版社，2004.
② 程刚.教育理论[M].沈阳：辽宁人民出版社，2005.

文化底蕴是不行的。

各门学科的知识都不是孤立的,它们之间有着千丝万缕的联系,自然科学和社会科学之间的联系也日趋密切。教师除了具有本专业知识外,对于相关学科也应有一定的了解,这有利于教师开阔视野,还有利于教师在教学过程中将各类知识融会贯通,做到文理结合、中外结合、史学结合,从而激发学生学习的积极性。

（4）必备的教育科学知识

人们通过数千年的教育实践,积累了丰富的教育教学实践经验,在总结这些经验的基础上,人们揭示了教育教学的规律,提出了教育教学的原则、方法体系,形成了系统的教育理论。教师要加强教育工作的科学性和有效性,就必须掌握这些理论。其中,教育学、心理学及各科教材教法是教师首先要掌握的最为基本的教育学科知识。此外,教师还要掌握教育管理方面的知识。

在以上教师知识结构中,精深的学科专业知识和广博的科学文化知识是教师的"本体性知识",主要解决教师教什么的问题;必备的教育科学知识是教师的"条件性知识"[1],主要解决如何将知识传授给学生,即怎么教的问题。

2. 能力素养

能力素养是教师做好教育工作的必备条件。

（1）语言表达能力

语言表达能力是教师能力素养之一,无论是口头语言还是书面语言,都要尽量做到表达准确、简练,具有科学性;清晰、流畅,具有逻辑性;生动、形象,具有启发性;同时要注意语言和肢体语言的巧妙结合。

（2）教育教学能力

教师要善于制订教育教学工作计划,编写教案,组织教材,以加强教育教学工作的预见性、有序性;要善于组织课堂教学,以保证教学过程的顺利进行和教学任务的完成;还要善于组织学校、家庭及社会各方面的教育力量,使各方面相互配合,进行教育资源的整合。

（3）组织管理能力

教师要有制定合理目标和计划的能力。教师要组织管理班级,能根据班级的具体情况,提出近期、中期和长期目标和计划,将班级培养成有共同的奋斗目标、良好的班级作风、强大的凝聚力的班集体。教师要有引导学生的能力。学生是教育活动的主体,教师要调动学生的积极性,使学生积极主动地参加教育活动,而不是消极被动地接受。

（4）自我调控和自我反思能力

教师还应该具备教育科研能力、学习能力、观察学生的能力、创新能力以及运用现代教育技术手段的能力。具体来说,教师要具备研究本专业、学科的最新理论和发展动向的能力;教师要学会观察学生不同的行为特征,做出正确的判断,进而采取有效教育措施,帮助学生成长;教育并非只是"传道、授业、解惑",还要培养学生"爱问、善问、会问"的思考习

① 李长吉,沈晓燕.教师知识研究的进展和趋势[J].当代教师教育,2011(3):1-6.

惯和解疑的动手能力,使他们成为创造性的人才;要在教学方法上有所创新,培养出具有创新精神的学生。

(5)研究能力

研究能力是综合地、灵活地运用已有的知识进行创造性活动的能力。"纸上得来终觉浅,绝知此事要躬行",重视科研的教师,才能不停留于照本宣科,在教学过程中贯注自己的思想感情,激励学生的探索精神。[①]比如一位语文教师指导学生写作文,分析文章的成败得失,如果自己没有一定的创作性活动,没有自己的亲身体验,就很难分析得入木三分、切中要害。教师的研究还包括教育研究,教师通过教育研究不断改进自己的教育教学工作,促进学生更好地发展。教师的教育研究应本着改善实践的宗旨,着重于对自己的实践行为进行研究,即为行动而研究,在行动中研究。

四、教师专业发展

(一)教师专业发展的概念

教师专业发展,又称教师专业成长,是指教师在整个专业生涯中,依托专业组织、专门的培养制度和管理制度,通过持续的专业教育,在专业情意、专业技能、专业文化等方面不断趋于完善,从而实现专业自主的过程。[②]它包括教师群体的专业发展和教师个体的专业发展。

从历史发展的总趋势来看,教师专业发展的核心以及最终体现就在于教师个体的专业发展。教师个体的专业发展是教师作为专业人员,从专业思想到专业知识、专业能力、专业心理品质等方面由不成熟到比较成熟的发展过程,即由一个专业新手发展成为专家型教师或教育家型教师的过程。

(二)教师专业发展的内容

1. 专业理想的建立

教师的专业理想是教师对成为一个成熟的教育教学专业工作者的向往与追求,它为教师提供了奋斗的目标,是推动教师发展的巨大动力。[③]具有专业理想的教师对教学工作会产生强烈的认同感和投入感,会对教学工作抱有强烈的期待。

2. 专业知识的拓展与深化

作为专业人员,教师必须具备从事专业工作所需要的基本知识。因此,专业知识是教师专业发展中的一个重要内容,教师专业知识(合理的知识结构)主要包括本体性知识、条件性知识、实践性知识和一般文化知识。[④]本体性知识,即特定学科及相关知识,是教学

① 李金玲.浅析高中理科教师素质构成与提高[D].辽宁师范大学,2001.
② 夏小红.校本教师评价:引领教师走向卓越[M].武汉:武汉大学出版社,2018:42.
③ 贾腊生.教师专业发展论[M].长春:东北师范大学出版社,2008.
④ 申继亮,费广洪,高潇潇.知识、反思、观念——当前中小学教师教育的主要任务[J].中小学教师培训,2001(3):5-9.

活动的基础;条件性知识,即认识教育对象、开展教育活动和研究所需的教育学科知识和技能,如教育原理、心理学、教学论、学习论、班级管理、现代教育技术等;实践性知识,即课堂情境知识,体现教师个人的教学技巧、教育智慧和教学风格,如导入、强化、发问、课堂管理、沟通与表达、结课等技巧。

3. 专业能力的提高

教师的专业能力是教师综合素质最突出的外在表现,也是评价教师专业性的核心因素。这种专业能力可分为教师技巧和教育教学能力两个方面。

4. 专业自我的形成

专业自我包括自我意象、自我尊重、工作动机、工作满意感、任务知觉和未来前景。教师的专业自我是教师个体对自我从事教育教学工作的感受、接纳和肯定的心理倾向,这种倾向将显著地影响到教师的教育教学工作效果。

(三)教师专业发展的阶段划分理论

教师专业发展是一个长期、复杂的过程,需要教师持续不断地努力才能实现。同时,教师专业发展过程也表现出一定的阶段性,每一阶段核心问题的解决对后阶段都有很大的影响,教师也正是通过阶段目标的实现,才逐渐走向专业成熟的。

我国于 20 世纪八九十年代开始对教师专业发展阶段进行研究,林崇德、申继亮等从认知心理学角度对教师素质结构的研究成果和叶澜等从教育学、伦理学研究视角出发构建的教师专业化理论框架,为我国教师专业发展阶段的研究奠定了理论基础。

叶澜从自我更新取向角度分为:"非关注"阶段、"虚拟关注"阶段、"生存关注"阶段、"任务关注"阶段、"自我更新关注"阶段五个阶段。

1. "非关注"阶段

这是进入正式教师教育之前的阶段。这一阶段的经验对今后教师的专业发展的影响不可忽视。在这一阶段所形成的"前科学"的教育教学知识、观念甚至一直迁延到教师的正式执教阶段。

2. "虚拟关注"阶段

该阶段一般是职前接受教师教育阶段(包括实习期)。该阶段专业发展主体的身份是学生,至多只是"准教师"。这使得他们所接触的中小学实际和教师生活带有某种虚拟性,他们会在虚拟的教学环境中获得某些经验,对教育理论及教师技能进行学习和训练,有了对自我专业发展反思的萌芽,从而为正式进入任职阶段打下良好的基础。

3. "生存关注"阶段

这一阶段是教师专业发展的一个关键阶段,他们不仅面临着由教育专业的学生向正式教师角色的转换,也处在所学理论知识和具体教学实践的"磨合期",其间需要教师在教学实践过程中对理论、实践及其关系进行反思,以克服对于教学实践的不适应。新任教师一般处于这一阶段。

4."任务关注"阶段

在度过了初任期之后,决定留任的教师逐渐步入"任务关注"阶段。这是教师专业结构诸方面稳定、持续发展的时期。随着基本"生存"知识、技能的掌握,教师自信心日益增强,由关注自我的生存到更多地关注教学,由关注"我能行吗"转到关注"我怎样才能行"上来。

5."自我更新关注"阶段

处于该阶段的教师,其专业发展的动力转移到了专业发展自身,而不再受外部评价或职业升迁的牵制,直接以专业发展为指向。同时教师已经可以自觉依照教师发展的一般路线和自己目前的发展条件,有意识地自我规划,以谋求最大限度的自我发展。

拓展阅读

司德菲的教师生涯发展模式

美国学者司德菲依据人文心理学派的自我实现理论,建立了教师生涯发展模式。司德菲将教师发展分为五个阶段:

(1)预备生涯阶段。这一阶段主要包括新任教职的教师和重新任职的教师。初任教师通常需要三年的时间,才会进展到下一个阶段,而重新任职的教师则能很快超越此阶段。在此阶段的教师具有以下几个特征:理想主义、有活力、富创意、接纳新观念、积极进取、努力向上。

(2)专家生涯阶段。这一阶段的教师具有较高水平的教学能力与技巧,同时拥有多方面的信息来源。这些教师们都能进行有效的班级经营和时间管理,对学生都抱有高度的期望,也能在自己的工作中,激发自我潜能,达到自我实现的目的。

(3)退缩生涯阶段:

初期的退缩。这一时期教师的表现不是最好,也不是最坏。这一类教师在学校里可以说是最多,也是最易被忽视的群体。他们很少致力于教学革新,所用的教材内容年复一年,他们的学生表现平平。此类教师所持的信念都较为固执,不知变通。因此,这一期间的教师多半都沉默寡言,跟随别人,消极行事。

持续的退缩。这一时期,教师表现出倦怠感,经常批评学校、家长、学生,甚至教育行政部门,有时对一些表现好的教师也妄加指责。此外,这些教师会抗拒变革,对于行政上的措施不做任何反应,这些行为都有可能妨碍学校的发展。

深度的退缩。这一时期的教师在教学上表现出无力感,甚至有时还会伤害到学生。但是,这些教师并不认为自己有这些缺点,而且具有很强烈的防范心理。

(4)更新生涯阶段。这一阶段的教师在一开始出现厌烦的征兆时,他们就采取了较为积极的对应措施,如参加研讨会、进修课程,或加入教师组织等。故在此阶段的教师,又可看到预备生涯阶段朝气蓬勃的状态——有活力、肯吸收新知识、进取向上。唯一不同之处在于,预备生涯阶段的教师对教学感到新奇振奋,而在更新生涯阶段的教师则致力于追求专业成长,吸收新的教学知识。

(5)退出生涯阶段。到了退休年龄,或由于其他原因而离开教育岗位,一些教师开始安度晚年,而一些教师则可能继续追求生涯的第二春天。

司德菲的教师生涯发展模式,可以说非常清晰地反映出了教师在整个职业生涯中发展的规律与特征。不仅如此,他所提出的"更新生涯阶段",对于费斯勒的研究无疑是一种超越,它弥补了费斯勒理论中的不足,即当教师处于发展的低潮期时,如果给予其适时、适当的协助与支持,教师是有可能度过低潮期而继续追求专业成长的。

(四)教师专业发展的途径

教师专业发展的途径,主要包括师范教育、新教师的入职培训、教师的在职培训和教师的自我教育。

1. 师范教育

职前师范教育阶段是师范生进行专业准备与学习,初步形成教师职业所需要的知识与能力的关键时期,是教师专业化发展的起始和奠基阶段。师范教育的质量直接决定了新教师的质量,并影响着教师今后的发展。

2. 入职培训

新教师都会面临一个角色适应问题。为了让新教师尽快进入角色,新教师的任职学校应当采取及时有效的支持性措施。在我国,各级师范院校还承担了短期的系统培训工作,培训的目的是向新教师提供系统而持续的帮助,使之尽快转变角色、适应环境。

3. 在职培训

为了适应教育改革与发展的需要,为在职教师提供的继续教育,主要采取"理论学习、尝试实践、反省探究"三结合的方式,培养教师研究教育对象、教育问题的意识和能力。教师的在职培训活动多样,可以是业余进修,也可以是校本培训(如集体观摩、相互评课、相互研讨等)。

教师的在职培训是一个十分广阔的活动范围,除了传统意义上教师之间课堂教学观摩、互相研讨,以及校外的相互研讨、进修以外,近几年还发展起了若干有效地促进教师专业发展的培训模式。主要包括以下几种途径和模式:

(1)教师发展学校。教师发展学校是以中小学为基地,大学与中小学合作建设,旨在通过合作研究实现教师专业发展,并以教师专业发展促进学生发展的学校。如首都师范大学于 2001、2002 年先后与北京市、石家庄等市的部分中小学合作,建立了教师发展学校。

(2)校本培训。校本培训是为中外教育专家和学校所推崇的有效在职培训方法。这种培训是由学校发起并组织实施,旨在提高教师的教育教学能力,使教师得到专业发展的一种方式。[①] 校本培训的主要特征是,培训对象以其所在学校教师为主,培训内容考虑学

---

① 曲虹.校本培训:提升教师职业素质的有效途径[J].教育发展研究,2006(18):76-78.

校及教师个人发展需求;教师参与培训的计划制定、实行和评估;通常采取导师制、开展学术讲座、案例教学法和课题带动法等多种形式。校本培训的优势主要表现为:可通过教学观念的更新促进学校整体面貌的改观,能最大限度满足教师群体的学习需求。简言之,校本培训就是为了学校、在学校中、基于学校的培训。①

(3) 反思性教学。反思是教师着眼于自己的活动过程来分析自己做出某种行为、决策以及产生的结果的过程。教学反思包括对于教学活动的反思、在教学活动中的反思和为教学活动做的反思。

反思性教学是指反省、思考,探索和解决教育教学过程中各个方面存在的问题,它具有研究性质,被认为是"教师专业发展和自我成长的核心因素"②。通过反思性教学,教师可以不断地更新教学观念,改善教学行为,提升教学水平;同时形成自己对教学现象、教学问题的独立思考和创造性见解,使自己真正成为教学和教学研究的主人;提高教学工作的自主性和目的性,克服被动性、盲目性。实践证明,教学与研究结合,教学与反思结合,还可以帮助教师在劳动中获得理性的升华和情感上的愉悦,提升自己的精神境界和思维品质,从而改变教师自己的生活方式。

(4) 教师行动研究(研究性教学)。教师行动研究的特点是"为了行动而研究,对行动进行研究,在行动中研究"。③ 研究性教学最终将改变教师的生活方式,使教师职业由技术型走向学术型。

反思性教学和行动研究是当前教师专业发展的新进展,二者都强调把教师作为主体,在实际教学经验的基础上,建构自己对教学和学习的理解,从而积极地提高自己的教学能力,改进自己的教学。

4. 自我教育

教师的自我教育就是专业化的自我建构,它是教师个体专业化发展最直接最普遍的途径。教师自我教育的方式主要有自我反思、主动收集教改信息、研究教育教学中的各种关键事件、自学现代教育教学理论、积极感受教学的成功与失败等。教师的自我教育是专业理想确立、专业情感积淀、专业技能提高、专业风格形成的关键。④

此外,跨校合作比如教师专业发展学校,专家指导比如讲座、报告,政府教育部门和教研机构组织的各类专业培训和交流活动等也是教师专业发展的途径。

五、教师的权利与义务

(一) 教师的权利

教师的权利是指教师依照《教师法》的规定所享有的权利,表现为教师可以自主做出

---

① 夏小红.校本教师评价:引领教师走向卓越[M].武汉:武汉大学出版社,2018:43
② 余文森,吴刚平,刘良华.探索以校为本的教学研究[M].上海:华东师范大学出版社,2005.
③ 邱才捷.中小学教育科研方法[M].北京:高等教育出版社,2004.
④ 魏良庭.专业化背景下的教师自我教育[D].华中师范大学,2007.

一定的行为，或要求他人做出相应的行为，在必要的时候可请求国家以强制力保障其权利的实现。《教师法》第7条对我国教师的权利做出了规定。具体表现在以下几个方面：

1. 教育教学权

教师有进行教育教学活动，开展教育教学改革和实验的教育教学权，这是教师为履行教育教学职责必须具备的基本权利。它主要指教师可以依据其所在学校的培养目标组织课堂教学；按照课程计划、课程标准的要求确定其教学内容和进度，并不断完善教学内容；针对不同的教育、教学对象，在教育、教学的形式、方法、具体内容等方面进行自主改革、实验和完善。非依法律规定，任何组织或个人均不得剥夺在聘教师的这项法定权利。

2. 学术研究权

教师有从事教学研究、学术交流、参加专业的学术团体，在学术活动中发表意见的权利，这是教师作为专业技术人员所享有的一项基本权利。教师在完成现定的教育、教学任务的前提下，有权进行科学研究、技术开发、技术咨询、撰写学术论文或者著书立说、依法成立或参加学术团体、发表自己的观点、开展学术争鸣等。

3. 指导评价权

教师有指导学生的学习和发展、评定学生的品行和学业成绩的指导评价权，这是教师在教育教学活动中居于主导地位的基本权利。教师有权依据学生的身心发展状况和特点因材施教，针对学生的特长、就业、升学等方面的发展给予指导；教师有权对学生的思想、品德、学习、劳动等方面给予客观、公正和恰如其分的评价；教师有权运用一定的方式、方法，促使学生的个性和能力得到充分的发展。任何组织和个人都不得非法干预教师这项权利的行使。

4. 获取报酬权

教师有权按时获取工资报酬，享受国家规定的福利待遇以及寒暑假期的带薪休假，这是教师的基本物质保障权利，是宪法赋予公民的劳动的权利和劳动者休息权利的具体化。它主要包括教师有权要求所在学校及其主管部门根据国家法律及教师聘用合同的规定，按时足额地支付工资报酬；教师有权享受国家规定的医疗、退休等各种福利待遇和优惠，以及寒暑假期的带薪休假等权利。

5. 民主管理权

教师有权向学校教育教学、管理工作和教育行政部门的工作提出意见和建议，通过教职工代表大会或者其他形式，享有参与学校的民主管理的权利。这是教师参与教育民主管理的权利，是宪法赋予公民的民主权利在教育领域的具体适用。保证教师此项权利的行使，能够调动教师对教育教学工作的主动性和积极性，加强对学校和教育行政部门的监督。它主要包括教师享有对学校及其他教育行政部门工作的批评权和建议权；教师有权通过教职工代表大会、工会等组织形式及其他适当方式，参与学校的民主管理，讨论学校发展与改革等方面的重大问题；教师有权引导学生，培养学生的民主与法制意识，促进我国社会主义民主和法制建设。

6. 进修、培训权

教师有参加进修或者其他方式培训的权利。这是教师享有的接受继续教育,不断获得充实和发展的基本权利。它主要包括教师有权参与进修和接受其他多种形式的培训,不断更新知识,调整知识结构,提高自己的思想品德和业务素质,保障教育教学质量;教育行政部门和学校及其他教育机构应当采取多种形式,开辟多种渠道,保证教师进修培训权的顺畅行使;教师有权参加达到法定学历标准和达到高一级学历的进修或以拓宽知识为主的继续教育培训等。学校和教育行政部门应当做出规划,采取各种方式,开辟多种渠道,为教师参加进修和培训创造条件,提供机会,切实保障教师权利的实现。

(二)教师的义务

教师的义务是指教师依照《教师法》的规定所承担的必须履行的责任,表现为教师必须做出一定的行为或不得不做出一定的行为。[①]《教师法》第8条对教师的义务做出了规定,具体表现在以下几个方面:

1. 遵守宪法、法律和职业道德的义务

教师必须遵守宪法、法律和职业道德,为人师表。宪法和法律是国家、社会组织和公民活动的基本行为准则。教师要教书育人、为人师表,更应当模范地遵守宪法和法律,自觉培养学生的民主意识和法制观念,使其成为遵纪守法的公民。作为人类灵魂的工程师,教师应当遵守职业道德,以自己高尚的品质和行为在教育教学活动中对学生思想品质、道德、法律意识的形成发挥积极的影响。这不仅是教师自身的行为规范,也是法律要求教师应尽的基本义务。

2. 完成教育教学工作的义务

教学工作是教师的本职工作。所以,教师在教育教学活动中,必须贯彻国家的教育方针,遵守规章制度,遵守教育行政部门和学校及其他教育机构制定的教育教学管理的各项规章制度和依据有关法律法规制定的具体的教学工作计划,履行聘任合同中约定的教育教学工作职责,完成职责范围内的教育教学任务,保证教育教学质量。

3. 进行思想品德教育的义务

教师的工作是教书育人的工作,通过教书,达到育人的目的。所以,教师在教育活动中有义务对学生进行宪法所确定的基本原则的教育和爱国主义、民族团结、法制以及思想品德、文化、科学技术教育,组织带领学生开展有益的社会活动。教师应自觉地结合自己教育教学的业务特点,将德育工作落实于教育教学工作的全过程中。对学生进行思想品德教育,不仅是政治思想品德课教师的职责,也是每一位教师的基本义务。

4. 关心爱护学生,促进学生全面发展的义务

教师在教育教学活动中,应关心爱护全体学生,尊重学生的人格,促进学生在品德、智

---

① 程刚.教育理论[M].沈阳:辽宁人民出版社,2005.

力、体质等方面全面发展。热爱学生是教师的天职和美德,教师应当一视同仁地对待所有的学生,尤其是尊重每一个学生的人格尊严,帮助其形成健康完善的人格,为其全面发展奠定良好的基础。特别是对于有缺点、犯错误的学生,更要满腔热情地帮助他们。要树立尊重学生人格尊严的法制观念,不歧视学生,更不允许侮辱、体罚学生。对于极个别屡教不改、错误性质严重、需要给予纪律处分的学生也只能以理服人,不能压服。教师违反本法规定,侮辱、体罚学生,经教育不改的,依法追究法律责任。

5. 保护学生合法权益,促进学生健康成长的义务

教师有义务制止有害于学生的行为或者其他侵犯学生合法权益的行为,批评和抵制有害于学生健康成长的现象。保护学生的合法权益和身心健康成长,是全社会的共同责任。作为教师,自然更负有保护学生合法权益和身心健康成长的义务。教师应当在学校工作和与教育教学工作相关的活动中,对侵犯其所负责教育管理的学生的合法权益的违法行为予以制止,保护学生的合法权益不受侵犯;也应当对社会上出现的有害于学生身心健康成长的不良现象进行批评和抵制,这既是全社会的责任,也是教师义不容辞的义务。

6. 不断提高思想觉悟和教育教学水平的义务

教师应不断提高自己的思想政治觉悟和教育教学水平。教育教学工作是一项专业性较强的工作,担负着提高民族素质的使命。随着社会的进步,科技的发展,知识的更新速度不断加快。据美国技术预测专家詹姆斯·马丁预测,人类知识在 19 世纪是每五十年增长一倍,20 世纪上半叶是每五年增长一倍,而目前已达到了每两年增长一倍。所以作为一名教师,要想胜任工作,跟上时代的发展步伐,就需要不断学习,加强自身的思想道德修养,提高业务水平。

第二节　学生

学生既是教育的对象又是教育的主体,了解和研究学生的本质、地位等是教育工作的出发点和归宿。

一、学生的本质特点

(一)以系统学习间接经验为主

从教师方面看,教师是教育过程的组织者、领导者,学生是教师教育实践活动的作用对象,是被教育者、被组织者和被领导者。

从学生自身特点看,学生具有发展的可塑性、依赖性和向师性。

(1)学生具有可塑性。学生处于长知识、长身体的时期,也是他们的品德、人格正在形成的时期,各方面尚未成熟,具有很大的发展潜力,而且尚未定型,极容易受外部环境因素的影响,具有"染于苍则苍,染于黄则黄"的特点。

（2）学生具有依赖性。学生多属未成年人，还不具备完全独立生活的能力。在家里，他们要依赖父母，入学后他们将对父母的依赖心理转为对教师的依赖心理。

（3）学生具有向师性。学生入学后，会自然地亲近、信赖、尊敬，甚至崇拜教师，把教师作为获取知识的智囊、解决问题的顾问和行为举止的楷模。

（二）学生是具有主体性的人

1.依据

首先，学生是具有主观能动性的人。学生是有意识、有情感、有个性的社会人，他们不是盲目、机械、被动地接受作用于他们的影响，而是具有主观能动性的人。其次，学生在接受教育的过程中，也具有一定的素质，可以进行自我教育。因此，学生是自我教育和发展的主体。

2.表现

学生的主观能动性主要表现在三个方面：

（1）自主性。自主性是个体在对象性的活动中的地位问题，是指在一定条件下，个体对于自己的活动具有支配和控制的权利和能力。学生的自主性首先是它具有明确的学习目标和积极的学习态度，能够在教师的指导下独立学习文化知识，把课本知识变成自己的知识。其次是学生有对学习活动进行自我调节、自我控制的能力，可以重复发挥自己的潜力去主动学习。

（2）独立性，这是自觉性进一步发展的表现。它表现在学生不仅具有自觉性，而且能自行确定或选择符合自身需要、特点和条件的目标和行动方式，并能在实现目标的行动中自我监督和调控。

（3）创造性，这是学生主观能动性的最高表现。它表现在学生不仅具有自主性和独立性，而且有超越意识，如超越书本、超越教师、超越自己和群体等。在教学过程中，表现为不满足于书上的现成结论，不满足于教师提供的解题方法，倾向于提出新颖或与众不同的见解或解决问题的方法。

（三）具有明显的发展特征

学生不是成人，他们正处于身心发展最迅速的时期，生理和心理两方面都不太成熟，具有很大的发展的可能性与可塑性。[1] 学生是发展中的人，包括三层含义：

（1）学生具有与成人不同的身心特点。青少年儿童不是成人的雏形，而是具有其自身的身心发展的特点。在教育过程中，不能抹杀学生的特殊性，向他们提出与成人同等的要求与行为标准。

（2）学生具有发展的可能性与可塑性。学生是发展中的人，小学阶段，是一个人的生理、心理发育和形成的重要时期，在小学生身上所展现的各种特征都还处于变化中，具有

---

① 程刚.教育理论[M].沈阳：辽宁人民出版社，2005.

极大的可塑性;这一阶段也是学生逐渐从不成熟到基本成熟、从不定型到基本定型的方向发展的关键阶段,在他们身上潜藏着各方面发展的极大的可能性。

(3) 学生是具有发展需要的人。学生发展的可能性和可塑性转变为现实性取决于学生发展的需要和个体与环境的相互作用。人是自然性与社会性的统一,个体的早期发展更多地体现了自然的属性,受自然属性的制约。[①] 推动个体由自然人向社会人转变的动力是社会环境对个体的客观要求所引起的需要与个体的发展水平之间的矛盾运动,这一矛盾运动是个体和客观现实之间相互作用的反映,是通过个体的社会实践活动实现的。在活动中,个体不断作用于客观现实,日益深入地反映客观事物的特性和关系,形成一定的发展水平。客观现实也不断作用于个体,对个体提出新要求,这些要求反映在个体的头脑中,转变为个体的需要。而需要的满足,同样要通过个体自身的活动即与客观现实的相互作用实现。因此,没有活动,没有个体与环境的相互作用,也就没有个体的发展。学校作为为个体发展而有意识地安排的一种特殊环境,其要求、内容及各种活动能否引起并满足学生发展的需要,与教师对这种环境的安排有极大的关系。

二、现代学生观

学生观就是教师对学生的基本看法,它影响教师对学生的认识及其态度与行为,进而影响学生的发展。我国传统的学生观将学生看作被动的受体、教师塑造与控制的对象,学生在教育中处于边缘位置,对学生的教育是规范、预设的。现代学生观主要观点如下:

(一) 学生是发展中的人,要用发展的观点认识学生

人们经常用僵化的眼光来看待学生。现代科学研究的成果与教育的价值追求,要求人们用发展的眼光来认识和看待学生。

1. 学生的身心发展是有规律的

学生的身心发展具有顺序性、阶段性、不平衡性、互补性、个别差异性等规律,这是经过现代科学和教育实践证实的。认识并遵循这些规律,是做好教育工作的前提。[②] 学生身心发展的规律客观上要求教师应依据学生身心发展的规律和特点来开展教育活动。

2. 学生具有巨大的发展潜能

在实际工作中,许多人往往从学生的现实表现来推断学生有没有出息,有没有潜力。不少人坚持僵化的潜能观,认为学生的智能水平是先天决定的,教育对此无能为力。其实,学生具有巨大的发展潜能,智力水平可以明显提高,这已被科学研究如裂脑研究、左右脑研究等所证实。[③]

3. 学生是处于发展过程中的人

作为发展中的人,意味着学生还是不成熟的人,是一个正在成长的人。在教育实践

---

① 王琦.教育学[M].大连:辽宁师范大学出版社,2005.
② 付凯利.社会转型期大学生纪律精神培育研究[D].武汉理工大学,2017.
③ 袁桂林,许丽英.现代教育思想专题[M].长春:东北师范大学出版社,2006.

中,人们往往忽视学生正在成长的特点而要求学生十全十美,求全责备。其实,作为发展中的人,学生的不完善是正常的,且十全十美并不符合实际。没有缺陷,就没有发展的动力和方向。把学生作为发展中的人来对待,就要理解学生身上存在的不足,就要允许学生犯错误。当然,更重要的是要帮助学生解决问题,改正错误,从而不断促进学生的进步和发展。

4. 学生的发展是全面的发展

传统教育重视智力教育,把系统知识的传授放在学校教育工作的中心位置,造成了学生的片面发展,导致走出校门的学生缺乏社会适应能力。现代学生观则强调,当今社会,单纯的智育或占绝对主导地位的智育,已经无法满足社会的需要。教师在教育教学实践中,不仅要重视"知识与技能"的传授,更要看到"过程与方法""情感态度与价值观"的重要性,把学生培养成全面发展的人。

(二)学生是独特的人

把学生看成是独特的人,包含以下三个基本含义:

1. 学生是完整的人

学生并不是单纯的抽象的学习者,而是有着丰富个性的完整的人。学习过程并不是单纯的知识接受或技能训练,而是伴随着交往、创造、追求、选择、意志努力、喜怒哀乐等的综合过程,是学生整个内心世界的全面参与。如果不从人的整体性上来理解和对待学生,那么,教育措施就容易脱离学生的实际,教育活动也难以取得预期的效果。

2. 每个学生都有自身的独特性

每个人由于遗传素质、社会环境、家庭条件和生活经历的不同,而形成了个人独特的心理世界,他们在兴趣、爱好、动机、气质、性格、智能和特长等方面各不相同。独特性是个性的本质特征,珍视学生的独特性和培养具有独特个性的人,应成为我们对待学生的基本态度。独特性也意味着差异性,差异不仅是教育的基础,也是学生发展的前提,应视之为一种财富而珍惜开发,使每个学生在原有基础上都得到完全、自由的发展。

3. 学生与成人之间存在着巨大的差异

学生和成人之间是存在很大差别的,学生的观察、思考、选择和体验,都和成人有明显不同。"应当把成人看作成人,把孩子看作孩子。"

(三)学生是具有独立意义的人

把学生看成是具有独立意义的人,包含以下三个基本含义:

1. 每个学生都是独立于教师的头脑之外,不以教师的意志为转移的客观存在

绝不是教师想让学生怎么样,学生就怎么样。教师不可以对其随意支配,或任意捏塑,不可以随意强加给学生一些外在的知识,因为这样并没有尊重学生的主观能动性,只会挫伤学生的主动性、积极性,扼杀他们的学习兴趣,窒息他们的思想,引起他们自觉或不

自觉的抵制或抗拒。

2. 学生是学习的主体

教师主导对学生客体的教育与改造,只是学生发展的外部条件和外因,学生的主体活动才是学生获得发展的内在机制和内因。[①] 这表现在:

(1) 学生是具有一定主体性的人。学生作为各种学习活动的发起者、行动者、作用者,其前提是他首先要有一定的主体性,这是他作为主体的基本条件。

(2) 学生是学习活动的主体。学生是学习活动的主体,学习活动是学生的主体活动。

(3) 教学在于建构学生主体性。学生虽然具有一定的主体性,但就其程度而言比较低,就其范围而言比较狭窄。在教学中,学生主体相对于教师主体来说,诸多方面的力量都显得十分微弱。因此,教师要发挥主导作用,努力建构学生的主体地位。

3. 学生是责权主体

从法律角度看,在现代社会,学生在社会系统中享受各项基本权利,有些甚至是特定的。但同时,学生也要承担一定的责任和义务。把学生作为责权主体来对待,是现代教育区别于古代教育的重要特征,是教育民主的重要标志。[②]

在教育实践中,一方面,我们要承认学生的权利主体地位,学校和教师要保护学生的合法权利;另一方面,学校负有对学生进行教育和管理的责任,必然要对学生权利有所制约。如何既尊重和保护学生的权利,又能对学生实施有效的管理,担负起学校教育人、塑造人的责任,是教育管理上的重要问题。这一矛盾的实质是学生权利的自由与限制的问题。

三、学生的权利与义务

(一) 学生的身份和法律地位

在教育领域,从我国颁布的《宪法》《未成年人保护法》《教育法》《义务教育法》《教师法》等法律法规中可得知,我国中小学生身份的定位有三个层次:① 中小学生是国家公民;② 中小学生是国家和社会未成年的公民;③ 中小学生是接受教育的未成年公民。因此,对中小学生的全面表述是:中小学生是在国家法律认可的各级各类中等或初等学校或教育机构中接受教育的未成年公民。

身份的确定有利于中小学生法律地位的确立。法律地位是由双方主体在法律关系中所享有的权利和履行的义务决定的。在教育领域中,作为未成年公民,在与教师、校长或行政机关形成的关系中,中小学生享有未成年公民所享有的一切权利,如身心健康权、隐私权、受教育权等,并受到学校的特殊保护。在教育过程中,中小学生享有受教育的平等

① 靳玉乐.自主学习[M].成都:四川教育出版社,2005.
② 丛立新,陈荟.当前我国基础教育课程改革理论问题研究[M].重庆:重庆大学出版社,2013.

权、公正评价权、物质帮助权等。作为中小学生相对方的学校教育或行政机关,不能因为教育职能的履行而侵害学生的权利。当然,在教育过程中,学校和教育行政机关有权教育和管理学生,学生负有接受教育和管理的义务。

(二)学生的合法权利

未成年学生是社会权利的主体,享有法律规定的各项社会权利。国际社会及许多国家都对未成年学生所享有的权利做了具体的规定。我国作为《儿童权利公约》的缔约国之一,在履行《公约》的同时,在一系列有关法律、法规和政策中也对青少年享有的权利做了具体的规定,如《宪法》《婚姻法》《教育法》《义务教育法》《未成年人保护法》等等。在这些规定中,未成年学生享有以下主要权利:

1. 学生的受教育权

受教育权是学生最主要的权利。我国《宪法》规定:"中华人民共和国公民有受教育的权利和义务。""国家培养青年、少年、儿童在品德、智力、体质等方面全面发展。"《义务教育法》规定:"国家、社会、学校和家庭依法保障适龄儿童、少年接受义务教育的权利。""凡满六周岁的儿童,不分性别、民族、种族,应当入学接受规定年限的义务教育。"《未成年人保护法》规定:"学校应当尊重未成年学生的受教育权,不得随意开除未成年学生。"学生的受教育权包括受完法定的教育年限权、学习权和公正评价权。

2. 学生的人身权

人身权是公民权利中最基本、最重要、内涵最为丰富的一项权利。由于未成年学生正处于身心发育的特殊成长阶段,因此人身权的重要方面受到国家、社会、家庭和学校的特殊保护。国家除了对未成年学生的人身权进行一般保护外,还对中小学生的身心健康权、人身自由权、人格尊严权、隐私权、名誉权、荣誉权等进行特殊保护,并要求学校、家庭、社会尽到特殊的保护责任。

身心健康权是学生人身的最基本权利,包括保护中小学生的生命健康、人身安全、心理健康等内容。

人身自由权是指未成年学生有支配自己人身和行动的自由,非经法定程序,不得非法拘禁、搜查和逮捕,如教师不得因为各种理由随意对学生进行搜查,不得对学生关禁闭。

人格尊严权是指学生享有受他人尊重、保持良好形象及尊严的权利,如教师不得对学生进行谩骂、体罚、变相体罚或其他侮辱学生人格尊严的行为。

隐私权是指学生不愿意公开或让他人知悉个人秘密的权利。教师不应该随意宣扬学生的缺点和隐私,不应该随意私拆、毁弃或采取强硬态度拆毁学生的信件、日记等。

名誉权和荣誉权是指学生有权享有根据自己的日常生活行为、作风、观点和学习表现而形成的关于其道德品质、才干及其他方面形成的正常的社会评价,有权享有根据自己的优良行为而由特定社会组织授予的积极评价或称号及智力劳动成果,不得随意剥夺和侵占。

　　班主任张老师按照学生的期中考试成绩排座位,将考试后 5 名的同学安排在最后一排,张老师的做法(　　　)。

A. 是激励学生的重要手段　　　　　B. 侵犯了学生的人格尊严权

C. 是管理班级的有效手段　　　　　D. 侵犯了学生的受教育权

【答案】B。

(三)学生的义务

　　中小学生作为法律的主体,在享有法律规定的各项权利的同时,也必须履行法规律定的各项义务。教师有责任教育学生了解自己的义务、履行自己的义务。如果学生在日常生活和教育活动中未尽义务或违反规定,由此造成的后果则应由学生自负。《教育法》中规定学生应尽的义务有:

　　(1)遵守国家法律、法规。遵守国家法律、法规既是每个公民应履行的义务,也是每个学生应履行的义务。学生遵守国家法律、法规,重点在于遵守法律、法规中有关学生的规定。

　　(2)遵守学生行为规范,尊敬师长,养成良好的思想品德和行为习惯。我国教育方针要求把学生培养成为德、智、体、美诸方面全面发展的建设者和接班人。其中一项重要任务是使学生养成良好的思想品德和行为习惯。这既是学校的职责,同时也是学生的义务。其中包括思想政治、道德行为、个性心理素质和能力方面的基本要求。

　　(3)努力学习,完成规定的学习任务。学生的主要任务是学习,养成良好的思想品德和行为习惯主要通过学习来实现。完成规定的学习任务,是学生的一项主要的、基本的义务,是学生区别于其他公民的一项主要义务。这项义务主要包括:学生应遵守学校的作息时间,不能无故迟到、早退、旷课和辍学,在学校规定的上学时间去做与学习无关的事情;上课前准备好学习用品,上课专心听讲,主动提出问题,积极回答老师的提问,敢于发表自己的见解;放学后,认真复习和预习功课,按时独立完成作业;考试不作弊,珍惜时间,科学安排课余活动。

　　(4)遵守所在学校或者其他教育机构的管理制度。学校为了保证教育教学工作的顺利进行,需要制定有关的管理制度。学生有义务遵守这些管理制度。遵守学校的管理制度与遵守国家的法律、法规实质上是一致的。学校的管理制度从广义上说是国家法律、法规的具体化。

第三节　师生关系

一、师生关系的概念

　　师生关系是指教师和学生在教育教学活动中结成的相互关系,包括彼此所处的地位、作用和相互态度等。师生关系具有教育性、非对等性、多重性、不可选择性等特点。师生关系由师生之间的工作关系（或教育关系）、道德关系、心理关系、个人关系等四种基本成分构成。① 有的学者将师生关系的成分分为社会关系、工作关系（或教育关系）、心理关系这三种。其中，工作关系是师生关系最基本的成分。师生关系是教育活动过程中人与人关系中最基本、最重要的关系，它实质上是社会关系（即人与人之间的关系）在教育活动中的一种反映。良好的师生关系是教育教学活动取得成功的必要保证，是衡量教师与学生学校生活质量的重要指标，是校园文化的重要内容。

二、师生关系的内涵

（一）师生在教育内容的教学上结成授受关系

师生在教育内容的教学上结成授受关系，这是有关师生在教学中关系的最简单的表述。在教育活动中，教师处于教育和教学的主导地位，从教育内容的角度说，教师是传授者，学生是接受者。作为处于主导地位的教师，能否建立正确的学生观，能否正确地处理这种授受关系，在相当大的程度上决定了教育的水准和质量。

1. 从教师与学生的社会角色规定的意义上看，教师是传授者，学生是受授者

在知识、智力以及社会经验上，教师之于学生都有明显的优势。教师的任务就是发挥这种优势，帮助学生迅速掌握知识、发展智力，丰富社会经验。但这一过程并不是单向传输过程，它需要有学生积极的、富有创造性的参与，需要发挥学生的主观能动性。

2. 学生在教学中主体性的实现，既是教育的目的，也是教育成功的条件

我们的教育要培养生动活泼、主动发展的个体。要培养主动发展的人，就必须充分调动个体的主动性。难以想象消极被动的教育能够培养出主动发展的人。个体身心的发展并不是简单地由外在因素施加影响的结果，而是教师、家庭、社会等外在因素通过学生内在因素起作用的结果。

没有个体主动积极的参与，没有学生在活动过程中的积极内化，就没有真正意义上的教学存在。

3. 对学生的指导、引导的目的是促进学生的自主发展

教师的责任是帮助学生由知之不多到知之较多，由不成熟到成熟，最终要促成学生能够不再依赖教师，学会学习，学会判断，学会选择。我们不能期望在学校里教授的东西能使学生受用终身。我们不仅要认可而且要鼓励学生，善于根据变化着的实际情况有所判断、有所选择、有所发挥。

（二）师生在人格上是平等的关系

人格上平等的师生关系，既是现代师生关系的主要标志，又是社会主义民主平等的人

---

① 谈菁,伍德勤.高师教育学教程新编[M].合肥:安徽大学出版社,2004.

际关系的反映,是教育活动取得良好效果的重要条件。虽然教师和学生在教育过程中的角色、地位和知识水平等方面存在着差异,但师生之间无论在政治上,还是在人格上都是平等的。教师尊重学生的人格,发扬教学民主,并不意味着削弱权威,反而还会有助于教师创造性和主导作用的发挥。民主平等是建立良好师生关系的基本要求。教育工作的最大特点在于,它的工作对象都是有思想、有感情的活动着的个体,师生关系是教育活动中的基本关系,反映着不同的社会发展水平,也对教育工作者提出了不同的素质要求。

1. 学生作为一个独立的社会个体,在人格上与教师是平等的

学生虽然知之甚少,尚未成熟,但作为一个独立的社会个体,在人格上与教师是平等的。从封建的师生关系来看,教师之于学生,有无可辩驳的权威性,学生服从教师是天经地义的,所谓"师严乃道尊"。这种不平等的师生观,对今天仍有影响。[①] 不彻底消除这种影响,不充分认识到学生独立的社会地位和法律地位,就不可能建立社会主义的新型师生关系。

2. 教师和学生是一种朋友式的友好帮助关系

传统的"师道尊严"的师生关系,在管理上则表现为"以教师为中心"的专制型的师生关系,这种关系的基础是等级主义的,其必然结果是导致学生对学习产生被动性和消极态度,造成师生关系紧张。"教师中心论"学说以德国的赫尔巴特为代表人物。他认为,学生的成长完全仰仗于教师对于教育教学活动的指导,因此十分强调教师的权威,甚至认为学生对教师必须保持一种被动状态。

为了反抗这种专制型师生关系,19世纪末,出现了以强调"儿童为中心"的师生关系模式。这种理论以法国的卢梭和美国的杜威为代表人物。他们看到了学生在接受教育过程中的主动性,强调教育活动的成功必须以学生的自觉积极性为前提,因此十分强调从学生的兴趣和需要出发,甚至认为学生能够完全决定整个教育过程,导致教师放弃对于学生的主动引导,追随在学生自发性活动的后面。在哲学上,这种师生关系模式强调学生的主体地位,强调儿童的积极性和创造性,这对改变传统的师生对立状态起到了明显的促进作用。但在管理上却出现了一种放任主义的偏向,这对于学生活动的积极性和形成良好的师生关系同样是不利的。所以,严格要求的民主的师生关系,是一种朋友式的友好帮助的关系。在这种关系下,不仅师生关系和谐,而且学习效率高。现代的师生关系是以教师尊重学生的人格、平等地对待学生、热爱学生为基础,同时,又看到学生是处在半成熟、发展中的个体,需要对他们进行正确指导。

(三)师生在社会道德上是互相促进的关系

1. 师生关系从本质上是一种人—人关系

师生关系从本质上是一种人—人关系,但这种关系在一些学校教育中被异化为人—物关系,使师生关系变得机械而毫无生气。有些西方学者把教育活动等同于一般的经济

---

① 王荷兰.构建新型师生关系的理论与实践研究[D].苏州大学,2008.

活动,把教师职业看作一种出卖知识的职业,把师生关系看作一种买卖关系,这种观点把教育活动和师生关系的理解引入误区,使师生关系失去了道德上的规范。① 从教学的角度看,师生关系是一种教与学的关系,是教师角色与学生角色的互动关系;学校也是社会,从社会的角度看,师生关系在更深刻的意义上是师生间思想交流、情感沟通、人格碰撞的社会互动关系。儿童、青少年将成长为怎样一个人,与家长、与教师以及其他教育成员有着非常密切的关系。

2. 教师对学生的影响不仅仅是知识上的、智力上的,更是思想上的、人格上的影响

学校的教师对学生的发展有着特别的意义。教育工作者作为一个人,作为社会中的一个人,对成长中的儿童和青少年有着巨大的而又潜移默化的影响。但这种精神上的、道德上的影响并不是靠说教就能产生的。精神需要精神的感染,道德需要道德的濡化,一位教育工作者的真正威信在于他的人格力量,它会对学生产生终身影响。② 同样,学生不仅对教师的知识水平、教学水平做出反应,更会对教师的道德水平、精神风貌做出反应,用各种形式表现他们的评价和态度。这对从事教育工作的人来说确实是其他任何职业都无法比拟的精神挑战。

真题再现

（多项选择题）新型的师生关系是（　　　）。

A. 以教师为中心　　　　　　　　　B. 以儿童为中心

C. 在人格上,学生与教师是相互促进的　　D. 在社会道德上,师生关系是相互促进的

E.师生关系是一种朋友式的友好帮助的关系

【答案】DE。

三、师生关系的类型与特征

（一）专制型师生关系

在此类师生关系中,教师教学责任心强,但不讲求方式方法,不注意听取学生的意愿和与学生的协作;学生对教师只能唯命是从,不能发挥独立性和创造性,学习是被动的。师生交往一般缺乏情感因素,难以形成互尊互爱的良好人际关系,甚至会因教师的专断粗暴、简单随意而引起学生的反感、憎恶甚至对抗,造成师生关系的紧张。

（二）放任型师生关系

在此类师生关系中,教师缺乏责任心和爱心,对学生的学习和发展任其自然;学生对

① 王琦.教育学[M].大连:辽宁师范大学出版社,2005.
② 夏小红.展教师人格魅力,让学生"亲师信道"[J].江西教育,2011(Z6):16.

教师的教学能力怀疑、失望,对教师的人格议论、轻视。师生关系冷漠,班级秩序失控,教学效果较差。

(三)民主型师生关系

在此类师生关系中,教师能力强、威信高,善于同学生交流,不断调整教学进程和方法;学生学习积极性高、兴趣广泛、独立思考,和教师配合默契。民主型师生关系,来源于教师的民主意识、平等观念以及较高的业务素质和强大的人格力量,这是理想的师生关系类型。

四、良好师生关系的建立与发展

(一)影响师生关系的因素

良好师生关系的建立是学生健康、和谐发展的重要保证,是实施素质教育、提高教育质量的重要条件。影响师生关系的因素归纳起来主要有以下几个方面:

1. 教师方面

(1)教师对学生的态度。学生受教师的评价影响很大。教师对学生的评价往往通过语言暗示、表情等反映。教师偏爱优生、忽视中等生、厌恶"差生",就会使学生与教师产生不同的距离。教师的素质是影响师生关系的核心因素。

(2)教师领导方式。教师领导方式有专制型、放任型、民主型三种。大量教育实践表明,民主型领导方式下的师生关系比较融洽,最能发挥学生的主观能动性。

(3)教师的智慧。学识渊博是学生亲近教师的重要因素之一。

(4)教师的人格因素。教师的性格、气质、兴趣等是影响师生关系的重要因素。性格开朗、气质优雅、兴趣广泛的教师最受学生欢迎。

2. 学生方面

学生受师生关系影响的主要因素是学生对教师的认识。许多调查表明,学生与教师关系好就喜欢上这位教师的课,主动亲近教师;自认为教师瞧不起自己的,就会主动疏远教师。

3. 环境方面

影响师生关系的环境主要是学校的人际关系环境和课堂的组织环境。学校领导与教师的关系、教师与教师之间的关系、教师与家长的关系,必然影响师生关系。课堂的组织环境主要包括教室的布置、座位的排列、学生的人数等。我国中小学课桌的摆放多呈"秧田式",教师讲台置于块状空间的正前方,这种格局阻隔了师生之间的交往及生生之间的交往。目前,许多国家都在探讨圆桌式、马蹄形、半圆形、蜂巢式等便于师生交往和交流的座位排列方式。

（二）良好师生关系建立的途径与方法

良好的师生关系主要在课堂教学活动中建立起来,也在课外活动中建立和丰富起来,同时,校外活动是师生关系形成的另一个不容忽视的途径。因此,师生关系建立的多种途径要求教师不仅在课内外,而且要在校外意识到自己的职业角色和社会地位,增强教育的立体效果。

教师是教育过程的组织者,在全部教育活动中起主导作用。从根本上说,良好的师生关系首先取决于教师。为此,教师要从以下几个方面努力:

1. 了解和研究学生

教师要与学生取得共同语言,使教育影响深入学生的内心世界,就必须了解和研究学生。了解和研究学生主要包括三个方面:了解和研究学生个人,比如学生个体的思想意识、道德品质、兴趣、需要、知识水平、个性特点、身体状况;了解学生的群体关系,比如班集体的特点及其形成原因;了解和研究学生的学习和生活环境,比如学习态度和方法。

2. 树立正确的学生观

现代学生观我们在前面已经提到。教师既要把学生当作教育的对象,又要把学生看作学习的主人;既要耐心细致地做好各项指导工作,又要充分调动学生的主动积极性。

3. 热爱、尊重学生,公平对待学生

热爱学生包括热爱所有学生,对学生充满爱心,经常走到学生之中,忌讳挖苦、讽刺学生,粗暴对待学生。尊重学生特别要尊重学生的人格,保护学生的自尊心,维护学生的合法权益,避免师生对立。教师处理问题必须公正无私,使学生心悦诚服。

4. 提高教师自身的素质

教师的道德素养、知识素养和能力素养是学生尊重教师的重要条件,也是教师提高教育影响力的保证。教师以其高尚的品德、渊博的知识、高超的教育教学艺术来为学生提供高效而优质的服务,必然会赢得学生的尊重和爱戴。

5. 发扬教育民主

教师要以平等的态度对待学生,而不能以"权威"自居。在教育教学中,教师要尊重学生的看法,鼓励学生质疑,发表不同意见,以讨论、协商的方式解决争端;要营造一个民主的氛围,保护学生的积极性,保证学生具有安全感。

6. 主动与学生沟通,善于与学生交往

加强师生间的沟通与交往是建立良好师生关系的重要条件。在师生交往的初期,往往会出现不和谐因素,如因为不了解而不敢交往或因误解而造成冲突等,这就要求教师掌握沟通与交往的主动性,经常与学生保持接触、交心;同时,教师还要掌握与学生交往的策略与技巧,如寻找共同的兴趣或话题、一起参加活动、邀请学生到家做客、通信联系等。

7. 正确处理师生矛盾

在教育教学过程中,师生之间发生矛盾是难免的。教师要善于驾驭自己的情绪,冷静全面地分析矛盾,正视自身的问题,敢于做自我批评,对学生的错误进行耐心的说服教育或必要的等待、解释等。要能与学生心理互换,设身处地地为学生着想,理解学生,帮助学生,满足学生的正当要求,启发学生自省改错。

8. 提高法制意识,保护学生的合法权利

首先,教师要提高法制意识,明确师生之间的权利义务,切实依法保护学生的合法权利。

其次,学生也应做出相应的努力。学生应做的努力主要包括以下两点:

(1) 正确认识自己。学生如果能够正确认识自己的优缺点以及应该努力的目标,站在客观的角度思考和看待自己,那么他们对于教师的指导就能更加认真倾听和思考,这对于形成良好的师生关系有很大的促进作用。

(2) 正确认识老师。每位老师都有其自身的特征、缺点和优点,当学生发现老师不能满足他们某些方面的期待或不喜欢某位老师时,学生应该摒弃对教师的固有成见,要学会客观地认识和理解老师的付出,积极主动地和老师沟通,这样互相理解的师生双方才是良好师生关系的形成基础。

最后,还应从其他方面做出努力,具体如下:加强校园文化建设,确保校园文化的相对独立性、完整性和纯洁性。加强学风教育,促进良好学风养成,使学生在一个良好的学风氛围下健康地学习,这对于良好师生关系的形成也具有一定的作用和价值。

五、我国新型师生关系的特点

(一)尊师爱生

现代教育中的"尊师爱生"不是封建等级关系、政治连带关系、伦理依附关系,而是师生交往与沟通的情感基础、道德基础,其目的主要是相互配合与合作,顺利开展教育活动。良好师生关系的建立关键在教师。[①] 尊师爱生,首先教师要关爱学生。它是教师热爱教育事业的重要体现,也是对学生进行教育的感情基础。其次,尊师爱生还要求学生尊重教师的劳动和人格,了解、认识教师劳动的意义,理解教师工作的艰辛,虚心接受教师的帮助和指导。尊师重教是学生美德的体现。

尊师与爱生是相互促进的两个方面:教师通过对学生的尊重和关爱换取学生发自内心的尊敬和信赖,而学生对教师的尊敬和信赖,又可激发教师更加努力地工作,为学生营造良好的心理气氛和学习条件。

(二)民主平等

民主平等不仅是现代社会民主化趋势的需要,也是教学生活的人文性的直接要求和

---

① 黄娜.教育实习中有效师生交往建立和谐师生关系的研究与实践[D].山东师范大学,2012.

现代人格的具体体现。它要求教师理解学生,发挥非权力性影响,并一视同仁地与所有学生交往,善于倾听不同意见,同时也要求学生正确表达自己的思想和行为,学会合作和共同学习。

(三)教学相长

在教学过程中,教师的教促进学生的学,学生的学促进教师的教,教与学是相互促进的。"学然后知不足,教然后知困。"教学相长包括三层含义:一是教师的教可以促进学生的学;二是教师可以向学生学习;三是学生可以超越教师。

(四)心理相容[①]

心理相容指的是教师与学生之间在心理上协调一致,在教学实施过程中表现为师生关系密切、情感融洽、平等合作。在教学过程中,师生的心理情感总是伴随着认识、态度、情绪、言行等的相互体验而形成亲密或排斥的心理状态,而不同的情绪反应对学生课堂上参与的积极性和学习效率起着重大的影响。在日常的教学过程中,学生对所学的各门课程是有不同情感的,它影响着注意力和时间的分配,带来了各门课程学习的不平衡。这些都可以从师生心理关系等因素上找到原因。

【本章小结】

本章主要阐述了教师的概念、教师职业的性质与特点、教师的职业素养、教师专业发展、教师的权利与义务;学生的本质特点、现代学生观、学生的权利与义务;师生关系的概念、内涵、类型与特征、良好师生关系的建立与发展、我国新型师生关系的特点等。

🍄 思考题

1. 教师劳动有何特点和价值? 一名称职的教师应该具备怎样的素养?

2. 为什么说教师是一种需要人文精神的专业性职业?

---

① 黄娜.教育实习中有效师生交往建立和谐师生关系的研究与实践[D].山东师范大学,2012.

第六章

课　程

学习目标

1. 理解课程的含义及类型，了解三种课程理论流派的观点。
2. 理解影响课程发展的因素，了解课程编制的含义及泰勒原理。
3. 理解课程目标及课程的结构，课程实施的基本取向及影响因素。
4. 在理解课程类型的基础上分析各类课程的利弊。
5. 能够利用不同的课程评价模式对课程进行评价。
6. 能够联系实际分析影响课程改革的因素。
7. 通过对我国基础教育课程改革的了解，树立正确的学生观、教师观、教学观。

思维导图

```
                    ┌─ 课程的含义及类型
            课程概述 ┤─ 课程理论流派
           │        └─ 影响课程发展的因素
           │        ┌─ 课程编制模式
           │        │─ 课程目标
    课　程 ┤ 课程编制┤─ 课程内容
           │        │─ 课程实施
           │        └─ 课程评价
           │            ┌─ 影响课程改革的主要因素
           └─基础教育课程改革┤─ 国外主要的课程改革
                        └─ 我国的基础教育课程改革
```

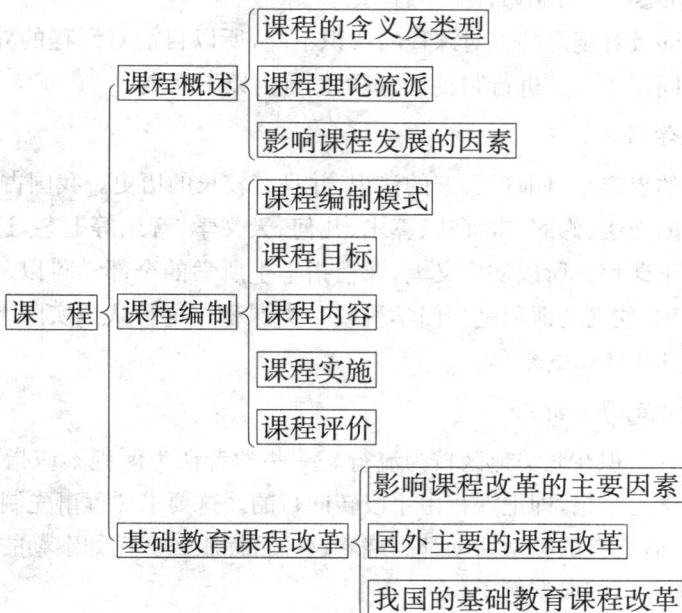

　　通过前面的学习，我们了解到教育内部系统的结构：教育者、受教育者以及教育影响。所以教育活动中除了教育者、受教育者这两个重要的主体外，教育影响是连接两个主体的

媒介,是维系其运行的重要一环。教育影响是教育者给予受教者的所有信息。这里的信息包括两部分:教什么和怎么教的信息。前者是指教学内容,后者则包括:教学方法、教学手段、教学组织形式以及教学环境等。当然,教学内容则是以课程作为依托的。所以我们首先要了解有关课程的相关内容。

第一节　课程概述

一、课程的含义及类型

(一)课程的含义

在我国,"课程"一词最早见于唐代孔颖达为《诗经·小雅·巧言》中"奕奕寝庙、君子作之"一句作疏:"教护课程,必君子监之,乃得依法制。"这是"课程"最早出现于汉语文献中。当然这里的课程含义与现在的课程含义不同。宋代朱熹也曾多次谈及课程,如在《朱子全书·论学》中有:"宽着期限,紧着课程""小立课程,大作工夫"等。尽管朱熹并没有给出课程具体的界定,但意思和现在的课程含义也基本相似,即功课及其进程。在西方国家,"课程"一词最早出现在英国教育家斯宾塞《什么知识最有价值?》(1859)一文中。"课程"(curriculum)源于拉丁文,意思是"跑道"(race-course)。据此,最常见的课程定义是"学习的进程"(course of study),即"学程"。

由于持有不同教育观念的人对课程的认识不同,所以目前对课程的界定并未形成一个定论。但对不同课程含义进行归纳,大概可以分为以下几类:

1. 课程即教学科目

这种对课程的界定是目前最普遍的认识,并且有较长的历史。我国古代的"礼乐射御书数"六艺,西方的文法、修辞、辩证法、算术、几何、天文学、音乐等七艺,这些都是将学校的教学科目等同于课程。所以从广义上,课程指学生所学的全部学科以及在教师指导下的各种活动的总称,狭义的课程是一门学科或一类课程。这种认识实际上是将课程视为向学生系统传授知识体系的教程。

2. 课程即预期的学习结果[①]

对课程的这一认识在北美地区较为流行。一些学者认为课程不应指向活动,而应该直接关注预期的学习结果,即把课程由手段转向目的。这要求课程事先制定一套有结构、有序列的学习目标,所有的教学活动都围绕着这一目标服务。例如泰勒的课程编制的"目标模式"就是这一认识的典型例子。

---

① 施良方.课程理论——课程的基础、原理与问题[M].北京:教育科学出版社,1996:5.

3. 课程即学习经验

这种观点认为:每一个学习者都是独特的,他们在统一活动中获得的经验各不相同。因此,学生的学习是他掌握的知识能力,而不是教师教的经验。例如美国教育家杜威认为,课程就是学生在教师指导下或自发获得的经验或体验。其突出特点是把学生直接经验置于课程中心位置,但忽略系统知识的重要性。

4. 课程即文化再生产

美国学者鲍尔斯等人认为,课程是某种社会文化的反映,学校教育要再生产对下一代有用的知识与价值。其前提假设是,人是社会的人,教育要促进个体社会化,因此课程要反映社会的需要以使学生能够适应不断变化的社会。

5. 课程即社会改造的过程

巴西学者弗莱雷、法国学者布迪厄等人认为课程不是要学生顺从或适应社会文化,而是帮助学生摆脱社会制度的束缚。建议把课程的重点放在当代社会面临的主要问题和存在的主要弊端、学生普遍关心的社会现象上,以及改造社会和社会活动规划等方面。课程有助于学生在社会方面得到发展,帮助学生学会如何制订社会规范。

由此可以看出,课程是一个不断发展的概念,它是以实现各级各类学校教育目标而规定的学科及它的目的、内容、范围、分量及进程的总和,也包括为学生个性的全面发展而营造的学校环境的全部内容。[①]

拓展阅读

古德莱德的五种层次的课程[②]

美国学者古德莱德将课程分为五个层次:

(1) 理想的课程(ideological curriculum):由研究机构、学术团体和课程专家提出的应该开设的课程。

(2) 正式的课程(formal curriculum):被官方采纳的课程计划和教材等。

(3) 领悟的课程(perceived curriculum):任课教师所领会到的课程。

(4) 运作的课程(operational curriculum):课堂里实际开展的课程。

(5) 经验的课程(experiential curriculum):学生实际体验到的课程。

(二)课程的类型

课程的类型指的是课程知识的形态及其组织形式。由于课程工作者的课程观不同,标准不同,因而所设计的课程类型也不同。

---

① 袁振国.当代教育学[M].北京:教育科学出版社,2010:122.
② J. E. Goodlad. Curriculum Inquiry:the study of curriculum practice[M].New York:McGraw-Hill,1979:344 - 350.

1. 学科课程与活动课程

从课程内容所固有的属性来划分,可将课程分为学科课程和活动课程两种类型。

学科课程也叫分科课程,是根据各级各类学校培养目标和学生发展水平,从各学科中选择合适一定年龄阶段学生发展水平的知识,以此来组成各种不同的科目的课程。各科目都有特定的内容,一定的学习时数,一定的学习期限和各自的逻辑系统。

活动课程又称经验课程,与学科课程相对,持这一观点的以美国教育家杜威为代表,他反对以书本、教师、教室为中心的传统教育,主张以儿童的兴趣或需要为基础、根据儿童心理发展而编排的课程。活动课程打破学科逻辑组织的界限,以学生的兴趣、需要和能力为基础,通过学生自己组织的一系列活动而实施的课程。

真题再现

我国中小学开设的语、数、外等课程属于(　　　)。

A. 综合课程　　　　B. 潜在课程　　　　C. 活动课程　　　　D. 学科课程

【答案】D。

2. 综合课程与分科课程

综合课程是打破传统的学科分科过细的特点,组合相邻领域的学科所构成一门学科,其根本目的是克服学科课程分科过细的特点。① 根据各学科知识综合程度的不同,可以把综合课程划分为相关课程、融合课程和广域课程三种形态。

(1)相关课程:亦称"联络课程"。由具有科际联系的各学科组成的课程,同时保持原来学科的划分。组成的各相邻学科,如语文与历史、历史与地理等,既保持原有学科之间的界限,又在各科课程标准(或教学大纲)中确定了相关科目的科际联系点,使各科教材之间保持密切的横向联系。

(2)融合课程:亦称合科课程。由若干相关学科组合成的新学科。例如把动物学、植物学、生物学、微生物学、遗传学融合为生物学。融合课程比相关课程更进一步,它是把相关学科内容融合为一门学科。

(3)广域课程:是将各科内容依照性质归到各个领域,再将同一领域的各科内容加以组织和排列,进行系统的教学,与相关课程、融合课程相比,其综合范围更加广泛。

分科课程又被称作学科课程。

真题再现

1. 把两门或两门以上的学科内容整合在一门课程里,加强学科联系,但不打破学科界限,这种课程属于(　　　)。

A. 活动课程　　　　B. 核心课程　　　　C. 相关课程　　　　D. 融合课程

---

① 唐德海,梁庆.教育学基础[M].北京:北京师范大学出版社,2015:115.

2. 学科课程分科过细，偏重书本知识，同实际生活距离较远，不能照顾到儿童的需要和兴趣，难以发挥学生的主动性。立足于克服这些缺陷的课程是（ ）。

    A. 综合课程　　　B. 核心课程　　　C. 选修课程　　　D. 活动课程

3. 教育界尝试的综合课程加强学科之间以及学科知识与现实生活之间的联系，典型的综合课程按照课程综合程度，由高到低排列为（ ）。

    A. 相关课程、广域课程、核心课程　　　B. 广域课程、相关课程、核心课程

    C. 核心课程、相关课程、广域课程　　　D. 核心课程、广域课程、相关课程

【答案】1. C。　2. D。　3. D。

3. 必修课程与选修课程

根据学生选择课程的自主性，可分为必修课程和选修课程。

必修课程指教学计划中规定学生必须学习的课程，包括公共课、基础课、专业课等。

选修课程指教学计划中向学生推荐的根据自己的兴趣、爱好和特长自愿选择的课程，其主要目的在于满足学生需要，发展学生个性。

4. 显性课程与隐性课程

按课程的表现形式划分，有显性课程和隐性课程两类。

显性课程也称正规课程、显在课程等。一般指学校所开设的所有课程，或者说在课程表上应该体现的课程。其显著特点就是有计划性，是学校根据培养人才的需要，有计划、有目的地在学校开设的课程。①

隐性课程也称潜在课程、无形课程或隐蔽课程等，是以内隐的、间接的方式呈现的课程，一般是指学生在学习过程中，从具体学习环境中所获得的"计划外"的知识、观念、情感等，不是课程计划中所预期的东西。其显著特点是"自发的、个性化的"。

二、课程理论流派②

美国课程理论专家博比特在1918年出版的《课程》一书，标志着课程理论作为一个专门研究领域诞生。泰勒在1918年出版了《课程与教学的基本原理》，该书被公认为现代课程理论的奠基石，对课程理论的发展起过重大的推动作用。自此以后，课程理论成为教育学的一个重要分支，形成了各种理论流派。

（一）知识中心课程理论

知识中心课程理论又称之为学科中心课程论，主要代表人物有赫尔巴特、斯宾塞、布鲁纳、巴格莱等。这一课程流派主要有要素主义和永恒主义。

以巴格莱为代表的要素主义强调课程内容是人类文化的共同要素，课程设置的原则

---

① 曲铁华，周晓红.教师学与教学论[M].长春：东北师范大学出版社，2006：158.
② 全国十二所重点师范大学联合编写.教育学基础[M].北京：教育科学出版社，2002：144-147.

首先要考虑国家和人民的利益。学校的课程给学生提供分化的、有组织的经验,即知识,最有效能和最有效率的方法就是学科课程。这种课程的重要特点在于它是由若干门学科组成的,每一门学科有自己特定的组织。

以赫钦斯为代表的永恒主义认为教育内容或课程设计的第一个问题是,为了实现教育目的,什么知识最有价值或如何选择学科,这就是具有理智训练价值的传统的"永恒学科"。

永恒主义者进一步阐明了名著作为课程或教材的重要性,认为学习名著更能促进学生智慧的发展。该课程流派的主要观点包括:① 知识是课程的核心;② 学校课程应以学科分类为基础;③ 学校教学以分科教学为核心;④ 以掌握学科的基本知识、基本规律和相应的技能为目标;⑤ 学科专家在课程开发中起重要作用;⑥ 注重各学科的系统性和连贯性。

拓展阅读 [1]

19 世纪中叶,英国学者斯宾塞发表《什么知识最有价值》一文,提出了课程史上这个永恒的话题。这是一个具有重要理论意义和实践意义的课题,斯宾塞首先从功利主义角度清晰地阐述了课程中各学科对个人生存与发展的价值,并根据其研究整理了一份颇具说服力的"全面发展教育"的课程表,颠覆了人文学科比自然科学更有价值的传统观念,真正从社会生活的角度确立了科学在课程中的优势地位。

真题再现

布鲁纳说"任何学科的任何知识都可以用智力上诚实的方式交给任何阶段的任何儿童",这种观点属于(   )。

A. 结构主义课程论　　　　　　　B. 经验主义课程论

C. 要素主义课程论　　　　　　　D. 社会改造主义课程论

【答案】A。

(二)社会中心课程理论

社会中心课程理论又称之为社会改造主义课程论,主要代表人物有布拉梅尔德、弗莱雷等。

该课程流派的主要观点包括:① 社会问题而非知识问题才是课程的核心;② 学生应该尽可能多地参与到社会中,因为社会才是学生寻求解决问题方法的实验室;③ 课程的价值既不能根据学科知识本身的逻辑来判断,也不能根据学生的兴趣、需要来判断,而应该有助于学生的社会反思,唤醒学生的社会意识、社会责任和批判意识。总之,这种课程

---

[1] 王本陆.课程与教学论(第三版)[M].北京:高等教育出版社,2017:53.

不是帮助学生去适应社会,而是要建立一种新的社会秩序和社会文化。

(三)学习者中心课程理论

学习者中心课程理论主要包括:经验主义课程论和存在主义课程论。

经验主义课程论以杜威为代表,强调① 学生是课程的核心;② 学校课程应以学生的兴趣或生活为基础,学生在课程开发中起重要作用;③ 学校教学应以活动和问题反思为中心;④ 课程的组织应心理学化,应该考虑到儿童心理发展的次序,充分关注儿童现有的经验和能力。

存在主义课程论以奈勒为代表,他认为① 课程最终由学生需要与兴趣来定,学习知识离不开人的主观性;② 教材应该是自我发展和自我实现的手段,不能使学生受教材的支配,应该学生主宰教材;③ 知识与有效的学习必须具有个人意义,必须与人的真正目的和生活相联系;④ 人文学科是课程的重点。因为人文学科比其他学科更深刻,更直接地表现了人的本性及人与世界的关系,更能洞察和发展人存在的意义。

三、影响课程发展的因素[①]

(一)外部因素

1. 社会因素

社会对课程发展的影响是最持久和最深刻的。历史上最早的课程就是社会生产劳动和社会生活的内容。直到今天,它们仍然是课程内容首要的和最主要的来源。课程也是随着社会发展而不断发展的。

2. 儿童因素

儿童观直接影响课程内容的选择与组织。课程内容的选择就应更多考虑儿童的兴趣和需要。满足学生的兴趣和需要,这是当前人们制定课程目标、选编课程内容的重要原则。

3. 知识因素

知识对课程的影响久远、直接而深刻。在教育中,知识是课程的本质,课程是知识的具体存在和表现形式。没有知识就无所谓课程,没有课程则无法使知识进入教育活动中。课程内容就是从人类历代积累的多样知识中精选出来的。从某种意义上说,人类文化知识是学校课程的"总集",学校课程是它的一个部分、一种形态。课程内容的质和量都直接取决于人类文化知识的发展状况。

总结起来说,社会、儿童和知识都是影响课程发展的基本外部因素,它们之间的协调作用,决定着课程的性质、内容和框架结构。在设计和组织课程的时候,偏废或轻视其中任何一个因素的影响,都是行不通的。

---

① 王本陆.课程与教学论(第三版)[M].北京:高等教育出版社,2017:57-59.

（二）内部影响

课程发展受到课程系统内部众多因素的影响，其中，学制、课程传统、课程理论和课程规律都是直接制约着课程变革和发展的重要力量。

1. 学制

历史上任何一次学制变革都必然带来课程变革。学制变了，课程也必须做出相应调整，只有这样，才能确保学校教育活动的统一性和充分发挥学校的教育功能。

2. 课程传统

所谓课程传统，就是在课程发展过程中存在的历史延续性，这种延续性总会以某些方式表现出来，并继续发挥作用。

3. 课程理论

课程理论包括人们早期的课程思想，涉及课程内容的来源、课程的性质、课程编制、课程目标、课程组织与实施、课程评价等诸方面。它直接指导着人们制定课程的行为。

4. 课程自身发展的辩证否定规律

课程发展遵循着辩证否定规律。也就是说，课程总是处在不断扬弃的过程之中，在不断地否定自己的过去、重复自己的过去的历程中发展起来，扬弃的过程就是课程自身螺旋上升、不断进步的过程。

第二节 课程编制

课程编制又称之为课程的组织与实施，它涉及课程目标、课程内容、课程的实施与评价等环节。课程编制是一个系统的、复杂的工作，是课程改革与发展的关键。[①]

一、课程编制模式

课程编制模式是课程编制的模型、样式，它是对课程编制理论与实践的高度概括。[②]目前较为流行的课程编制模式有三种：

1. 目标模式[③]

目标模式是由美国著名课程理论专家拉尔夫·W. 泰勒提出来的。在《课程与教学的基本原理》中，泰勒指出开发任何课程和教学计划都必须回答四个基本问题，这四个基本问题构成著名的"泰勒原理"。

"泰勒原理"的基本内容：① 学校应该试图达到哪些教育目标（确定教育目标）；② 提

① 陈瑞生.课程编制评价探索[J].青海师范大学学报(哲学社会科学版),2009(5):136-139.
② 代蕊华.西方课程编制模式及其启示[J].高等师范教育研究,1997(6):49-51.
③ 冯建军.现代教育学基础[M].南京:南京师范大学出版社,2003:280.

供什么样的教育经验最有可能达到这些目标(选择学习经验);③ 怎样有效组织这些教育经验(组织教育经验);④ 我们如何确定这些目标正在得以实现(评价教育计划)。

泰勒为人们提供了编制课程的方法和程序。在确定教育目标的环节中,编制课程者要考虑三方面的因素:第一,学科的逻辑,即学科自身知识、概念系统的顺序;第二,学生的心理发展逻辑,即学生心理发展的先后顺序、不平衡性和差异性等;第三,社会的要求,如经济、政治、职业的要求等。泰勒原理的实质是以目标为中心的模式,因此又被称为"目标模式"。

> **真题再现**
>
> 泰勒的课程编制原理主要强调( )。
> A. 课程目标的主导作用　　　　B. 教师对课程的开发
> C. 管理者对课程的监控　　　　D. 学生对课程的评价
> 【答案】A。

2. 过程模式[①]

过程模式是由英国学者斯腾豪斯提出的,是斯腾豪斯在批判目标模式的基础上受皮亚杰和布鲁纳等人心理学思想的影响逐渐发展的。过程模式的观点是课程不应该以事先设计的目标为中心,而是要详细说明学习者所要学习的内容,所要采取的方法以及该活动中固有的标准来设计课程。从课程内容的选择上,不是以希望课程在学习者身上产生何种结果,而是要以在多大程度上反映知识的价值为标准。从课程评价上,主张不要局限于学习者的目标是否达成,而是要看学习者在课程实施过程中的具体表现。

3. 课程探究模式[②]

实践模式是由美国课程专家施瓦布提出的,他认为根据一种理论建立的课程是不可靠的,应该平衡教师、学生、内容及环境等要素之间的关系,对所有理论采取折中方式进而确定课程编制理论依据。其运作模式是"实践—准实践—择宜",该模式强调课程的实践价值和动态过程,追求课程的实践性,重视课程开发中结果与过程、目的与手段的统一,主张用课程审议的方式解决课程问题,同时把教师和学生视为课程的主体和创造者的课程编制模式。所谓课程审议就是在特定情境中通过对问题情境的反复权衡而达成一致意见,最终做出的行动决策。

二、课程目标

1. 课程目标的含义

课程目标就是课程自身所要达成的意图,它规定了学生在学习完某一阶段的课程后在德智体美劳等方面期待实现的程度。它是确定课程内容、教学目标和方法的基础。课

① 北京师联教育科学研究所.课程设置模式与实践(下)[M].北京:学苑音像出版社,2004:113.
② 扈中平.现代教育学(新编本)[M].北京:高等教育出版社,1999:301.

程目标是课程编制中最重要的指导准则。[①]

课程目标与培养目标、教学目标的关系:学校教育目标体系由教育目的、培养目标、课程目标、教学目标等层次构成,教育目的是制定培养目标的依据,培养目标是制定课程目标的依据,课程目标是制定教学目标的依据,培养目标、课程目标与教学目标是为实现教育目的的逐级具体化的目标。它们是一般与个别的关系。

2. 布鲁姆的教育目标分类

美国心理学家布鲁姆等于 20 世纪五六十年代建立起教育目标分类学,也称"布鲁姆教育目标分类学"。布鲁姆将教育目标分为认知领域、情感领域和动作技能领域。教学目标是有层次结构的。每一领域的目标由低级向高级分为若干层次,从而形成了目标的层次结构。

布鲁姆教育目标分类的基本框架如下:

(1) 认知领域的教育目标,按照从简单到复杂的顺序分为六个层次:知识、领会、运用、分析、综合、评价。

(2) 情感领域的教育目标,按照价值内化的程度分为五个具体类别:接受、反应、形成价值观、组织价值观念、价值体系性格化。

(3) 动作技能的教育目标,按照从简单到复杂的顺序分为七个层次:知觉、定势、模仿、操作、准确、连贯和习惯化。

三、课程内容

(一)课程内容的含义

课程内容是根据一定的教育价值观和课程目标而选择和组织的内容体系,具体而言,课程内容是指各门学科中特定的事实、观点、原理和问题以及处理它们的方式,是一定知识、技能、技巧、思想、习惯等的总和。[②]

(二)课程内容的表现形式

课程内容的表现形式主要有三种:课程计划、课程标准以及教材。

课程计划是课程编制的第一个层次。制订课程计划是课程编制中最重要的工作,也是课程编制的第一步,课程计划从整体上规定学校的性质、培养目标、教学目的和任务、教学内容的范围和学科设置、各阶段的教学进度、课时安排,以及教学效果的评价标准。它包括以下内容:① 学校的培养目标;② 制订课程计划的原则;③ 学科设置和各学科的主要任务;④ 学科开设的顺序和课时分配;⑤ 学年编制;⑥ 学周安排。

课程标准具体规定某门课程的性质与地位、基本理念、课程目标、内容标准、课程实施建议等。它是编写教科书的直接依据,是检查教学质量、评估学生学习情况和进行课程评

---

① 全国十二所重点师范大学联合编写.教育学基础[M].北京:教育科学出版社,2002:148.
② 王本陆.课程与教学论(第三版)[M].北京:高等教育出版社,2017:81.

价的直接尺度。① 我国目前正在实施的各科课程标准基本上由下列几个部分构成：前言、课程目标、内容标准、实施建议、术语解释等。

真题再现

课程标准是（　　）的基本纲领性文件。

A. 国家课程　　　　　B. 地方课程　　　　　C. 校本课程　　　　　D. 学科课程

【答案】A。

教材是根据课程计划、课程标准和学生接受能力编写的教学资料。教材是课程标准的具体化，是学生学习的主要材料，是教师进行教学的主要依据。

教材编写应遵循的原则：① 根据本学科的特点，体现科学性与思想性；② 强调内容的基础性；③ 在保证科学性的前提下，教材还要考虑到我国社会发展现实水平和教育现状，必须注意到基本教材对大多数学生和大多数学校的适用性；④ 教材的编写要同时兼顾学科知识的逻辑顺序和受教育者学习的心理顺序；⑤ 注意各年级教材的衔接性。

（三）课程内容的组织原则②

1. 处理好纵向组织和水平组织的关系

纵向组织又称垂直组织、序列组织，是指将各种课程要素按纵向的发展序列组织起来。这是教育史上最有影响的组织原则，强调学习者从已知到未知，从具体到抽象。泰勒认为，垂直组织的基本标准是"连续性"和"顺序性"。

水平组织又称横向组织，是指将各种课程要素按横向关系组织起来。课程内容的水平组织的基本标准是"整合性"，即对所选出的各种课程要素，在承认差异的前提下，寻找它们之间的内在联系。课程内容的整合性包括学生经验的整合、学科知识的整合、社会生活的整合等。

2. 处理好逻辑顺序与心理顺序的关系

逻辑顺序是按照有关科学知识内在的基本逻辑程序组织课程内容。它强调较多的是学科固有的逻辑顺序排列，而不大考虑逻辑对学生有什么意义。心理顺序是按照一定年龄阶段学生心理发展的特点组织课程内容。它强调根据学生身心发展的特征，以及他们的兴趣、需要、经验背景来组织课程内容，而学科的逻辑则处于从属地位。当代课程改革越来越倾向于把学科的逻辑顺序与学生的心理顺序统一起来。

3. 处理好直线式与螺旋式的关系

直线式与螺旋式是课程内容组织的两种不同方式。直线式就是把一门课程的内容采取环环紧扣、直线推进、不予重复的方式进行排列。螺旋式又称圆周式，是针对学习者的

---

① 王本陆.课程与教学论[M].北京:高等教育出版社,2004.
② 王本陆.课程与教学论(第三版)[M].北京:高等教育出版社,2017:87-88.

接受能力,按照繁简、深浅、难易的程度,使一门课程内容的某些基本概念和基本原理重复出现,逐步扩展,螺旋上升。直线式与螺旋式互相弥补对方的不足,直线式可以避免不必要的重复,螺旋式考虑到了学生的认识特点,有利于加深对学科的理解。

四、课程实施

1. 课程实施的含义

课程实施是指把课程计划付诸实践的过程,它是达到预期的课程目标的基本途径。课程实施是一个动态的过程,是课程编制过程中的一个重要环节。

2. 课程实施的价值取向①

由于人们对课程实施有着不同的认识,因此在课程实施过程中存在着不同的价值取向。课程理论专家弗兰(M.Fullan)将课程实施的价值取向概括为三类:

(1) 课程实施的忠实取向。这种取向假定课程实施能够"忠实地"反映课程设计者的意图,以便能达到预定的课程目标。课程评价就是确定课程设计预期的结果是否真正达到,当教师执行了规定的课程,实施就是好的,课程被执行的程度越高,表明实施的效果越好。这种取向是将课程作为固定不变的一套有待实行的材料,课程实施就是如何将这些固定的、由专业设计好的内容具体化,以保证课程实施符合课程设计者的意图。

(2) 课程实施的相互调试取向。该种课程实施取向认为,设计好的课程计划是可以调整和改变的,课程实施过程是课程计划与班级或学校实际情境在课程目标、内容、方法、组织模式诸方面相互调整、改变与适应的过程。

(3) 课程实施的创生取向。这种取向认为课程并不是在实施前就固定下来的,课程实施过程也是制定课程的一部分,课程是由教师和学生共同参与的结果。这种取向将课程的实施过程看作课程形成过程的一部分,认为在教学之前并没有一种完整的、规定好的课程。这种取向能够最大限度地发挥教师和学生在制定课程中的作用,他们可以根据自己的实际情况来确定课程的目标与内容。

拓展阅读

一堂未上完的历史与社会课②

这是一堂八年级的"历史与社会课",教学内容是"发现新大陆",使用的教材是人教版八年级《历史与社会》,执教者是S学校的Z老师。Z老师首先向学生呈现了两幅地图,第一幅大部分区域都是"黑暗"(未知地域),小部分区域是人们当时已知的陆地;第二幅恰恰相反,大部分区域是陆地和海洋,只有小部分区域是"黑暗"的未知领域。按照Z老师的计划,他想先让学生对两幅地图进行比较,接下来让学生想象当时欧洲探险者的心态,然

---

① 杨兆山.教育学原理简明教程[M].长春:东北师范大学出版社,2001:207.
② 王俊.课程实施中的执行与创生——从一堂没有上完的历史与社会课说起[J].教育理论与实践,2017(11):41-42.

后通过一句俗语"发现新大陆说起来容易,做起来却很难"自然过渡到下一教学环节。然而此时出现了一个意外的情况。

Z老师"我们将视线重新投向十五世纪时的欧洲……新大陆的发现说起来容易,做起来却是……"一个叫邓飞的学生突然插话:"做起来也容易!"尽管这个学生的声音不是很大,但Z老师仍然听到了。他没有忽视这个细节,朝着学生说道:"有同学认为,发现新大陆说起来容易,做起来也容易。"说完把目光转向叫邓飞的学生:"邓飞,能说说你的观点吗?"邓飞头微微低着,不太愿意讲,似乎有点羞涩。而他的同桌,一个叫常骁的学生却望着Z老师,似乎想有所表达。Z老师请他起来回答。他站起来说:"运气是主要因素。"这个答案出乎Z老师的意料,更让他惊讶的是,当Z老师问学生中有多少人同意这个观点时,竟有12个学生举起手!这个问题该怎么处理呢?Z老师灵机一动,他想起在备课过程中,曾经搜集到的一段关于哥伦布的故事——

1643年,哥伦布发现了"新大陆"后从海上回到西班牙,成了西班牙人心目中的英雄。国王和王后把他待作上宾,封他做海军上将,并为他举行了一次宴会。在宴会上,有些贵族却瞧不起他,他们鼻子一哼!这有什么稀罕!只要驾了船一直往西去,谁都会碰上那块陆地的。发现?这算得上个什么!哥伦布低头不语。过了好一会儿,他从盘子里拿起一个鸡蛋,站起身来,提出一个古怪的问题:"太太们,先生们,有谁能把这个鸡蛋竖起来吗?"鸡蛋从这个人传到那个人,所有的人都试了试,都把鸡蛋扶直了,可是一放手,鸡蛋立刻倒了下去。最后,鸡蛋回到了哥伦布的手里。大厅里鸦雀无声,大家的眼光集中在他手上,都要看他怎么能把鸡蛋竖起来。哥伦布不慌不忙,把鸡蛋的一头在桌子上轻轻一敲,磕破了一点儿壳,鸡蛋就稳稳地直立在桌子上了。"这有什么稀罕?"宾客哄堂大笑起来。"本来是没什么稀罕,"哥伦布说"可是太太们,先生们,你们为什么不这样呢?"

听了故事以后,不少学生会意地笑了。一堂课很快就结束了,由于在课堂上出现了邓飞、常骁两位同学的"插话事件",Z老师预设的课堂教学流程发生了变化,甚至这节课计划的内容也没有完成,但Z老师和他的学生似乎有了更大的收获!

3. 影响课程实施的因素

课程能否顺利实施受多方面因素的影响[①]:

(1) 课程计划本身的特性,即课程方案本身的特点。成功的课程实施来自切实的课程方案。设计课程方案时要考虑到各方面的实际情况和实施课程时所需要的资源。一般而言,课程方案设计自身的合理性,对课程实施有重要影响。

(2) 课程实施的交流与合作。课程的成功实施离不开合作性文化的建设,各类各级教育行政部门、社会人士和其他专业人、学校校长、教师等因素的合作与交流,以取得共识。

(3) 课程实施的组织和领导。课程实施的领导者要做好课程实施的计划、宣传、督促等工作,取得课程参与者以及社会的认可。尤其是校长,是课程实施的一大关节点,新课

---

① 施良方.课程理论——课程的基础、原理与问题[M].北京:教育科学出版社,1996:145-147.

程理念能不能走进课堂,很大程度上取决于校长对新课程的态度。

(4)教师实施课程的能力和素质。教师是直接的课程实施者,教师参与课程实施的积极性与主动性对课程实施的成败起着重要作用。任何课程理论与方案,都需要教师的充分理解和转化,才能被合理有效地运用于教学实践,体现其理论与实践价值。所以,课程实施一定要做好教师的培训工作。

(5)评价体系改革。评价体系改革制约着课程顺利实施。目前的评价体系能反映新的教育理念,符合新课改的评价体系虽在努力建构,但尚未建成,致使新课改的教育理念难以真正深入课堂。

(6)各种外部因素的支持,特别是文化背景因素。成功的课程实施应对社会环境有敏锐的把握,充分了解社会的结构、传统和权力关系,为课程改革争取到有利的政治和经济支持。这部分因素包括国家和地方政策的变化、财政拨款、技术支援、舆论支持等。

五、课程评价

1. 课程评价的含义

课程评价是指对课程计划及其实施实际达到教育目标效果的价值判断活动。它是了解课程的实施效果和存在问题,从而改进课程的主要手段。课程评价也是了解学生和教师的需要,促进学生和教师发展的重要手段。

2. 课程评价的类型[①]

(1)诊断性评价。诊断性评价是为了使课程与教学适合于学习者的需要而在一门课程或一个学习单元开始之前对学习者所具有的认知、情感和技能力面的条件进行评估。诊断性评价可以在课程与教学开始前进行,也可以在课程与教学过程中进行。在课程与教学开始前进行的诊断性评价是对不同条件的学生给予不同的安置,其主要作用是确定造成对补习性的辅导毫无反应以及反复出现的学习上的缺陷的根本原因。

(2)形成性评价。形成性评价是指贯穿于课程各个阶段或整个过程的评价。它注重细节的分析,旨在寻找原因,及时发现问题,使课程更加趋于合理。1967年,斯克里文(M. Scriven)首先采用了"形成性评价"这个专门术语。形成性评价是在课程编制或课程实施尚处于发展和完善阶段时所进行的评价,其主要目的在于改进课程与教学的效果,在于搜集课程编制或实施过程中存在的优缺点的资料,作为进一步修订和完善的依据。

(3)总结性评价。总结性评价,也称"结果评价",是在课程编制和课程实施完成之后进行的评价。它与形成性评价相对应,主要目的在于搜集资料和信息,整体判断,从而决定推广或修订完善课程计划。

(4)内部评价与外部评价。这主要是根据评价的主体来划分的。内部评价,也称"内部人员评价",是指课程开发者为评价主体,课程实施者参与其中,通过调查和测验等手段对课程计划和课程实施的效果进行鉴定,主要用于形成性评价。

---

① 江西省教师招聘考试辅导用书编写委员会.教育综合知识[M].南昌:江西高校出版社,2018:127-128.

外部评价,也称"外部人员评价",它的评价主体不是课程开发者,而是除课程开发者之外的人员。通过对学校教育的成果和学生学业情况的测验而进行,着眼于课程实施结果对教育目标所达到的程度,主要用于总结性评价。

（5）目标本位评价与目标游离评价。根据评价过程与目标的关系,分为目标本位评价与目标游离评价。目标本位评价是指以课程或教学计划的预定目标为依据而进行的评价。它有一个明确的评价标准,易于把握是这个方法的优点,缺点是过于关注目标的达成而忽视了对目标本身的追问和目标之外的教育结果的评价。

目标游离评价要求脱离预定目标,以课程计划或活动的全部实际结果为评价对象,尽可能全面客观地展示这些结果。这是一种课程评价的理念和指导原则,拓展了评价的视野。

3. 课程评价的功能

（1）需要评估。在一项课程计划拟定之前,应首先了解社会或学生的需要,以作为课程开发的直接依据。这项任务可以由评价来承担。

（2）判断成效（诊断功能）。一项课程或教学计划在实施后究竟有哪些成效,可以通过评价进行全面衡量做出判断。这种判断不同于上述对目标达成程度的了解,而是对效果的全面把握,包括对预定目标之外的效果的把握。还可以通过评价有效地找出其优越点及成因,为修订提供建议。这种反复的过程可使课程达到尽可能完善的程度。

（3）导向功能。通过对课程的评价,可以引导我们走更适合国情的课程道路,引导课程的制订更适合社会需要和学生的需要。这种引导性,使我们对不同的课程方案,通过评价比较其在目标设置、内容组织、教学实施以及实际效果等方面的优劣,从整体上判断其价值,再结合需要评估,对课程做出选择。

（4）调控功能。为了确保课程的正确实施,必须有强有力的管理制度,定期进行课程评价,做好奖惩工作,做好监督、调节和控制,以确保课程建设和实施沿着正确的轨道发展。

4. 课程评价的方法

（1）纸笔测验。纸笔测验是指受测者要以文字的形式在试卷上完成测验,它主要侧重于评定学生在科学知识方面学习成就的高低或在认知能力方面发展的强弱。这类评价方式包括传统的考试、教师自编成就测验、标准化成就测验等。

（2）表现性评价。表现性评价是指对学生在实际完成某项任务或一系列任务时所表现出的,在理解与技能方面的成就的评定,也指对学生在具体的教学过程中,所表现出的学习态度、努力程度以及问题解决能力等一些测验所无法反映的深层学习指标的评定。[1]

（3）档案袋评价[2]。档案袋评价（portfolio assessment）又称为"学习档案评价"或"学生成长记录袋评价",是以档案袋为依据而对评价对象进行的客观的综合的评价。这种方法是通过建立学生学业档案和查阅比较学生个人发展的档案,从而评价个体内差异和比较个体与他人之间的差异的一种评价方法,它着重评价学生过去的发展历程和以后的发

---

[1] 谢利民,郑百伟.现代教学基础理论[M].上海:上海教育出版社,2002:367.

[2] 刘家访,佘文森等.现代课程理论基础教程[M].长春:东北师范大学出版社,2007:162.

展基础,但是运用这种方法要注意做好学生个人成长记录,收集学生有代表性的作品、成果等工作。

5. 课程评价模式①

(1)目标达成模式。泰勒认为,教育的目的在于改变学生的行为,评价就是要衡量学生行为实际发生变化的程度,通过预先规定行为目标设计课程、评价课程。这个评价模式是在泰勒的"评价原理"和"课程原理"的基础上形成的。"评价原理"可概括为七个阶段:确定教育与计划的目标;根据行为和内容来界定每一个目标;确定使用目标的情境;设计呈现情境的方式;设计获取记录的方式;确定评定时使用的计分单位;设计获取代表性样本的手段。

(2)目标游离模式。美国学者斯克里文认为评价者应注意的是课程计划的实际效应,而不是其预期效应,评价的重点应从"课程计划预期的效果"转向"课程计划实际的结果"。

(3)应答评价模式。美国评价学家斯泰克建议采用"全景色的观察"方法,该模式强调评价应当从关注课程所有人的需要出发,通过信息反馈,让方案结果满足大多数人的需要,并通过对方案的调整和修改,对大多数人的愿望做出反应。

(4)差距评价模式。普罗沃认为评价在于将设计的课程标准与实际的课程表现进行比较,找出彼此之间的差距,并分析造成差距的原因,作为改进课程的依据。

(5)CIPP模式。由美国著名教育评价专家斯塔弗比姆提出,即背景评价(Context evaluation)、输入评价(Input evaluation)、过程评价(Process evaluation)和结果评价(Product evaluation)。CIPP模式主要围绕着为决策者提供信息进行评价。这种评价可以使研究者用一种比较客观的眼光来看待评价对象,尽可能地全面描述、分析研究对象的特征,从而为教育决策者提供更有效的信息。

(6)CSE评价模式。CSE是美国加利福尼亚大学洛杉矶分校评价研究中心的简称。该模式包括四个步骤:需要评定、方案计划、形成性评价、总结性评价。

(7)鉴赏评价模式。美国学者艾斯纳认为在教育评价中应该借鉴评酒员和艺术鉴赏家凭自己的经验对一种酒或一件艺术作品进行整体评价的方法。艾斯纳试图对传统评价进行改造。这种改造主要从三个方面入手:一是从课程开发的角度提出了"空无课程"的问题;二是从改造评价标准的角度提出了表现性目标问题;三是从评价方式的角度提出了要重视质性评价的问题。

真题再现

主张课程评价的重点"从课程计划预期的结果"转向"课程计划的实际结果"的课程评价模式是(   )。

A. 目标评价模式   B. 目标游离模式

C. 外观评价模式   D. CIPP评价模式

【答案】B。

---

① 施良方.课程理论——课程的基础、原理与问题[M].北京:教育科学出版社,1996:155-161.

第三节　基础教育课程改革

一、影响课程改革的主要因素[①]

1. 政治因素与课程改革

政治因素对课程改革的影响是多层次的、深刻的,比科技、文化的变革更为直接。

第一,政治因素制约着课程目标的厘定。课程目标是教育目的和培养目标的具体化,统治阶级根据自己的利益、愿望和要求,从政治上制定教育目的和培养目标,实际上也意味着对课程目标的政治选择和规定,教育目的和培养目标的政治性实际上也体现了课程目标的政治制约性。

第二,政治因素制约课程变革的内容选择。课程内容的选择,不仅仅是一个技术问题,也是一个政治影响和控制的过程。因为课程内容的选择与编制,要依据教育目的和培养目标。可以说课程内容渗透了统治阶级的意识形态。

第三,制约着课程的编制过程。在课程规划、课程标准和编写教材的过程中,也受到政治因素的制约。教学计划、课程标准和教材编写等都具有强烈的政治性。

2. 经济因素与课程改革

第一,经济领域劳动力素质提高的要求制约课程目标。现代社会生产要求劳动者既要具备宽厚的基础知识、过硬的基本技能,富有灵活性、应变性、独创性,同时具有健全的心理品质,如认知、情感、道德、意志、审美等要达到现代社会的水平,这些品质的塑造无疑需要教育的培养。因此当代课程的改革必须围绕着这些目标来展开。

第二,经济的地区差异性制约课程变革。世界上各个国家地区发展极不平衡,课程发展也不一样,课程既要考虑与经济发展的总体相适应,也要考虑到各地经济的差异,实事求是,因地制宜。

第三,市场经济与课程变革。市场经济要求以市场为导向,运用市场来配置资源,促进了生产的多样性,产业的多元化,因而对人才的需求也日益多样化,狭窄的知识面很难适应这种局面,就有必要要求课程价值取向的变化、课程目标综合性、课程结构的优化等等。

3. 文化因素与课程改革

第一,文化模式与课程改革。依据不同民族的文化特质,设置与不同民族文化相适应的课程,在内容、难度、编排、实施、评价等方面考虑和体现民族特色。它是一个民族文化赖以生存和发展的根本特征。

第二,文化变迁与课程改革。文化变迁是指文化内容或结构的变化,通常表现为新文化的增加和旧文化的改变,亦即文化与文化之间的传播或文化自身的创造。学校课程作

---

① 全国十二所重点师范大学联合编写.教育学基础[M].北京:教育科学出版社,2002:161－167.

为传承、传播与创造文化的载体,面对新旧文化更替也要做出相应的调整。

第三,文化多元与课程改革。文化多元或多元文化是指社会内部多种文化并存的状态。当代社会,不同文明之间交往日益紧密,学校课程如何呈现不同文化间的差异性,反映文化多样性是值得思考的问题。

4. 科技因素与课程改革

第一,科技革新制约课程改革的目标。当前科技的迅猛发展,要求学生不仅要增长知识,还要提高能力。

第二,科技革新推动课程结构的改革。近代以来学校的科目与科技的门类演变几乎是直接相关的,20 世纪以后科学在高度分化的基础上出现新的综合,学校课程结构也由以往的分科教学,代之以综合课和选修课的课程形式。

第三,科技革新影响着课程改革的速度。科技革命持续影响着人类的生产生活方式,这势必也会影响着学校课程改革的速度,以使其不断适应人类不断发展的生产生活方式。

5. 学生发展与课程改革

教育是培养人的社会活动。因此,学校课程目标的设置、课程内容的选择、课程的组织实施都必须遵循学生的身心发展规律,必须服务于学生德智体美劳全面发展的需要。

二、国外主要的课程改革①

1. 美国的课程改革

美国"2061 计划"是 20 世纪 80 年代美国促进科学协会为了使美国学生受到足够的教育,确保美国在 21 世纪国际上的科学技术竞争力而着手制定的普及科学基础知识的长远教育计划。

美国"2061 计划"是基于下列信念而制定的,即"所有儿童都需要和应该受到科学、数学和技术方面的基础教育,以便将来能够愉快地、有效地生活。科学、数学和技术教育实行系统改革的第一步就是要对科学知识普及的内容有一个清晰的了解。"

在《普及科学——美国 2061 计划》的开头部分特别强调了 21 世纪美国学校课程制定原则:"美国 2061 计划的前提是,无须要求学校讲授越来越多的内容,教学的重点应集中在最基本的科学基础知识上,并且更有效地把它教好。"正是根据这些原则,美国教育工作者对 21 世纪课程改革达成了下列比较统一的认识:① 教育改革必须是全方位的、长期的、以全体学生为中心的改革。② 课程改革必须以学生在每一个年级水平上所掌握的基本知识和技能为基础;标准代表的只是一种界限或限度,而不能代表完美的成就。③ 课堂中使用的教材容量必须削减。教师要坚持"重质不重量""少就是多",理解重于记忆的原则。④ 标准并不意味着统一的课程、教学方法或教材,而是要使教师能够在考虑课程要求、学生背景与兴趣以及教师所能够提供的帮助和当地的客观环境等前提下,甄选出能够适合学生个人的学习经验。

---

① 牛道生.简析 21 世纪初国际课程与教学改革新动向[J].教育理论与实践,2003(4):36-40.

2. 英国的课程改革

为了迎接 21 世纪的严峻挑战,英国从 20 世纪 80 年代末就开始课程改革。1988 年教育改革法揭开了英国半个世纪以来最重要的一次教育改革的序幕。这次改革的突出标志就是抓住了课程这个核心,举起了统一国家课程这面改革大旗,不仅规定了中小学的核心课程,而且进一步规定了中小学的基础课程。在英国政府的支持下,1995 年英国开始实施《提高中小学水平计划》。1996 年,英国政府发表基础教育的白皮书——《学会竞争:14—19 岁青少年的教育和培训》。白皮书要求所有初中都能向学生提供"普通职业教育课程"年级课程中的第一级。目前,英国正在实施全国教学大纲监察和修订计划,改革和加强教学体制。这一切都是为了使得英国青少年能够在 21 世纪激烈的国际竞争中学会生存和参与竞争的本领。

3. 日本的课程改革

日本面向 21 世纪的全面课程改革从 1987 年就开始了。日本课程改革的基本方向是:"要让学生掌握人的成长所必需的基础知识和基本内容,培养自我教育能力。"为达到此目的,日本要求在制订新课程时要精选内容,培养学生的创造力、思维能力、判断能力和表达能力。

1987 年 11 月,日本学校课程审议会根据这一方针,提出了改善课程标准的四项目标:① 旨在培养情操高尚、体魄健全的人。② 注意培养学生的好学态度和能够主动地适应社会变化的能力。③ 注意作为一个社会公民所必需的基本知识技能,充实发展个性的教育。④ 加深国际理解,重视尊重日本文化与传统的态度。日本 1987 年课程改革的特点是:在维持 1977 年所制定的课程计划规定的学科基础上,对有些科目进行了适当调整。日本这次课程改革体现了这样一个基本原则,即灵活设立必修课,扩大选修科目的种类和授课时数。日本这次面向 21 世纪的课程改革所制定的新学习指导要领和课程计划,已经于 20 世纪 90 年代初分步实施了。

三、我国的基础教育课程改革

为适应基础教育改革的需要,我国于 1999 年制定了《面向 21 世纪教育振兴行动计划》,2001 年 6 月颁布了《基础教育课程改革纲要(试行)》,2003 年 3 月出台了《普通高中课程方案(实验)》,开启了具有划时代意义的新一轮课程改革。

1. 新一轮基础教育课程改革的背景

我国新一轮基础教育课程改革所处的背景既有社会的、国际的宏观背景,又有教育自身的微观背景。

(1)国际背景。第一,各国的基础教育都非常重视调整培养目标,强调学生的全面发展,而不仅仅关注 学生学业目标;第二,各国都注重变革学生的学习方式,培养具有终身学习能力和具有国际竞争力的未来公民;第三,各国都积极地调整课程内容与结构,也不断地改变课程评价方法,所以我国要顺应国际课程改革大趋势的客观要求。

(2)国内背景。第一,积极推进素质教育的需要,当前最为重要的教育背景就是素质教育的实施,这就要求传统的以应试教育为指导思想的教育目的、教育教学方式、课程内容等进行变革。第二,前七次课程改革的成就为新课程改革提供了现实基础。

2. 新一轮基础教育课程改革的理念①

新课程改革核心理念是以人为本和以学生发展为本:

(1) 为了学生的终身发展:为了学生的终身发展是课程改革的根本理念。

(2) 为了每位学生的发展:基础教育是奠基工程,关系到未来中华民族的整体素质,课程改革要面向全体学生,充分考虑到各地区的差异,增强课程对地方、学校、学生的适应性,使全体学生都能得到充分的发展。

(3) 为了学生的全面发展:未来社会需要高素质的、具有广泛适应性的、全面发展的人。

(4) 为了学生的个体发展:现行课程体系强调整齐划一、规模效应,忽视学生的个性发展,忽视学生发展的具体性、差异性。新课程追求学生的个性发展,承认学生是发展的、有潜力的、有差异的人,是活泼的、具有独立个性的人。教育要尊重学生的独特性和具体性。

3. 新一轮基础教育课程改革的目标包括总体目标和具体目标②

新课程以"教育要面向现代化、面向世界、面向未来"为指导思想,全面贯彻国家教育方针,以提高国民素质为宗旨,以培养创新精神和实践能力为重点,强调课程要促进每个学生身心健康发展,培养良好品德,强调基础教育要满足每个学生终身发展的需要,培养学生终身学习的愿望和能力。

基础教育课程改革的总体目标:新课程的培养目标应该体现时代要求。要使学生具有爱国主义、集体主义精神,热爱社会主义、继承和发扬中华民族的优秀传统和革命传统;具有社会主义民主法制意识,遵守国家法律和社会公德;逐步形成正确的世界观、人生观和价值观;具有社会责任感,努力为人民服务;具有初步的创新精神、实践能力、科学和人文素养以及环境意识;具有适应终身学习的基础知识、基本技能和方法;具有健壮的体魄和良好的心理素质,养成健康的审美情趣和生活方式,成为有理想、有道德、有文化、有纪律的一代新人。

基础教育课程改革的具体目标:① 在具体课程目标上,改变传统过于注重知识传授的倾向,强调形成积极主动的学习态度,使获得基础知识和基本技能的过程同时成为学会学习和形成正确价值观的过程。② 在课程结构方面,改变传统过于注重学科本位、科目过多和缺乏整合的状况,体现课程的均衡性、综合性和选择性。③ 在课程内容选择方面,改变传统课程内容"繁、难、偏、旧"和注重书本知识的现状,加强课程内容与学生生活、现代社会和现代技术发展的联系,关注学生的学习兴趣和经验,精选终身学习必备的基础知识和技能。④ 在课程实施方面,改变传统教学强调接受学习、死记硬背和机械训练的状

---

① 陈旭远.新一轮基础教育课程改革的基本理念[J].现代中小学教育,2001(7):5-7.

② 教育部.基础教育课程改革纲要(试行)[EB/OL].http://old.moe.gov.cn//publicfiles/moe/s8001/201404/xxgk_167343.html.

况,倡导学生主动参与、勤于动手,培养学生收集和处理信息的能力、获取新知识的能力、分析和解决问题的能力及交流与合作的能力。⑤ 在课程评价方面,改变传统课程评价过于强调甄别与选拔的功能,发挥课程评价的促进学生发展、教师发展和改进教学实践的功能。课程评价要从终结性评价转变为与发展性评价、形成性评价相结合。⑥ 在课程管理方面,改变传统课程管理权限过于集中的弊端,实行国家、地方和学校三级管理,增强课程对地方、学校及学生的适应性。

4. 新一轮基础教育课程改革的内容①

新课程改革的内容主要体现在《基础教育课程改革纲要(试行)》中,有九部分内容:

(1) 课程目标。将课程目标设为三大维度:知识与技能,过程与方法,情感态度价值观。改变过去轻视过程、方法和情感的现象。

(2) 课程结构。第一,小学以综合课程为主,中学以分科和综合相结合,高中以分科课 程为主。高中阶段在开设必修课程时,设置丰富多彩的选修课,开设技术类课程,积极试行学分制管理。第二,从小学到高中,设置综合实践活动课作为必修课,其形式包括信息技术教育、研究性学习、社区服务与社会实践和劳动与技术教育。第三,农村中学课程要为当地社会经济发展服务,城市普通中学也要逐步开设职业技术课程。

(3) 课程标准。制定统一的国家课程标准,从知识与技能、过程与方法、情感态度价值观三个维度来阐述各门课程的目标。强调每一门课程对学生终身学习与发展的价值,注重学生经验、学科知识和社会发展三方面内容的整合,遵循学生身心发展的规律,突出课程为学生发展服务的理念。

(4) 课程实施。第一,教师在教学过程中应与学生积极互动,共同发展,引导学生质疑、调查、探究,在实践中学习,促进学生在教师指导下主动地、富有个性地学习。第二,教师应尊重学生人格,关注个体差异,创设能引导学生主动参与的教育环境,使每个学生都能得到充分的发展。第三,大力推进信息技术在教学过程中的普遍应用,促进信息技术和学科课程的整合,逐步实现教学内容的呈现方式、学生的学习方式、教师的教学方式和师生的互动方式的变革。

(5) 教材的开发与管理。第一,教材改革应有利于引导学生利用已有的知识和经验,主动探索知识的发生与发展,同时有利于老师创造性地进行教学。第二,积极开发并合理利用校内外各种课程资源。第三,完善基础教育教材管理制度,实现教材的高质量和多样化。

(6) 课程评价。第一,建立学生全面发展的评价体系。第二,建立促进教师不断提高的评价体系。强调教师对自己教学行为的分析与反思,建立以教师自评为主,校长、教师、学生、家长共同参与的评价制度,使教师从多种渠道获得信息,不断提高教学水平。第三,建立促进课程不断发展的评价体系。第四,继续改革和完善考试制度。

(7) 课程管理。为保障和促进课程适应不同地区、学校、学生的要求,实行国家、地方

---

① 教育部.基础教育课程改革纲要(试行)[EB/OL]. http://old.moe.gov.cn//publicfiles/moe/s8001/201404/xxgk_167343.html.

和学校的三级课程管理。

(8) 教师的培养与培训。第一,中小学教师继续教育应以基础教育课程改革为核心内容。第二,地方教育行政部门应制定有效、持续的师资培训计划,教师进修培训机构要以实施新课程所必需的培训为主要任务,确保培训工作与新一轮课程改革的推进同步进行。

(9) 课程改革的组织与实施。贯彻"先立后破,先实验后推广"的工作方针,建立课程教材持续发展的保障机制。

新课改的内容反映了以下教育理念的变革:① 变课程的统一和求同为尊重多元和个性差异。② 变课程的预定性和封闭性为课程的生成性和开放性。③ 变课程内容和课程知识本位为学生本位。

5. 新一轮基础教育课程改革的课程设置与结构

整体设置九年一贯义务教育的课程设置。

(1) 小学阶段以综合课程为主。小学低年级开设品德与生活、语文、数学、体育、艺术(或音乐、美术)等课程;小学中高年级开设品德与社会、语文、数学、科学、外语、综合实践活动、体育、艺术(或音乐、美术)等课程。

(2) 初中阶段设置分科与综合相结合的课程。主要包括思想品德、语文、数学、外语、科学(或物理、化学、生物)、历史与社会(或历史、地理)、体育与健康、艺术(或音乐、美术)以及综合实践活动。积极倡导各地选择综合课程。学校应努力创造条件开设选修课程。在义务教育阶段的语文、艺术、美术课中要加强写字教学。

(3) 从小学至高中设置综合实践活动并作为必修课程。综合实践活动课程是新的基础教育课程体系中设置的必修课程,自小学三年级开始设置,每周平均3课时。《基础教育课程改革纲要(试行)》中规定:从小学至高中设置综合实践活动并作为必修课程,其内容主要包括信息技术教育、研究性学习、社区服务与社会实践以及劳动与技术教育。综合实践活动课程,具有课程目标的综合性、课程内容的专题性、教学方式的实践性、教学过程的体验性、教学环境的开放性、教学活动的主体性、教学情境的趣味性、教学价值的创新性等特点,提倡和推广综合实践活动课程有利于我国中小学课程与教学改革,有利于提高教学质量。

(4) 研究性学习。研究性学习是指学生在教师的指导下,从学习生活和社会生活中选择和确定研究专题,用类似科学研究的方式,主动地获取知识并应用知识去解决问题的学习活动。研究性学习是指学习者以问题解决为主要内容,以发展研究能力为主要目的的一种新型学习方式。这门课程不是一般意义上的"课外活动",也不是传统的学科课程,它具有以下特点:① 开放性是研究性学习在内容选择上的主要特点。② 问题性是研究性学习内容呈现的主要方式。③ 综合性、社会性和实践性是研究性学习内容选择和组织时应该重视的几个方面。概括起来,研究性学习的本质在于:在教学理念上,它强调学生本位;在教学设计上,它突出问题本位;在教学评价上,它看重过程本位。

真题再现

《国家中长期教育改革和发展规划纲要(2010—2020年)》指出,在普通高中深入推出课程改革,积极开展研究性学习、社区服务和社会实践,建立科学的教育质量评价体系,建立学生发展指导制度。采取这些措施的主要目的是(　　)。

A. 普通高中教育多样化　　　　　B. 普通高中教育特色化

C. 全面普及普通高中教育　　　　D. 全面提高普通高中学生综合素质

【答案】D。

【本章小结】

对于课程的含义,不同的人有不同的看法,但概括起来有这几种:课程即科目;课程即经验;课程即预期的学习结果;课程即文化再生产;课程即社会改造的过程。目前形成了三种最具代表性的课程理论流派:知识中心课程论、社会中心课程论、学习者中心课程论。

课程编制是课程由蓝图变为现实的关键环节,更是学校教育得以正常运行的重要因素。课程编制包括课程目标厘定、课程内容的选择与整合、课程的实施与评价等一系列步骤。课程编制是一个系统工程。在这一过程中课程目标处于引领的位置,是指导课程编制的准则。课程内容的表现形式主要有课程计划、课程标准以及教材。课程的实施有三种价值取向:忠实取向、调适取向、创生取向,课程评价则具有需要评估、诊断、导向、调控等功能,评价方式多样。

基础教育课程改革是基础教育改革的关键领域,其推进过程往往受到政治、经济、文化、科技、学习者等诸多因素的影响。自20世纪80年代以来,美国、英国、日本等多个国家相应进行了课程改革,以推进学校教育的发展。受国际、国内因素的影响,我国在世纪之交也开启了新一轮基础教育课程改革。改革的理念是以人为本和以学生发展为本。改革的内容包括课程目标、课程结构、课程标准、课程实施、教材的开发与管理、课程评价、课程管理、教师的培养与培训、课程改革的组织与实施等方面。

思考题

1. 比较不同课程类型的优缺点。

2. 选择两种当代课程理论并比较其异同。

3. 论述我国基础教育课程改革的思路。

第七章

教育活动

学习目标

1. 理解德育、体育、美育和劳动与技术教育的概念。
2. 懂得我国德育内容包括的范畴，能够辨析政治教育、思想教育和道德教育。
3. 掌握德育、体育、美育和劳动与技术教育过程的基本规律。
4. 了解德育、体育、美育和劳动与技术教育的途径和德育的相关方法。
5. 培养正确的人生观、价值观、审美观，激发爱国主义情怀和为国奉献的精神。

思维导图

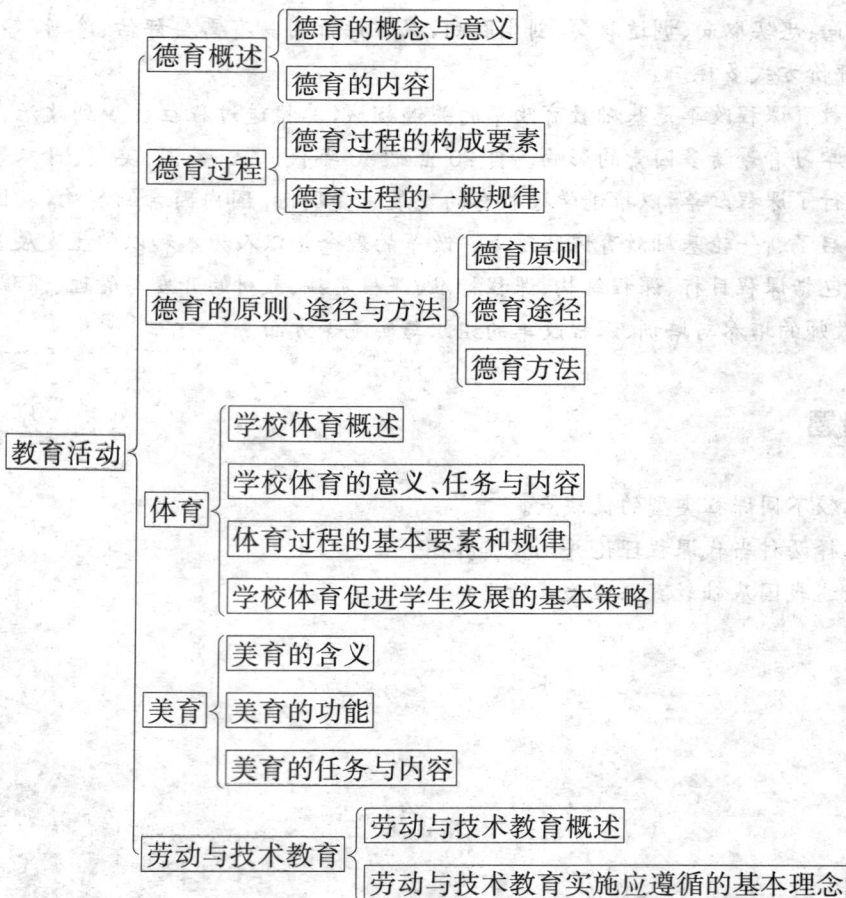

第一节 德育概述

一、德育的概念与意义

（一）德育的内涵

在我国古代还没有使用"德育"这个概念，往往以"德"或"育"来代替德育，也有用"学""道"[①]；到了近代，一些教育家曾用过"道德教育"和"训育"等概念表示德育；现代，德和育作为一个词来使用。

那究竟什么才是德育呢？按马克思主义的辩证唯物主义哲学观，凡是事物皆是一个矛盾，矛盾由两个对立的侧面构成。这是《矛盾论》中对立统一的规律，是唯物辩证法的第一个基本规律，即矛盾着的双方，既对立又共居一体[②]。

德育（狭义指道德教育），也是由矛盾着的两个对立侧面构成：一面是道德教育者（在学校是教师），另一面是道德学习者（在学校是学生）。这里，矛盾的主要方面是学生。

因此，所谓德育，一方面对学生来说，学生作为道德学习者，要主动地学习德育，是道德教育的主体，视道德学习为自己生命的一部分。另一方面对教师来说，教师是道德的教育者，教师要为学生创造道德学习的环境、条件，促进学生由道德无知到道德有知，并且化为道德行为，形成正确的行为习惯、正确的价值取向、正确的行为选择。

德育有广义和狭义之分。广义的德育泛指一切有目的、有计划和有组织地对社会成员施加思想、政治和道德等方面的影响的活动。它包括社会德育、社区德育、学校德育和家庭德育。狭义的德育则只是指学校德育，它是教育者根据一定社会的要求和德育规律，有目的、有计划、有组织地对受教育者施加思想、政治道德等方面的影响，通过受教育者积极地认识、体验、身体力行，以形成他们的品质的活动[③]。

在西方国家，德育要培养学生的品质，特指道德品质，德育即道德教育，故西方的德育被称作"小德育"[④]。而在我国，德育要培养学生的品质包含政治品质、思想品质、道德品质、法律品质和心理品质。德育即政治教育、思想教育、道德教育、法律教育和心理教育，这种德育被称作"大德育"。如原国家教委 1995 年在《中学德育大纲》中明确规定，德育即对学生进行政治、思想、道德和心理品质的教育。进入新世纪，法律教育越来越受到重视，并成为我国中小学德育的一部分。如《义务教育思想品德课程标准》（2011 年版）把初中

---

① 袁梅，原子茜.新中国中小学德育课程变迁：历程、特点与趋势——基于政策工具的视角[J].教育学术月刊，2020(2)：99－105.

② 张涛，王志秋，董瑞瑾，刘雅等.论马克思主义哲学思想对思政工作启示[J].教育现代化，2019，6(84)：211－212.

③ 董丽.中国传统德育有效性及其对当代大学德育的价值[D].湖南工业大学，2019.

④ 兰岚.西方高校德育经验对提高我国高校德育有效性的启示[J].开封教育学院学报，2018，38(12)：213－214.

品德课程确定为四个学习领域，即心理健康、道德、法律和国情教育。而 2016 年 9 月我国中小学德育教材统称为《道德与法治》。

（二）德育的意义

1. 德育是实现我国教育目的的保证和条件

2010 年颁布的《国家中长期教育改革和发展规划纲要（2010—2020 年）》提出要"全面贯彻党的教育方针，坚持教育为社会主义现代化建设服务，为人民服务，与生产劳动和社会实践相结合，培养德智体美全面发展的社会主义建设者和接班人"。这是对我国当前教育目的的最新概述。从这一表述中可以看出，教育目的要求培养的人才的素质包含了德、智、体、美四个方面。我们说德育是实现我国教育目的条件和保证，这是因为我国的教育目的明确地指出要德、智、体、美四育并重。所以，通过实施德育能够使我国的教育目的得到全面的贯彻。

2. 德育是社会主义现代化建设的重要条件和保证

我国现阶段的根本任务是进行社会主义现代化建设，现代化建设既包括物质方面的建设，也包括精神方面的建设。而德育是社会主义精神文明建设的重要组成部分，同时，又贯穿于物质文明与民主政治的建设之中。社会主义学校是培养建设人才的重要场所，是进行社会主义精神文明建设的重要阵地。

3. 德育是青少年健康成长的条件和保证

青少年正处于长身体、长知识时期，是打基础的阶段。处于这一阶段的青少年思想单纯，具有好奇心和探索欲望，追求上进，充满幻想，可塑性特别强。但是，他们又缺乏各种社会经验，对社会上的各种价值观缺乏辨析力、判断力和批判力，容易不假思索地接受各种价值观[①]。但是，多元化社会中的价值观并不是每一个都正确。这就要求运用正确的思想和方法对他们进行教育，以使他们能够自觉地抵制各种错误的思潮对自身的侵蚀，而德育无疑承担了这一任务。

二、德育的内容

我国学校德育内容是多方面的，并且随着社会发展提出的新要求在不断变化。《中共中央关于构建社会主义和谐社会若干重大问题的决定》（2006 年 10 月 11 日中共十六届六中全会通过）提出"建设社会主义核心价值体系"问题。《决定》指出："马克思主义指导思想，中国特色社会主义共同理想，以爱国主义为核心的民族精神和以改革创新为核心的时代精神，社会主义荣辱观，构成社会主义核心价值体系的基本内容。"要求"坚持把社会主义核心价值体系融入国民教育和精神文明建设全过程、贯穿现代化建设各方面"，这就为中小学德育内容的设计指出了更加明确的方向。

2017 年教育部发布了《中小学德育工作指南》，《指南》指出德育内容包括理想信念教

---

① 王金忠.新时代青少年思想教育工作初探[J].青海教育,2019(Z1):28-29.

育、社会主义核心价值观教育、中华优秀传统文化教育、生态文明教育和心理健康教育。

德育内容是实施德育工作的具体材料与主体设计，是形成受教育者品质的社会思想政治准则和道德规范等方面的总和，它关系到用什么道德规范、政治观、世界观与人生观等来教育学生的重大问题[1]。通常选择德育内容有三个方面的依据：一是德育目标，它决定德育内容的性质；二是受教育者的身心发展特征（或年龄特征），它决定了德育内容的深度和广度；三是德育所面临的时代特征和学生思想实际，它决定了德育内容的针对性。德育内容总是随着时代的发展而变化。因不同国家的社会性质、发展水平和文化传统而不同[2]。目前，我国的德育内容主要包括五个方面，即政治教育、思想教育、道德教育、法律教育和心理教育。

> **真题再现**
>
> 判断分析题：学生的年龄特征决定了学校的德育性质。

（一）政治教育

政治教育是引导学生形成坚定正确的政治方向、爱憎分明的政治立场的教育。具体表现为对阶级、政党、国家、政权、社会制度、国际关系的情感、立场、态度的教育。通过政治教育让学生能够认识和认同某种政治机构和政党理念。各个国家所进行的国家主权意识、公民意识、民族意识、政府职能、国际关系教育等，都是政治教育的范畴。我国德育中的爱国主义教育、社会主义制度的教育、党的基本路线教育、阶级教育等都属于政治教育的范畴。其中，爱国主义教育是德育的永恒主题，是我国学校德育中最重要的内容，处于核心地位。

> **真题再现**
>
> 爱国主义教育在我国中小学德育的内容中属于（　　）范畴。
> A. 思想教育　　　　B. 政治教育　　　　C. 道德教育　　　　D. 心理教育
> 【答案】B。

（二）思想教育

这是通过某一类思想去武装和占领学生的头脑，让学生站在如此这般的立场去"思"、去"想"，最终目标是使学生形成一定的世界观和人生观。在我国就是要形成辩证唯物主义的世界观与人生观。而理想是世界观与人生观形成的起点。中共十八届六中全会明确提出，共产主义远大理想和中国特色社会主义共同理想，是中国共产党人的精神支柱和政

---

[1] 蒋飞燕.新时代青少年思想政治教育探析[J].中学政治教学参考,2019(15):46-48.
[2] 袁贤.新时代青少年德育实践探索[J].中学政治教学参考,2018(33):65-66.

治灵魂,也是保持党的团结统一的思想基础。所以,理想教育是思想教育的重要组成部分。同时,辩证唯物主义的世界观与人生观教育是我国德育内容的最高层次。马列主义、毛泽东思想、邓小平理论、"三个代表"思想、科学发展观和习近平新时代中国特色社会主义思想教育是我国当前的指导思想,故对学生实施马列主义教育、毛泽东思想教育、邓小平理论、"三个代表"思想、科学发展观和习近平新时代中国特色社会主义思想教育等都属于思想教育的范畴。

(三)道德教育

这是引导学生逐步掌握一定社会的道德规范,履行道德义务,形成符合社会规范的道德品质的教育,这种道德品质是人类社会经过长期发展、形成和积累的,它是人类社会得以维系和发展的基本条件。道德教育主要有以下几方面的内容:一是教育学生学会善意对人、热情待人、乐于助人,故对学生实施善意对人等的教育属于道德教育的范畴。二是培养学生的文明行为,如讲文明、有礼貌、尊敬师长、举止文雅等,故对学生实施讲文明、有礼貌等的教育属于道德教育的范畴。三是培养良好的道德品质,如诚实、热情、公正、谦虚、朴素、同情、关爱、宽容、尊重等,故对学生实施诚实教育、公正教育、爱心教育、同情教育等,都属于道德教育的范畴。

真题再现

教育学生"诚实守信"属于(　　　)。

A. 心理教育　　　　B. 政治教育　　　　C. 思想教育　　　　D. 道德教育

【答案】D。

(四)法律教育

这是指在一个法治的国家里,对一个公民进行应该具备的法制观念和法律规范的教育。通过法律教育,学生能够知法、懂法、用法、守法和护法,自觉维护法律的尊严。这是扫除法盲,消除违法犯罪,提高公民主人翁意识,维护社会稳定和长治久安的必然要求。我国德育长期忽视法律教育,由此,受教育者普遍缺乏法制意识,这与我国这个依法治国的社会主义国家是不相称的。2016年9月我国中小学德育教材统称为《道德与法治》,这是对法律教育的高度重视。当前,我国法律教育的根本任务是实施宪法教育。

(五)心理教育

心理教育的核心是心理健康教育。它是指通过对学生进行心理健康知识的教育与训练,培养学生良好的心理素质,预防心理障碍和心理疾病的发生,促进学生身心全面和谐发展的教育。将心理健康教育首次列入德育范畴的是1994年颁布的《中共中央关于进一步加强和改进学校德育工作的若干意见》。心理健康教育的基本任务有三:一是针对大多数心理健康的学生来说,心理教育就是要培养学生良好的心理素质,促进学生心理机能和人格的发展与完善;二是针对有心理障碍的学生,心理教育就是要排除学生的心理障碍,预防心理疾病的发生,提高其心理健康水平;三是针对有心理疾病的学生,心理教育就是要实施心理咨询与治疗。一般来说,心理教育的内容包括学习辅导、生活辅导和择业指导。

第二节　德育过程

德育过程是在教师有目的、有计划的引导下,学生主动地、积极地进行道德认识和道德实践,逐步提高自我修养能力,形成品德的过程。合理的德育过程能够引导、培养和促进学生品德的发展,它与品德发展过程之间有内在的联系。不过,两者是有区别的。德育过程只是学生品德发展一个重要的外部条件,而不是学生的品德发展过程本身。按照教育规律,开展德育工作应该以了解和掌握学生品德发展规律为前提。下面,我们就从德育过程的构成要素和德育过程的一般规律来了解德育过程。

一、德育过程的构成要素

德育过程是教育者对受教育者施加有目的、有计划和有组织的影响过程,这就必然包含教育者和受教育者两个方面。而施加影响又需要借助一定的中介物,即施加影响的手段,这就是德育内容与德育手段。因此,构成德育过程的要素包括教育者、受教育者、德育内容与德育手段四个方面。这四个要素彼此以一定的方式相互联系、相互作用,构成有组织的系统。

(一)教育者

教育者是德育过程的组织者、领导者,是一定社会德育要求与思想道德的体现者,在德育过程中起主导作用。教育者包括直接的和间接的个体教育者与群体教育者。

(二)受教育者

受教育者是德育的对象,包含受教育者个体和群体。在德育过程中,受教育者既是德育的客体,也是德育的主体。当他们为德育对象时,他们是德育的客体;当他们接受德育影响,进行自我教育或者对其他德育对象产生影响时,他们又成为德育主体。

(三)德育内容

德育内容是用以形成受教育者品质的社会思想、政治法规、道德规范等,是受教育者学习修养和内在化的客体。学校德育的基本内容是根据学校德育目标与学生品德形成发展规律确定的,它具有一定范围和层次。

(四)德育手段

德育手段包括德育方法与德育途径等,其中最核心的是德育方法。德育方法是教育者施教传道和受教育者受教修养的相互作用的活动方式的总和。教育者借助于一定的德育方法将德育内容作用于受教育者,受教育者借助一定的德育方法来学习、修养、内化德育内容而将其转化为自己的品质。德育途径是学校为了向学生施加教育影响而组织进行的各个不同方面的活动和工作。

二、德育过程的一般规律

(一) 德育过程是培养学生知、情、意、行的过程

德育过程是培养学生的品德过程,而品德心理结构是由知、情、意、行四个要素组成的,所以德育过程也是培养学生知、情、意、行的过程。知即道德认识,是指人们对是非善恶的认识;情即道德情感,是指人们对事物的爱憎和好恶的态度;意即道德意志,是指人们为达到某种道德目的而产生的自觉能动性;行即道德行为,是指人们在道德上所采取的行动。[①] 知、情、意、行四要素之间彼此联系、相互促进、共同作用与发展。其中,道德认识是道德情感与道德行为的基础;道德情感是道德认识转化为道德行为的动力或催化剂;道德意志对道德行为起着维持作用;道德行为是衡量一个人品德好坏的客观标准,它在品德结构中处于关键的地位。

真题再现

品德是由道德认识、道德情感、道德意志、道德行为等四个要素构成的综合体。其中,道德认识是道德情感与道德行为的(   ),道德情感是道德认识转化为道德行为的催化剂。

A. 标志   B. 关键   C. 中介   D. 基础

【答案】D。

正是因为德育具有这样的一个规律性,因此我们在德育的过程中应该做到以下几点:

一是要注重全面性。要全面关心和培养学生品德中的知、情、意、行,对他们要晓之以理、动之以情、持之以恒、导之以行,使四者全面而和谐地得到发展。不可把四者割裂,不科学地排顺序、分等级,以至于使某些因素有所偏废,损害了其整体发展。

二是要注重多开端性。德育既可以从知到行,也可以从行到知,或者从情开始兼之以知和行等,不应当有一个固定不变的程式。究竟要从哪里着手,则要具体问题具体分析。一般是从学生最薄弱的因素着手。如针对光说不做的学生,则需要从道德行为着手实施德育。

三是要注重针对性。由于知、情、意、行各有不同的特点,对它们的发展应该采用不同的德育方法来进行。如道德认识的获得主要采取说服法来实现;道德情感的激发则主要采取陶冶教育法来进行;道德意志和道德行为的培养则主要通过实践锻炼法来实施。

---

① 赵武基.学校德育模式改进策略研究[J].成才之路,2019(15):92.

（二）德育过程是学生在活动和交往中形成的思想规律的过程

首先，学生的思想品德是在活动中能动地实现的。没有活动和交往，就没有学生思想品德的形成。学生是在不断扩大着自己的活动范围。最初，他生活与活动在家庭里，接触父母和亲属，然后渐及邻人，稍大时与小同伴游戏，上学后又与老师和同学交往，逐步深入社会，参与各种社会活动。他们正是在与外界社会的接触和相互作用的过程中，接受来自家庭、社会、学校等各方面的影响，逐渐发展了自己的思想品德①。其次，活动和交往是促进外在道德要求转化为学生自身品德的基础。应当怎样才能使外在的道德要求比较顺利地转化为学生的内在品德呢？从根本上说，这个转化只能在学生与外在社会的相互作用的过程中实现，而不是在静态中进行。由此，活动和交往是学生思想品德形成的基础，也是学生思想品德发展的基本途径。

> **真题再现**
>
> 活动和交往是学生品德形成的（　　　）。
> A. 关键　　　　　B. 标志　　　　　C. 内容　　　　　D. 途径
> 【答案】D。

根据这一规律进行德育时要善于为学生提供内容和形式多样的教育性活动。如班主任在进行德育时要多组织班级活动，特别是多开班会，多指导学生参加劳动、社会实践、各种文体活动、团队活动等等。这些多方面的活动都能使学生获得社会道德经验，得到实际锻炼。同时，当前的学科德育"道德与法治"要多采用活动的途径来实施，这包括游戏、角色扮演、竞赛、抢答、辩论赛等。学生只有在活动中才能获得亲身体验，真正理解、领悟和内化"道德与法治"中的内容。

（三）德育过程是促使学生思想内部矛盾转化的过程

个体在人生之初，都或多或少地形成了一定的品德结构，这种品德结构也称作个体原有的品德水平。这种原有的品德水平是个体接受外在道德要求的起点。外在道德要求只是个体品德发展的条件，它要转化成为个体品德的一部分，就必然受到原有品德结构的制约。因而外在道德要求通过思想内部矛盾起作用也就是必然的。这种思想内部矛盾就是外在道德要求与学生原有的品德水平之间的矛盾。这一矛盾是德育过程中最基本的矛盾，也是决定德育过程本质的特殊矛盾。外在道德要求引起个体新的道德需要，并不意味着这种需要就能够直接转化成为品德的一部分，它还要受到原有品德结构的"检验"，这种"检验"的过程实质就是品德结构内部思想矛盾运动的过程。通过这种内部思想矛盾的运动，个体的品德得以形成和发展。因此，学生的思想内部矛盾是促进学生品德发展的直接动力。

根据这一规律，德育要做到：

---

① 张帮杨.现代中小学德育发展过程及其有效组织[J].亚太教育,2019(5):95-96.

一是要善于激起学生的思想内部矛盾。其中最重要的是教师所提出的外在道德要求不能低于或等于学生原有的品德水平,而应该是稍微高于原有的品德水平,让其处于"最近发展区"之内。因为低于或等于都无法激起学生的思想内部矛盾,由此难以达到促进学生品德发展的目的,而外在道德要求大大高于学生的原有品德水平,则学生难以企及,这也失去了激起思想内部矛盾的条件。

二是要善于转化学生的思想内部矛盾。学生的思想内部矛盾一旦激起,教师则需要采取有效的方式促进该矛盾的转化。这主要有两种方式:教育与自我教育。教育者要注意提高学生自我教育的能力。

(四)德育过程是学生思想品德长期和反复提高的过程

德育过程是一个不断往复的发展过程,具有长期性和反复性的特点。所谓长期性是指个体思想品德的发展与形成不是一蹴而就的结果,而是长期积累,从量变到质变的结果。从德育过程看,实现某一德育目标,这只是一个具体德育过程的终结,但从思想品德的发展来说,德育过程并未完结,思想品德的发展是长期的、连续的。根据柯尔伯格的分析,个体的品德发展会经历三水平六阶段[①];而品德发展就是要不断超越低阶段,依次向高阶段推进。这一过程实质就是一个长期的过程。所谓反复性是指个体思想品德的发展不是直线上升,而是会经历一个迂回曲折,甚至暂时倒退的过程。思想品德形成的反复性特征可以从生理学上找到依据,即只有对机体不止一次地重复一种系统影响,才能形成动力定型。在多次的、相互交错的活动中,动机变成行动,行动变成习惯,习惯和行动方式变成个性。

根据这一规律,教育者要善于在德育中反复抓、抓反复、锲而不舍。在学生的思想品德形成过程中会出现曲折和倒退现象,教师面对此情况,不要气馁,因为这是个体品德发展中的正常现象。教师要善于诱导、善于等待时机。同时,要根据具体情况,对某些问题,或采取冷处理,或采取热处理。对于那些思想还没有转变过来的学生,教师要有耐心,要通过反复说理的方式进行挽救,直到让他们真正认识到自己的过失,愿意接受积极的道德品质为止。

第三节 德育的原则、途径与方法

一、德育原则

(一)导向性原则

又称方向性原则。这是反映德育本质的一条原则,它最直接地体现了教育的根本目

---

① 张艾玲.科尔伯格道德教育探讨[J].大连教育学院学报,2019,35(4):76-77.

的。这一原则要求教师在实施德育时要有一定的理想性,以引导学生向正确的方向发展。在社会主义中国,德育必须体现社会主义的教育目的,即造就全面发展的社会主义建设者和接班人。

贯彻导向性原则,应该注意以下几个方面:

(1)坚持德育的正确指导思想。在现阶段,要求德育工作以邓小平理论、"三个代表"重要思想和科学发展观、习近平新时代中国特色社会主义思想为指导。让受教育者坚定中国特色社会主义的道路自信、理论自信、制度自信、文化自信。

(2)德育目标必须符合新时期的总任务的要求。

(3)用社会主义的共同理想教育受教育者。当前,凝聚中国力量,实现"中国梦"是我国最伟大的共同理想。德育要求引导学生用这一新时期的共同理想与自己日常的学习、生活、劳动和思想修养联系起来。把个人前途与实现伟大的"中国梦"紧密地联系起来。

(二)疏导性原则

这一原则也称作正面教育原则,是指进行德育时要循循善诱、以理服人,从提高学生的认识入手,调动学生的主动性,使他们积极向上。孔子就善于诱导,他的学生颜回对此做了极高的评价,颜回说:"夫子循循然善诱人,博我以文,约我以礼,欲罢不能。"孔子的诱导能充分调动学生求仁和向善的积极性。实际上,对于后进生,企图用"堵"和"压"的办法去转化他们,往往会激化矛盾。最好的方式是要像大禹治水一样,重在疏导,使他们明白道理,提高认识,自觉自控。

贯彻疏导性原则要求有:

(1)要对学生晓之以理。针对学生出现的缺点、毛病、行为上的过失与错误,教师要注重摆事实、讲道理,启发学生对自己的缺点做出正确的认识。

(2)要对学生正面赏识。学生具有强烈的自尊心和荣誉感,教师在德育过程中要注意保护学生的这种自尊心,要给予学生一定的荣誉感。这就要求对学生的积极性和哪怕是微小的进步,都应加以肯定、赞许、表扬和激励。

(3)要对学生因势利导。这里的"势"是指学生的特点、兴趣和积极性。学生的兴趣与积极性既有可能引发不良行为,也有可能让他们产生积极向上的动力。教师要善于把学生的积极性和兴趣引导到正确的方向上来。

(三)长善救失原则

这一原则又称作发扬优点、克服缺点的原则。即德育过程中,要充分调动学生自我教育的积极性,依靠和发扬学生的积极因素去克服他们的消极因素,促进学生道德成长。这里的积极因素是指学生的优点、长处和先进的因素;消极因素是指学生的缺点、短处和落后的因素。德育要充分运用矛盾转化的原理,帮助学生自觉发扬积极因素去克服消极因素。从这一意义上看,长善救失就是让学生自己克服缺点,超越自己。

在德育过程中,教师充分利用学生的闪光点来克服他们的消极因素,这种教育方法遵循了( )。

A. 长善救失原则
B. 疏导性原则
C. 因材施教原则
D. 严格要求与尊重学生相结合原则

【答案】A。

贯彻长善救失原则的要求有:

(1)要"一分为二"地看待学生。一个好学生可能有犯错误的时候,一个经常犯过错的学生也有可能表现出良好道德的一面。所以,对学生既要看到其积极的一面,也不能忽视可能出现的消极的表现。既要看过去的表现,也要看未来的发展。

(2)发扬积极因素,克服消极因素。积极因素与消极因素往往是交错在一起,教师要善于从消极因素中发现积极因素,引导学生从积极的一面出发,自觉地巩固发扬自身的优点,剔除不良的观念和动机,克服缺点,获得长足的进步。

(3)引导学生自觉评价自己,进行自我教育。对于那些年龄较小的学生,他们在道德认识上还肤浅,情感波动大,道德信念很不稳定。他们不易正确评价自己,或评价过高骄傲自满,停止进步;或评价过低,自卑不已,无法振作。教师就要帮助学生学会听取父母、教师、同龄人等各方面的意见,正确地剖析自己,能够对自己的道德进行自我反思,为自己的优点而自豪,为自己的缺点而自责,自觉进行自我教育。

(四)严格要求与尊重信任学生相结合的原则

严格要求是指老师应提出稍微高于学生原有品德水平的外在道德要求。尊重信任学生是对学生给予真诚的关心和爱护,信任他们的力量和能力,相信经过他们自己的努力能够不断求得道德上的进步。苏联教育家马卡连柯提出并明确阐述了这一原则。他说"要尽量多地要求一个人,也要尽可能地尊重一个人","我们对个人所提出的要求,就表示出对个人的力量和能力方面的尊重,而在我们的尊重里,同时也表示出我们对个人的要求"[①],所以,严格要求和尊重信任是辩证统一的。

贯彻严格要求与尊重信任学生相结合原则的要求有:

(1)要尊重和信赖学生。教师要把学生看成是与自己人格上平等的主体,确立"我与你"的新型师生关系,抛弃"我与它"的陈旧师生关系。也即教师要把学生看成是有人格的"你",而不能将学生看成无人格的"它"。一旦把学生看成是有人格的主体,就不会伤害学生的人格尊严。

(2)要严格要求学生。要在学生原有的基础上提出合理的要求。所谓"合理",是指所提出的要求应切合学生实际,符合学生的身心发展特点,处于学生道德"最近发展区"之内。换言之,这种道德要求是学生通过努力能够做到的。

---

① 陈翔燕.马卡连科德育思想及其现实启示[D].华中师范大学,2016.

（五）因材施教原则

这一原则是指在德育过程中,要针对学生的个性特点、个人状况和年龄特征实施有针对性(或区别性)的教育,使每个学生的品德都能得到最大程度的发展。我国古代教育家孔子善于了解学生,提出了"视其所以,观其所由,察其所安"的了解学生的有效方法,并善于根据学生的不同特点进行有区别性的教育,这就是运用因材施教原则的具体体现。

贯彻因材施教原则的要求有:

(1) 依据学生的个性特点有的放矢地进行教育。老师要深入了解学生的个性特点,这是因材施教的前提与基础。个性特点主要有气质与性格。不同气质和性格的学生,在德育方式上应该要有所不同。如对抑郁质学生和内向性格的学生一般不要公开实施惩罚。

(2) 依据学生的个人状况实施有针对性的教育。个人状况主要是家庭状况和学生的历史。后进生或问题学生往往与家庭因素有很大的关联,如来自暴力家庭、留守家庭、离异家庭、单亲家庭的问题学生,其教育方式通常与其他来自正常家庭的问题学生要有所差别。所谓历史,就是学生违纪的前科,对于多次违纪的学生,教师要提出有针对性的教育措施。

(3) 要依据学生的年龄特征有计划地进行教育。学生的思想认识与品德发展有明显的年龄特征。一般来说,初一学生刚入中学,新鲜好奇,力求上进,但他们的自觉性和自制力弱;初二学生进入青春期,对男女问题敏感;初三学生情绪不稳,易于冲动,易走极端。只有掌握了每个年级学生的年龄特征,才能对学生德育做整体规划和系统安排,以保证德育切合学生的实际。

（六）集体教育与个别教育相结合的原则

这一原则又称平行教育原则。它是指在德育过程中,教师既要通过集体的力量教育个别学生,又要通过对个别学生的教育影响集体,把集体教育和个别教育辩证地统一起来。苏联教育家马卡连柯说:"教育了集体,团结了集体,加强了集体,以后,集体自身就能成为很大的教育力量。"[①]

贯彻集体教育与个别教育相结合原则的要求有:

(1) 要培养和建设好集体。集体应具有共同的奋斗目标、正确的舆论、良好的风气和传统、严明的组织纪律。教师要组织和建设好集体,就必须善于有计划、有步骤地形成良好的班风、校风,形成正确的舆论导向,与学生一起制定和颁布校规与班规。

(2) 要通过集体教育学生个人,通过学生个人的力量影响和转变集体。教师首先要把集体当作教育主体,对集体提出总的要求,然后让集体来教育和帮助成员,使成员在集体生活过程中受到启发。在集体中教育,同时也要注意把学生个体当成教育主体来看待,发挥学生个人的积极性,发扬每一个学生各自的优点,通过学生个体来影响集体。

① 陈翔燕.马卡连科德育思想及其现实启示[D].华中师范大学,2016.

（七）教育影响的一致性和连贯性原则

这一原则是指德育应当有目的、有计划地把来自各方面对学生的教育影响加以组织、调节、整合，使其互相配合、协调一致、前后连贯，以发挥整体影响的教育作用。

贯彻教育影响的一致性与连贯性原则的要求有：

（1）要建立教师德育共同体，使校内德育影响一致和连贯。

（2）做好衔接工作，使对学生的教育前后连贯一致。做好小学与初中、初中与高中、学期与学期之间的德育衔接工作。

（3）努力做好学校、家庭和社会之间的协调工作，使各方面德育对学生的影响尽可能地达到最佳状态。

二、德育途径

（一）思品课及其他各科教学

这是学校有目的、有计划、有系统地对学生进行德育的基本途径。思品课教学是指目前我国中小学开设的"道德与法治"课的教学。"道德与法治"是 2016 年 9 月开始实施的中小学德育课程，通过这门课程的教学能够引导学生掌握社会道德规范、中国特色的社会主义思想政治以及必要的法律知识。这对提高学生的思想认识、形成他们的道德观点、奠定他们的世界观和人生观、夯实他们的法律知识都有极为重要的作用。其他各科教学是指语文、数学、外语、物理、化学、生物、历史、地理等学科教学对学生品德发展的价值。赫尔巴特明确提出过"教学永远具有教育性"的观点[①]。各科教学中都蕴含着丰富的德育资源。在学科知识的教学活动中，充分挖掘渗透于其中的德育资源，是对学生进行品德教育的重要方式。由于各学科蕴含了重要的德育资源，所以德育应当成为各科教学的重要的教学目标。

真题再现

实施德育的最基本途径是（　　　）。

A. 政治课和其他学科教学　　　　　　B. 课外校外活动

C. 班会　　　　　　　　　　　　　　D. 少先队，共青团活动

【答案】A。

（二）社会实践活动

德育过程中的一条重要规律是活动和交往是学生品德形成的基础，而参与各种社会实践活动是活动和交往的重要形式。参与社会实践活动主要有参观工厂、农村，参加一定的社会政治宣传活动、社会服务活动以及各种公益劳动等。它的特点在于要实际地做、实

[①]　李艳.赫尔巴特与杜威的教师观对学习完整知识的启示[J].林区教学,2019(9):25-26.

际地交往,在做中学,在交往中学。通过社会实践,能够提高学生的责任意识和服务意识,进而形成学生勤俭、朴实、艰苦和顽强等良好的品质。当然,组织学生参与社会实践活动,在时间安排上要适当,而且在活动内容的安排上要符合学生的身心特点,不能参与那些有损身心健康的活动。

（三）共青团和少先队活动

共青团是先进青年的群众性组织,是党在各项工作中的助手。由于团组织是学生自己的组织,学生在这种组织中能够发挥自己的主动性和创造性。团组织生活对于培养学生的组织观念、学会过民主生活等具有重要的意义。少先队教育是通过队员当家做主的集体生活和丰富多彩的活动来进行的。少先队辅导员是少先队工作的指导者。通过少先队活动,可以激发学生的上进心和荣誉感,使他们自觉提高思想、培养良好品德。在开展少先队教育时,要充分发挥少先队员的积极性、主动性、创造性。同时,要加强少先队的组织教育。

（四）班级教育活动

班级教育活动的形式主要包括以下几种:一是主题班会。选择一个教育主题,采用辩论、演讲、角色表演等方式,使主题充分地、深入地体现出来,使全班学生普遍受到教育。二是班级报告会。即请人做专题报告,报告可以安排很多内容,但必须选择学生最需要的、有重要教育意义的内容。最常见的报告会主题有英雄事迹、时事政治、革命传统、改革成就等,如方志敏先进事迹报告会等。三是周会、晨会和时政学习。

（五）心理咨询

这是培养学生,特别是中学生健康心理品质的有效途径。中学生处于青春发育期,要通过谈心、咨询、讲座、热线电话等多种形式对不同层次的学生进行心理健康教育,帮助学生正确处理好学习、生活、择业、人际关系等方面遇到的心理矛盾和问题,提高他们的心理素质,培养承受挫折、适应环境的能力。

（六）家长工作

家庭对学生行为习惯的培养、品德的形成、个性的发展有着重要的影响。家庭教育主要通过亲子之情的感化激励,家庭生活的渗透、熏陶及家长的言传身教而起作用。家长应努力为子女的健康成长提供良好的家庭环境。学校要通过家访、家长会、家长接待日、举办家长学校、开展家庭教育咨询、建立家长委员会等多种方式,密切与家长的联系,指导改进家庭教育的方法。

三、德育方法

（一）说服法

说服法是通过摆事实、讲道理、启发引导学生明辨是非善恶,使之心悦诚服地接受或改变某种道德观念,从而达到提高道德认识,形成正确道德观点的方法。这是德育方法中运用最为广泛,也是最基本的一种方法。

说服包括两个方面:

(1) 言语说服。这包含讲解、报告、阅读、谈话、讨论等。

(2) 事实说服。这是通过接触实际来提高学生的思想认识。常言道:"百闻不如一见""事实胜于雄辩"。事实说服有参观、访问和调查。

运用说服法的要求有:

(1) 教师要有的放矢地加以说服。这是要针对学生具体存在的道德问题来说服。如果脱离实际出现的问题,采取讲大道理、泛泛而论,就会显得空洞化与虚无化,学生难以从教师所讲的道理中受到启发,会出现逆反心理。

(2) 教师说理时要待人以诚。在说理时要态度诚恳,以诚服人。如果教师采取虚情假意的说理方式,则无法打动学生的心灵,教育效果当然有限。教师只有真诚地向学生敞开自己的心灵,学生也才会真心地向教师敞开自己的心灵,这样才会出现双方心灵的碰撞与激荡。

(3) 教师要善于运用多种技巧来说服学生。教师说理的技巧主要有:一是渐进叙理。这是从学生容易接受的浅显道理出发,由浅入深、由表入里进行讲述。二是分割谈理。这是把一些复杂的品德问题分成若干小问题,逐次对每一个小问题实施剖析。三是迂回说理。即不从正面触及学生的品德问题,而是采取从外围入手,之后步步进入问题的要害。

(4) 教师的说理要形象生动和具有趣味性。教师的说理如果太枯燥、干瘪,学生会缺乏兴趣。所以,教师要尽量用生动的语言、形象的比喻来吸引学生,激发他们的兴趣,使他们在不知不觉中受到启发,从而内化教师的说理。

(5) 教师要善于捕捉教育契机说服学生。说服的成效,往往不取决于花了多少时间,讲了多少道理,而是取决于教师是否能够善于捕捉教育时机,拨动学生的心弦,引起情感上的共鸣。

(二) 榜样示范法

榜样示范法是教师以他人的高尚品德、模范行为和卓越成就来影响学生的品德的方法。这种方法的特点是通过榜样人物的言行,把深刻的道德原理和抽象的道德规范具体化与人格化,其教育具有极大的感染力、吸引力和鼓动力。而学生又具有模仿性,爱效法父母、师长、学习有威望的同学,尤其崇拜伟人、英雄。在良好的环境里,榜样的力量是无穷的,它能给学生正确的方向和巨大的力量。榜样包括三个方面:

(1) 典范。主要有历史伟人、民族英雄、革命导师、科学家、思想家、文学家和各行各业中的杰出人物。

(2) 示范。这里主要是指家长与教师。他们的言行举止、仪态作风、志趣爱好、为人处世等对学生会产生示范作用。

(3) 典型。即学生中涌现出来的优秀个人,如三好学生、优秀少先队员、优秀团员、优秀学生干部。这种典型来自学生的身边,最为学生所亲近和熟悉,因此也就最易于被学生所关注和效仿。

运用榜样示范法的关键是要选择好榜样,选择榜样应该坚持的原则有:

(1)可接受性原则。树立的榜样要符合学生身心特点与水平,使他们愿意接受。学生处于身体发育的关键时期,体力负担过重容易伤害他们的健康。因此,在树立榜样的助人为乐、与人为善的精神时,对那些超过学生体力范围的事迹不宜过多渲染和提倡。

(2)真实性原则。榜样要实事求是,让学生感到真实可信,不能一味地夸大其优点,而对其缺点只字不提,甚至遮掩、粉饰其存在的缺点,这样的榜样缺乏生命感,远离了学生的真实生活,不能引起他们情感上的共鸣。

(3)时代性原则。选择的榜样要能够反映时代特征。那些脱离时代、年代久远的榜样很难吸引学生的学习兴趣。

(4)德智并重原则。在树立榜样时,教师要多树立那些临危不乱、机智灵活、具有道德智慧的榜样。

(三)实践锻炼法

这是指教师有目的、有计划地组织学生通过各种实践活动接受锻炼和训练,形成学生良好道德行为习惯的方法。活动和交往是学生品德形成的基础和基本途径,只有在社会实践和活动中品德才能得到发展和完善[①]。离开了实践锻炼,则很难培养起学生的良好品德与行为习惯。

实践锻炼包括以下四个方面:

(1)练习。培养学生的良好行为习惯,如爱清洁、讲礼貌等文明行为习惯,必须通过反复的练习。例如,要培养学生具有运用"您好""请""对不起""谢谢""再见"等礼貌用语的良好习惯,光告诉学生和讲明道理不行,需要在同学交往中练习、在社会生活中实用,才能形成这些良好的品德。

(2)制度。通过引导学生遵守一定的制度,特别有助于培养学生的组织性、纪律性、顽强的意志和严格要求自己的好习惯,故遵守纪律是一种很重要的实际锻炼。对于缺少独立性和自我控制能力的学生而言,尤其需要加强遵守各种规章制度和纪律的锻炼。

(3)组织活动。这些活动主要有学习活动、娱乐或休闲活动以及社会实践活动。如通过日常学习使学生得到锻炼,培养学生的责任心、义务感、意志力以及刻苦、认真、耐心、细致、不畏艰难的道德品质;通过课间活动、文体活动、春游等,培养学生的参与意识、协作

---

① 刘慧娟.学生品德形成和培养探究[J].中学政治教学参考,2019(32):85.

意识和尊重、信任、体谅的人际关系品质;通过参加社会实践活动,培养学生的参与意识、奉献意识、关心品质。

(4)委托任务。主要有委托学生担任课代表、办墙报、布置教室、筹备晚会节目、完成某项特定的社区工作等。通过这一方式,既可以提高学生的独立工作能力,还可以培养责任感、集体主义品质。

运用锻炼法的要求有:

(1)调动学生的主动性。实践锻炼法要求学生参与实践活动。但是,亲身参与实践活动并不意味着就能够产生实际效果。因为有些学生是消极、被动地参与或应付活动,他们的积极性和主动性没有得到激发,这种参与只是身体参与,心理或精神并没有进入实践活动之中。所以,教师要充分激发学生的参与热情,让学生积极主动地投入活动中去。

(2)坚持严格要求。进行任何一种锻炼,如果缺乏严格要求,只做表面文章,马马虎虎,搞形式主义,那么这种锻炼不可能有效果。学生品德的锻炼贵在"严"字。在锻炼过程中教师不能对学生有丝毫的放松。

(四)陶冶教育法

这是指教师通过创设良好的教育情境,让学生在情境中自然而然地进行潜移默化的感化和熏陶,从而使他们的道德情感和心灵得到完善的一种方法。陶冶教育法属于暗示的方法。它的特点是寓教育于生动的情境之中,通过预先设置的情境来感化和熏陶他们。这种方法能够对学生产生潜移默化的自然效果,对学生品德的形成会产生深远的影响。

陶冶包含了三个方面:

(1)环境熏陶。环境对人的成长会产生相当大的影响。"孟母三迁"的故事就说明了这一点。这里的环境既包括物质环境,也包含精神氛围。前者如干净的校园、朴实的校舍;后者如优良的校风、班风。

(2)艺术浸染。艺术包括音乐、美术、舞蹈、诗歌、文学、影视、雕塑等。这些艺术来自生活,寓意深厚,它们具有强大的道德感染功能。教师可以组织学生阅读文学作品、朗诵诗歌、聆听音乐、欣赏画展、观看影视等,进而组织学生自己去创作、表现、演出,从中受到熏陶和感染。我国古代思想家孔子、孟子、荀子等重视乐教就反映了其重视音乐的道德感染功能。如荀子说:"声乐之入人也深,其化人也速。"

(3)人格感化。这是指教师以自己的品行和情感为情境对学生进行熏陶。如教师对学生的关怀和爱护,表现出教师的高尚人格。这能够对学生产生潜移默化的感染作用,有利于促使学生形成关怀和爱护他人的品质。

真题再现

"孟母三迁"的故事中,孟母采用的德育方法是(　　)。

    A. 奖励法　　　　　B. 榜样法　　　　　C. 陶冶法　　　　　D. 说服法

【答案】C。

运用陶冶教育法的要求有：

（1）创设好的情境。没有情境，学生就会缺乏陶冶的工具。教师要发挥陶冶对学生德性成长的作用，就必须有意识地创造教育情境。这种情境的创设包括物质情境，如建设美观的学习和生活环境；更应该创设出浓厚的精神氛围，如团结，紧张，严肃，民主，有纪律的班风、校风。

（2）启发学生认识到情境的陶冶功能。教师在创设情境后，不能只让这些情境自发地影响学生，而是要有意识地加以启发与引导。如在发挥文学对学生的熏陶时，教师就要加以启发。因为学生的鉴赏能力有高有低，对作品的感受和理解存在着深刻与肤浅、正确与错误之分。如果教师不加以启发，学生未必能够领悟到文学作品中的意蕴。由此，就不能发挥文学的感染作用。

（五）自我修养法

也称自我教育法。这是指在教师的指导下学生通过自觉学习、自我反思和自我行为调节使自身的品德不断完善的一种德育方法。我国古代的思想家孔子、曾子、孟子、荀子等都强调自我修养的重要性。孔子提倡君子要"躬自厚而薄责于人"，即与别人发生矛盾，首先要"求诸己"，要"见贤思齐、见不贤而内自省"；曾子强调"吾日三省吾身"；孟子认为道德教育的重要原则是"反求诸己"，他特别提出"慎独"的道德修养方法，强调自我监督；荀子指出，"君子博学而日参省乎己，则知明而行无过矣"。[①]

自我修养包括：

（1）学习。这是指为提高道德认识而进行的学习。孔子说，"学而不思则罔，思而不学则殆"，又说，"三人行，必有我师焉。择其善者而从之，其不善者而改之"。

（2）立志。这是指立定人生志向，树立远大理想，使之成为前进的方向与动力。我国古代教育很重视学生立志。如孔子"吾十有五而志于学"，这是把立志作为起点。《学记》十分强调"士先志"，对学生考查的第一年就是"离经辨志"，即辨别学生的志向。

（3）反思。包括自我反省、自我评价等。

（4）座右铭。引导学生选出有针对性的格言、箴言作为自己的座右铭，用以自励、自警、自律，使自己获得教益。

（5）慎独。这是自我修养的最高境界。它要求一个人在无人监督的独处情况下也能自觉地按道德规范严格要求自己。

拓展阅读

许衡不食梨

元代大学者许衡一日外出，因为天气炎热，口渴难耐。正好路边有一棵梨树，行人们纷纷去摘梨解渴，只有许衡一个人不为所动。这时有人就问他："为什么你不摘梨呢？"他

---

① 谢文轩.古人是怎样进行自我修养的[J].决策探索，2005(1)：93.

说:"不是自己的梨,怎么可以随便乱摘呢?"那人就笑他迂腐:"世道这么乱,管它是谁的梨。"他说:"梨虽无主,我心有主。"

这个故事告诉我们,"慎独"不是口上说说的严格要求自己,更应该做到闲居独处、无人监督之时,也应谨慎从事,自觉遵守各种道德准则。

运用自我修养法的要求有:

(1) 培养学生自我修养的兴趣与自觉性。这其中的一个较好的办法是从榜样入手,如介绍历史上和现实中杰出人物如何在青少年时期起就注意修养的范例,说明他们是如何通过立志,如何自强不息地提高自己、建功立业的,使学生景仰和向往,激发修养的兴趣与需要。

(2) 指导学生掌握修养的标准。以什么作为修养的标准,决定着修养的方向性质,因而指导学生掌握修养标准十分重要。由于学生识别能力不强,他们很容易选择负面价值观和错误的箴言或格言等来指导自己的思想行为,如以"人人为自己""向钱看""积极吃亏"等作为警句,这与学校德育相背离。

(六)品德评价法

品德评价法也称作奖惩法,它是教师对学生表现出来的品德与行为做出评价,包括奖励和惩罚。奖励是对学生的良好品德和行为做出的肯定评价,以巩固和发扬其良好的品德与行为。奖励分为三类:赞许、表扬和奖赏。赞许通常用说"对""好"来表示,也可用目光、点头、微笑、鼓掌来表示;表扬有口头表扬和书面表扬;奖赏一般分为颁发奖状、发给奖品和授予称号等,一般在隆重的大会上进行。惩罚分为两类:批评和处分。批评是对学生不良品德与行为的指责;处分是针对学生犯错误的一种处理方式,它包括警告、记过、留校察看、开除学籍等。

运用品德评价法的要求有:

(1) 要公平正确、合情合理和符合实际。奖惩要公正合理,教师不能偏心,要对所有学生一视同仁实施奖励。同时,教师实施惩罚只能是学生违反了相应规定的结果,而不能凭感情用事,采取随意性态度,更不能是出于私心报复。

(2) 要考虑学生的个人特点和个性差异。年龄越小,奖励可以多用一些。对自高自大、好表现自己的学生应该少给予奖励;对后进生的微小进步,则要多给予奖励。教师要根据学生的诸如气质、性格、性别、精神状态等因素的不同,选择不同的惩罚时间、地点与方式。例如,同一种过失,对于多血质学生可以在公开的场合进行惩罚,而对抑郁质学生的惩罚一般不宜在公开场合进行。

（3）要适度，切忌滥用。奖励不能滥用，不要把被奖者夸得十全十美。不适度的奖励将导致学生自满，从而毁掉学生的前程；惩罚要坚持最少性原则。惩罚具有强大的威慑力，然而，它一经运用，就会丧失部分的威慑力。惩罚的威慑力将随着惩罚的频繁使用而逐渐减弱。而惩罚只有构成一种威慑而存在时，才会保持它的全部力量。因此，惩罚要越少用越好。

（4）要发扬民主，获得集体支持，让学生积极参与进来。奖惩由老师单方面决定，难免主观武断，出现差错，得不到班集体中大多数学生的认可与支持。只有发扬民主，多听取学生的意见，甚至在老师的指导下由全体学生决定，才有可能使得奖惩收到更好的效果。

（5）要注重宣传和教育。进行奖励和惩罚，不只是教育被奖惩者，也是为了提高全体学生。故要有一定的形式与声势，在一定的范围内宣布，并通过黑板报、广播、微信、微博等加以宣传与公布，以便收到更好的效果。

第四节　体育

近一个世纪以来，随着体育事业的迅速发展，体育概念的内涵和外延也相应发生了变化，产生了一系列的体育新学科，人们将其统称为体育科学。

一、学校体育概述

（一）体育的概念

体育，作为人类社会的一种特殊实践活动，其产生得比较早；而作为概念系统，则出现得比较晚。"体育"这一术语在含义上有一个演化的过程。广义的体育，用英语表示即"physical education and sports"，意指身体文化、身体教育和身体锻炼三个方面。这种体育是文化的重要组成部分，是提高国民健康水平，增强人体素质，丰富人们文化生活，发展社会生产力的重要手段。狭义的体育即指学校体育，这是促进学生身心全面发展，增强学生体质，掌握运动的基本技能和技巧，培养道德品质的一种有目的、有计划、有组织的教育活动[①]。

理解学校体育，必须把握以下三个基本要点：其一，学校体育是一种教育活动。其二，学校体育是完整的教育活动的一个组成部分。其三，学校体育的根本任务是增强学生的体质。

（二）学校体育的历史沿革

学校体育是文明时代的产物，是随着社会发展而发展的。在野蛮时代，人类为了自身生存的需要而进行运动，这种运动是体育的萌芽。只是到了文明时代，由于人类学会了对天然物质的进一步加工，才产生了工业和艺术。同时随着第一次工业革命的兴起，人的体力和智力的发展日益成为满足社会需要的客观要求，西方现代学校体育开始出现。学校

---

① 郑峰.体育教学中如何渗透德育教育[J].中国农村教育,2020(5):5.

体育在中国和西方,有大体相同的历程,即早期的繁荣、中期的衰落、近期的复兴和当代的崛起。现代学校体育也不是原来意义上的简单身体活动和身体训练,而是对人自身的潜能和价值的新认识,以及对人的身心素质的全面提高。

(三)现代学校体育的主要特征

现代学校体育是在现代体育运动蓬勃兴起的基础上不断发展而来的,其主要特点如下:① 学校体育概念的内涵和外延日渐丰富和扩大。② 学校体育的社会作用受到了普遍重视。③ 运动教学构成了学校体育过程的基本方面。

二、学校体育的意义、任务与内容

学校体育有广义和狭义之分。广义的学校体育包括身体锻炼教育和卫生保健教育两个方面。前者侧重于学生机体的培育,后者侧重于学生机体的保护。这两个方面互相结合,互相促进,密不可分。狭义的学校体育是指身体锻炼或体育运动的教育。学校必须同时做好体育和卫生保健两方面的工作。其基本指导思想应该是以增强学生体质为主,以面向全体学生普及为主,以经常锻炼为主和以预防保健为主[①]。

(一)学校体育的意义

马克思曾说过:"未来教育对所有已满一定年龄的儿童来说,就是生产劳动同智育和体育相结合,它不仅是提高社会生产的一种方法,而且是造就全面发展的人的唯一方法。"这明确指出了体育在全面发展的教育中的地位。自新中国成立以来,党和政府一直高度重视学校体育。毛泽东历来主张"健康第一",他所倡导的"三好"中,首先就强调"身体好"。新中国成立伊始,他就写下了"发展体育运动,增强人民体质"的光辉题词。中共中央、国务院多次下发文件强调体育的重要地位和作用,1990 年 2 月 20 日国务院批准颁布了《学校体育工作条例》,2007 年 5 月 7 日,中共中央、国务院下发了《关于加强青少年体育增强青少年体质的意见》[②]。这些充分说明党和国家对青少年身体健康的重视与关怀。而学校体育的意义与作用又具体表现在以下几个方面:① 学校体育可以促进学生身体的健康生长发育。② 体育与智育、德育、美育和综合实践活动是密切联系的。③ 发展青少年体育,既是普及的需要,也是提高的需要。

拓展阅读

毛泽东与体育[③]

毛泽东一生热爱体育活动。他认为,只有具备了强健的体魄,才可能有知识上、道德

---

① 黄漫,苏祝捷.以人为本(大中小幼)体育课程一体化的构建分析[J].当代体育科技,2019,9(31):81-82.
② 王焱源.新中国体育课程一体化的史学梳理[C].中国体育科学学会.第十一届全国体育科学大会论文摘要汇编.中国体育科学学会:中国体育科学学会,2019:6619-6620.
③ 吴静宙.毛泽东体育思想及其当代价值研究[D].湖南工业大学,2018.

上的追求,才谈得上实现自己的宏伟志向。早年,他一方面如饥似渴地学习文化科学知识,另一方面积极锻炼身体,把强健体魄、勇气、意志上升为人格重塑的首要前提。他在学校自编了 27 节《六段运动》,持之以恒地进行锻炼,并进行游泳、爬山、跑步等活动。他特别重视冷水浴,以锻炼"猛烈与不畏"的精神。

1936 年,毛泽东对美国记者斯诺回忆起自己青年时期体育锻炼的情形时说:"寒假里,我们就脱掉衬衫让雨淋,说这是雨浴。烈日当空,我们脱掉衬衫,说是日光浴。春风吹来的时候我们大声叫喊,说这是一种叫作'风浴'的新体育项目。在已经下霜的日子里,我们露天睡觉,甚至到 11 月份,我们还在寒冷的河水里游泳。这一切都是在锻炼身体的名义下进行的,这对于增强我的体质也许很有帮助,后来在中国南方的多次往返行军,以及从江西到西北的长征路上,特别需要这样的体质。"正是通过这些吃苦的"体育项目"的千锤百炼,毛泽东在以后的战争环境中战胜无数艰难险阻,为一生从事艰苦繁重的革命工作,打下了坚实的体魄基础。

全国解放后,虽处于和平环境,又年事渐高,毛泽东的体育锻炼热情,却丝毫不减当年,特别对在大江大海中游泳兴趣更高。他先在北戴河、邕江和十三陵水库游泳,后在黄石、安庆、九江、武汉等地的长江中游泳。有人统计,他曾 17 次横游长江,最后一次已达 73 岁高龄,历时一个多小时,令人钦佩不已。他曾对陪游人员讲:"长江又宽、又深,是游泳的好地方","长江水深流急,可以锻炼身体,可以锻炼意志"。晚年的毛泽东,腿脚不方便,起坐都非常困难,还以惊人的毅力拄着拐棍,坚持锻炼。其意志何等坚强!

青少年是国家的未来,民族的希望。毛泽东同志十分关注青少年的健康成长。1920年,毛泽东担任第一师范附小主事时就开始身体力行,他倡导学校"宜三育并重",并强调:"体育一道,配德育与智育,而德智皆寄于体。无体是无德智也。"

战争年代,虽然面对艰苦的环境,虽然处在戎马倥偬之中,毛泽东同志还是抽出时间关心学生们的身体健康问题。在延安时期,毛泽东就给当时所在地的延安保育院小学的同学题词:"又学习,又玩耍",表达了对儿童少年健康成长的一片爱心。

新中国成立后,随着形势的好转,毛泽东同志把更多的精力倾注到对学生体质健康的关怀上。1950 年,毛泽东同志给当时任教育部长的马叙伦先生写信,提出学生"健康第一,学习第二"的要求。1953 年 6 月,毛泽东同志在接见中国新民主主义青年团第二次全国代表大会代表时,充满热情和希望地对青年们说:"我给青年们讲几句话:一、祝贺他们身体好;二、祝贺他们学习好;三、祝贺他们工作好。"1957 年 11 月,毛泽东同志在苏联接见中国留学生以及其后在多个场合,都是祝愿青年"身体好、学习好、工作好",始终把"身体好"放在首位。为了保证青少年学生健康成长,毛泽东同志在《关于正确处理人民内部矛盾的问题》中,明确提出:"我们的教育方针,应该使受教育者在德育、智育、体育几方面都得到发展,成为有社会主义觉悟的有文化的劳动者。"毛泽东的这些重要指示,为改变学校体育状况,改善我国民族素质,造就一代体魄健壮的青少年,提高全民劳动生产力,增强国力,起到无法估量的作用。

（二）学校体育的任务

学校作为进行学生体育教育的主要场所，其承担的主要任务如下：① 增强学生体质是学校体育的根本任务。② 使学生逐步掌握体育运动的基本知识和技能技巧。③ 培养学生热爱党、热爱社会主义祖国、热爱集体、遵守革命纪律、勇敢顽强、努力进取、朝气蓬勃的革命精神。树立胜不骄、败不馁、勇于拼搏、不畏强手、尊重裁判、遵守规则的优良体育道德作风。

（三）学校体育的内容

学校体育的内容是根据学校体育的任务和学生年龄特征来确定的。通常有田径、体操、球类、游戏、军事体育活动、游泳、武术等几个大类别。学校体育除了以上几个大项目之外，还包括在日光、空气、水等自然条件下的锻炼，并可因地制宜地开展爬山、滑冰、滑雪等多样性活动。

三、体育过程的基本要素和规律

（一）体育过程的基本要素

学校体育过程是指教育者有目的，有计划地通过身体运动这一基本活动，促使学生积极主动地掌握体育基本知识，形成技能和自觉锻炼的习惯，并在增强学生体质的导向下，使学生的身心获得全面发展的过程。学生体育过程，一般包括教师、学生、场地与器材等要素。

（二）体育过程的基本规律

同人类的其他活动一样，体育过程作为学校教育的一个特殊过程，也有它自身的规律性。这种规律性主要体现在两个方面，即体育过程按照时间顺序展开的纵向规律性和体育过程诸要素相互联系的横向规律性。这里所谓的纵向规律，主要是从分析学校体育过程入手，根据学生的年龄特征，身心发展与运动的顺序性规律，将学校体育的发展划分为不同的阶段，将学校体育教学过程分解为循序渐进的过程。而所谓的横向规律，是从分析体育过程诸要素之间的关系入手，揭示出其中带有本质性的必然联系，认识并理解这些关系。这对指导学校体育工作，尊重并发挥学生的积极主动性都具有重要的作用。

四、学校体育促进学生发展的基本策略

为了卓有成效地促进学生的全面发展，学校体育应该做好以下工作：

（一）形成学生正确的体育观念

其中包括引导学生正确理解体育的含义，要求学生坚持上好体育课，以及倡导多种形式普及的现代体育观念。

（二）增强学生的体质

体质是人的身体质量，它是在遗传和获得性的基础上表现出来的人体形态结构、生理功能和心理因素的综合的相对稳定的特征。那学校体育如何才能更好地促进学生体质的发展呢？根据我国当前体育工作的现状，我们可以采取以下措施：① 对教育者进行现代体育观念的教育。② 必须保证学生每天有不少于一个小时的锻炼时间。③ 建立和完善合理的体质测评指标体系。

（三）培养学生自我锻炼的能力和习惯

学生自我锻炼的能力与习惯的形成，是学生在体育过程中主体自我意识得到发展的一个重要标志。在现今学校体育条件得到改善的前提下，培养学生自觉锻炼的习惯和能力可以考虑从以下几个方面来入手：① 启发学生参加体育锻炼的重要性。② 从学生实际情况出发来设计体育课堂的教学内容。③ 改革常规的体育教学方法，寓趣味性、愉悦性于体育教学中。④ 组织好学生的课外体育活动。

真题再现

1. 现代学校体育具有哪些主要特征？
2. 现代学校体育主要承担了哪些责任？

【参考答案】

第1题：(1)学校体育概念的内涵和外延日渐丰富和扩大。(2)学校体育的社会作用受到了普遍重视。(3)运动教学构成了学校体育过程的基本方面。

第2题：(1)增强学生体质是学校体育的根本任务。(2)使学生逐步掌握体育运动的基本知识和技能技巧。(3)培养学生热爱党、热爱社会主义祖国、热爱集体、遵守革命纪律、勇敢顽强、努力进取、朝气蓬勃的革命精神。树立胜不骄、败不馁、勇于拼搏、不畏强手、尊重裁判、遵守规则的优良体育道德作风。

第五节　美育

一、美育的含义

美育是以培养学生感受、表现、鉴赏、创造美的能力，从而促使学生追求人生的情趣与理想境界等为目标的教育。美的向往是人类的天性。在原始社会中，人已经有了朴素的审美意识和对美的追求。社会越走向文明，人类对美的追求也就越高，美育也日益赢得了应有的地位[①]。

---

① 王跃洋.浅谈美育在素质教育中的重要性[J].基础教育论坛,2019(26):27-28.

对美育的认识,有形式美育与实质美育之分。形式美育是以培养教育对象的审美素养(如审美观、欣赏美和创造美的能力等)为目标的教育活动。而"实质美育"则以上述目标为手段,追求美育的精神实质:人生的美学趣味和教育的审美境界。艺术教育、审美教育等界定是从形式美育的角度出发的。但是,人生趣味与境界的追求,同会听曲子、会作诗或会一套美学理论、拥有自己的审美观等显然不是一回事。梁启超先生说:"我确信'美'是人类生活一要素,或者还是各种要素中之最重要者,倘若在生活全内容中把'美'的成分抽出,恐怕便活得不自在,甚至活不成。"①强调美育对诗意人生的促进功能已成为现代美育的核心。

二、美育的功能

(一) 美育的社会功能

美育的社会功能是指美育在促进和谐社会建设方面所起的作用。具体来说,是指美育在社会主义文明建设中发挥着重要作用。

和谐社会建设既要有物质和谐的建设,又要有精神和谐的建设。美育是物质和谐建设的重要途径。自古以来,人作为消费主体,与消费对象、物质世界之间的关系,不仅仅是实用功利关系,还有审美关系。人们按照美的原则改造客观物质世界,按照美的要求来美化环境,改造大自然,建设自己的国家。同时,美育还教人们在物质财富生产的过程中追求高尚的审美要求,满足人们对优质美观、经济实用的劳动用品、生活用品、文化用品的需要。因此,社会物质产品只有具备了实用价值和审美价值的统一,才能满足人们的需要。社会主义物质文明建设,就是要创造更美好的产品来丰富和提高人们的物质生活。随着人类社会的发展和物质水平的提高,人们对产品的审美要求也不断提高。实施美育,可以把人们创造美的能力发展起来,实现现代化生产中美学与技术的高度统一。

美育对精神和谐的建设也有特殊的意义。一方面,人们用自己的劳动改造自然,不只是为了满足物质的需要,还是为了满足精神的需要,获得美的享受。对物质实体的不同需求反映了人们的不同审美情趣。另一方面,理想、信念和道德,也是精神文明的一部分。人们在为实现理想尤其是社会理想而奋斗的过程中,使自己的社会生活更加丰富、更加丰满,也是一种美的享受。在复杂的社会生活中,具有美丑善恶之分。美育可以培养中小学生正确的审美观点和审美能力。通过对形式美丑的欣赏,进入对内容善恶真假的批判,从而使学生避恶扬善,去伪存真,在道德上得到陶冶,自觉抵制那些庸俗低级的事物,使其精神生活丰富多彩、充实愉快,促进全民族社会主义精神文明水平的提高,实现人与人、人与自然、人与社会的和谐发展。

(二) 美育的个体功能

美育的个体功能是指美育是促进个体"全面而自由"发展的重要手段。

---

① 见《饮冰室文集》卷39,《美术与生活》。

所谓"全面发展",就是使人的生理和心理的素质都得到充分的提高。体育侧重于生理的发展。而心理又有知、意、情之分,对应的哲学范畴就是真、善、美,运用于教育实践,就是智育、德育、美育。美育的根本目的就在于确定一种"审美的态度和人生观",从根本上协调人在现实中的情感心理,化解被物质化的生活积聚的焦躁、抑郁,而使其处于一种审美的状态,实现生命与社会的和谐。爱因斯坦说过:学生必须获得对美和道德上的鲜明的辨别力。否则,他连同他的专业知识就更像一只受过很好训练的狗,而不像一个和谐发展的人。因此,美育是人的全面发展中所不可或缺的。

所谓"自由发展",就是和谐而富有个性的发展。美育是一种诱发的而非强制的教育,是一种主动创造而非被动灌输的教育,是一种寓教于谐、寓教于乐的教育,它具有和谐性、形象性、生动性的特点,为受教育者所喜闻乐见。一般来说,一个人所热爱的、感兴趣的往往是他最乐于接近和最容易接受的,也往往是他个性特长发展的取向。所以说,热爱和愉悦是人的个性特长得以发展的基本前提。

(三)美育的教育功能

美育的教育功能是指美育不仅是全面发展教育的重要组成部分,而且对人的全面发展教育有促进作用。它能渗透到人的全面发展教育的各个方面,起到育德、促智、健体的功能。蔡元培先生在 20 世纪初就说过:"美育者,与智育相辅而行,以图德育之完成者也。"

美育具有净化心灵、陶冶情操、完善品德的教育功能。美好的事物,可以通过外在的感性形象,反映和满足人们美好的追求、美好的社会理想。美育的任务是教会学生能从周围世界的美中看到精神的高尚、善良、真挚,并以此为基础进行美的创造和确立自身的美。通过美育,人能明辨是非,分清光荣和羞耻、诚实和虚伪、真理和谬误,在客观上真正揭示真、善、美的关系。通过美育,陶冶高尚的情操,树立正确、积极的世界观、人生观。柏拉图认为:"艺术作为审美教育的手段必须对国家、人生都有效用,艺术家必须把真、善、美的东西写到读者的心灵里去。"[1]

美育能促进智力的开发。首先,美育作为形象直观的教育,易于引发受教育者浓厚的学习兴趣,从而集中注意力,调动起学生的积极性、主动性。其次,美育作为情感教育,能够牵动受教育者的理智感,激起他们对科学知识的热爱,引发他们对真理的渴望与追求。列宁说:"没有人的情感,就从来没有,也不可能有对真理的追求。"[2]再次,美育作为形象思维教育,能够有效地培养、训练受教育者的想象能力和创造力。学生通过对客观事物的形象感知,直接训练感官,提高观察力、丰富想象力、发挥创造力。爱因斯坦的研究方法被人称作"美学的、直观的"。他在总结自己成功的"秘诀"时,用了一个耐人寻味的公式:A(成功)=X(工作)+Y(音乐)+Z(不说空话)。现代脑科学的研究证明:脑的左右两半球有明显的分工且又相互密切配合。大脑左半球控制着右侧机体的感觉运动,主要处理

---

① 北京大学哲学系美学教研室编.西方美学家论美和美感[M].商务印书馆,1980:90.
② 《列宁全集》,第20卷,第255页。

语言、数理概念、信息,进行抽象思维和连续学习;右半脑控制着左侧机体的感觉运动,主要负责图形识别、音乐色彩感知,空间想象和接受其他非语言信息,即侧重于视觉、听觉的形象思维的功能。两者息息相通,相互补充。只有使大脑左右两半球平衡协调发展,才能充分发挥大脑的潜能,进一步开发人的智力①。从生理基础上讲,美育就是对大脑右半球功能的开发。

美育对体育有促进作用。一些科学研究证明,优美的音乐能促使人体分泌出一种有益于健康的乙酰胆碱物质,这种激素起着调节血液流量和神经细胞兴奋程度的作用。音乐还能使胃的蠕动变得更有规律,并促进唾液分泌,因而使人增强消化功能,增进食欲。年轻人在紧张的学习、工作之余,开展一些文娱活动,对身心健康大有裨益。坐、立、行、卧讲究正确姿势及仪态美,注意用美的原则指导锻炼,可以促进身体的匀称发展,使人体格健壮、体态优美。体育也是健与美相结合的造型艺术,被誉为"形体的雕塑"。在体育中除了遵循力量、速度、灵敏、柔韧、节律等特有的要求外,还要运用对称、和谐、统一、节奏和造型等形式美的法则,做到造型优美、技巧娴熟、柔中带刚、动作舒展而有节奏,从而提高运动质量②。

拓展阅读

美学家朱光潜

朱光潜(1897年9月19日—1986年3月6日),字孟实,现当代著名美学家、文艺理论家、教育家、翻译家。1922年毕业于香港大学文学院。1925年留学英国爱丁堡大学,致力于文学、心理学与哲学的学习与研究,后在法国斯特拉斯堡大学获哲学博士学位。1933年回国后,历任北京大学、四川大学、武汉大学教授。1946年后一直在北京大学任教,讲授美学与西方文学。

主要著作有《悲剧心理学》《文艺心理学》《西方美学史》《谈美》等。此外,他的《谈文学》《谈美书简》等理论读物,深入浅出,内容切实,文笔流畅,对提高青年的写作能力与艺术鉴赏能力颇有启迪。还有《朱光潜全集》,经典作品精编《厚积落叶听雨声》《一升露水一升花》。

三、美育的任务与内容

(一)美育的任务

1. 培养和提高学生的审美感受能力

审美感受能力,是指通过自己的感官,反映客观存在着的美,从而产生美感的能力。人天然具有这种感受美的能力,但它具有原始和简单的特性,不能使个体适应今天所需要

---

① 于建玮,赵丽丽.美育概念的脑科学考察[J].美育学刊,2017,8(2):57-62.
② 文延荣.论美育对促进学生全面发展的意义[J].科教文汇(中旬刊),2019(9):112-113.

面临的日益丰富的审美关系,不能满足个体进行审美活动的需要。学校美育的任务首先是要以此为基础,爱护、发展个体的审美感受能力,使之更加敏感、细腻,更加丰富。为此,学校美育应当充分展示自然、艺术、社会和教育本身所蕴含的美的因素,激发学生热爱美、欣赏美进而创造美的动机。

美到处都有,重要的是发现美。如果没有一定的文化水平和修养,也不能发现美,感受美。所以,提高审美感受能力,不仅需要良好的审美感觉器官,也需要提高其他感知能力和精神积累。这样,不仅有助于提高人的整体精神素养,还有益于学生感受美好生活,产生热爱生活、建设美好生活的积极的人生态度。

2. 培养和提高学生的审美鉴赏能力

审美鉴赏能力是指对美的事物的鉴别和评价。它不仅要识别事物的美丑,对美丑的质量层次进行判定,还要理解事物为什么美,美在哪里,并产生相应的情绪、情感体验。

鉴赏美的能力培养十分重要。一是因为只有具备鉴赏能力才能谈得上创造美。二是具有鉴赏美的能力可以为主体的生活带来情趣与活力。这也是学校美育的最大意义所在。

培养鉴赏美的能力要求学校美育既要教会学生正确地鉴别美的内容,也要使他们具有欣赏美的形式的能力。既要让学生接受民族的、社会的、阶级的审美标准,同时又允许他们具有个性特色的审美能力的成长和发挥。健康而有个性的审美能力是学校美育的重要目标。一些学校在美育活动中过分强调对与错,过分纠缠道德、阶级属性等,结果是审美活动必需的心理自由丧失,破坏了学生的鉴赏力和审美活动本身。这与不分高下、美丑的做法是一样错误的。

3. 培养和提高学生创造美的能力

培养学生对美的感受能力、鉴赏能力,其根本目的在于提高学生创造美的能力。创造美的能力十分重要。首先,艺术美的创造虽然对大多数学生来说不具有职业定向的意义,但是它对所有教育对象艺术素养的提高具有决定性的意义。艺术美的创造过程充满了个性和创造性,对学生的个性发展和创造性的提高也具有积极意义。其次,创造美与审美是相互支持的。只有具备创造美的实践能力的人,才可能对美的形式有最贴近的理解。所以创造美的能力反过来又有助于审美能力的提高。最后,创造美不仅意味着艺术美的创造,还体现在对生活之美的创造上。具有创造美的能力的个体,会对自己劳动与生活的条件、环境、对象以及主体自身,产生自然的创造美的冲动和审美改造冲动。这对于学生的未来生活具有长远和根本性的影响。做好人好事,胸怀远大理想同样是美的创造。

4. 培养学生健康高尚的审美理想

所谓高尚的审美理想,就是符合历史发展规律,符合时代精神的审美理想。与这种审美理想的要求相一致的审美趣味则是健康的审美趣味。审美趣味的高低是判定一个人的审美修养如何的标志。学校美育的根本任务是要使学生具有发现和创造美好生活的基本能力,从而努力追求高品位的生活、高境界的人生。这一点不仅是学生个体生活幸福的需要,也是现代社会发展向教育提出的时代要求。

现代社会的特征之一就是物质财富的空前增长、闲暇时间的空前充足,而且随着社会的发展,这一特征将日益强化。按照心理学家马斯洛的观点,人类个体在基本需要(basic needs)得到满足的前提下,真、善、美等追求将成为主导性的成长需要(growth needs)。忽视这一成长需要,就会产生现代人所常见的空虚、无聊、寂寞等[①]。所以,美育的重要任务之一,应当是培养和提高学生追求人生趣味和理想境界的能力。

(二) 美育的内容

美育的内容十分广泛,进行美育的途径和方法也是多种多样的。美的基本形态是现实美和艺术美。现实美又包括自然美、社会美、教育美(教育美也可看作社会美的形式之一)等。因此,学校美育的内容,主要有以下几个方面:

1. 自然美育

人是自然之子,人的成长一直受到自然美的哺育。大自然的美是千姿百态的:长河落日、大漠孤烟、高山流水、青松傲雪、秀谷飞泉等等。它是现实的,生动、丰富和多变的,具有非常大的生动性和随机性。自然美的教育是以自然景观欣赏为基础的,所以,自然美的关键是培养学生相应的欣赏能力。

自然美育的主要内容应当包括:通过自然美的鉴赏,学生了解自然美的特征,增强学生的审美感知和理解能力;通过自然美的欣赏,开阔视野,增加知识,陶冶性情;通过自然美的欣赏,增强学生热爱自然环境、热爱祖国美好河山的情感。中小学实施自然美的教育,一般是组织学生进行登高、远足、郊游、露营、野炊等活动,使学生走出课堂,直接投入大自然的怀抱。

2. 社会美育

社会美也叫生活美,是社会生活中存在的美的形态。它包括人格美、劳动与生活过程的美、产品美以及环境美等。社会美直接体现人们改造世界的本质力量和生活理想,有美与善、真相结合的特点,具有较大的美育价值。

社会美具有较为明显的社会性、历史性、民族性和阶级性。所以社会美育应当引导学生树立正确的价值观和审美观。同时社会美具有较强的实践性,应当努力引导学生在社会生活和学校生活中发现生活之美,并努力创造社会美。社会美育还应当引导学生对于人格美的向往与追求,实现心灵美与形体美的统一。

3. 艺术美育

艺术美是一种以自然美和社会美等现实美为基础,但是又经过艺术加工,因而高于现实美的美的形态。它是观念形态的美,是美的高级形态。艺术美由于有了艺术家的集中、概括、提炼,比现实美"更高,更强烈,更有集中性,更典型,更理想,因此就更带普遍性"。艺术美育是指以艺术美为内容的美育活动。艺术美育应当成为学校美育的核心内容。

艺术美育的具体内容主要有三项:一是在艺术美育中,应当努力激发学生的情感体验,引导学生理解美的本质、内容和境界,从而在实质意义上得到美的陶冶。二是艺术美育

---

① 李剑锋,封林惠,翟军,林岩.情感教学的马斯洛需求层次引导策略[J].教育教学论坛,2019(27):225-226.

还应当努力使学生理解、掌握不同艺术形式及表现方式,不同艺术体裁和风格的特点,从而提高艺术的鉴赏能力。三是让学生通过必要的训练,具有一定的艺术表现或创造能力,提高学生的艺术实践方面的修养。艺术美育在学校教育中主要是靠艺术类课程来实施的。

4. 教育美育

所谓教育美育,是指要使全部教育活动成为美育事业的组成部分,教育活动本身要努力做到审美化。衡量人类活动的标准主要有真、善、美三个最主要的尺度。但是,教育学在教育活动的评价尺度上,一直以来主要关注的是真、善两个尺度,严重忽视了审美尺度的建立。如果教育本身忽视审美和创造美的追求而要求学生在生活中有真正的美的追求,那么其教育的成效肯定是会大打折扣。"真正的美育是将美学原则渗透于各科教学后形成的教育。"①

美育教育要求教育者充分创造教育活动的形式美,同时努力发掘教育活动中所有美的要素作为美育的资源。这表现在:① 教师努力塑造美的讲台形象和人格形象,努力将自身的师表之美作为教育手段。② 教育活动努力寻找自身的审美活动形式,创造合乎美的规律的教育活动中介形式。比如有张有弛的授课节奏,课程内容呈现的审美追求,教学语言、板书的美化,等等。③ 努力发现学生个体和集体的对象美,努力促进学生以自己和自己的活动为审美对象,让学生的成长作为他们自身成长的动力。④ 科学美也是教育过程中广泛存在的美的形式之一。不同的学科蕴藏着丰富的科学美的成分。科学美可以使学生体会到人类的智慧之美及其表现的伟大的人类主体的本质力量。发掘并展示科学美不仅是美育的需要,而且对各科教学本身有巨大的促进作用。

真题再现

学校的美育内容主要包括哪些方面?

【参考答案】主要包括自然美育、社会美育、艺术美育和教育美育。

第六节 劳动与技术教育

马克思主义者强调劳动创造历史、劳动创造价值、劳动创造人本身,马克思主义经典作家极为重视劳动对人类及其个体发展的重要价值。芬兰是世界上最早将劳动教育作为必修课程纳入学校教育体系的国家。芬兰教育家乌诺·齐格纽斯(Uno Cygnaeus)于1860 年曾提出:"孩子和青年应该充分熟悉并了解劳作不是一种枷锁和负担,而是一种美和光荣、一种幸福、一种对世俗生活的美好祝愿。"哈佛大学在进行过一项长达20 多年的跟踪研究后发现,爱劳动的孩子与不爱劳动的孩子相比,失业率为 1∶15,犯罪率为

---

① 滕守尧.美育——教育现代化的关键[J].北京大学学报(哲社版),1995(2):63.

1∶10。这也正是世界各国都十分重视青少年劳动教育的原因所在。

2018年9月10日,习近平总书记在全国教育大会发表重要讲话时强调,要在学生中弘扬劳动精神,教育引导学生崇尚劳动、尊重劳动,懂得劳动最光荣、劳动最崇高、劳动最伟大、劳动最美丽的道理,长大后能够辛勤劳动、诚实劳动、创造性劳动。2020年3月26日,中共中央、国务院发布《关于全面加强新时代大中小学劳动教育的意见》,中小学劳动教育课每周不少于1课时,劳动教育有了"硬指标",德智体美劳的最后一个"劳"字,不能可有可无。通过劳动技术教育,希望学生们在走入社会前能够拥有积极的劳动观念和基本劳动技能。

在学校教育活动中,一方面,劳动与技术教育更多的是要通过德育、智育、体育、美育等日常教育生活去实现。另一方面,劳动技术教育虽要涉及劳动知识、技能、美感、体能等全面的培育,但又须明确,劳动教育的核心目标只能是德育——劳动价值观(情感、态度、价值)的培育①。

一、劳动与技术教育概述

劳动与技术教育是以学生获得积极劳动体验,形成良好的技术素养为主的,以多方面发展为目标,且以操作性学习为特征的学习领域。它强调学生通过人与物的作用或者人与人的互动来从事操作性的学习,强调学生的手脑结合。通过该领域的学习,学生可以了解基本的通用技术和职业分工,形成初步的技术意识和实践能力。②

劳动与技术教育的目标是让学生在劳动过程中获得积极的体验,进而引导学生形成良好的技术素养,而劳动与技术教育的基本特征就是操作性。我国在中小学阶段就已经全面开展了劳动与技术教育的课程,该类课程的开展一方面可以深入贯彻和落实党的教育方针,另一方面可以加速我国新型劳动者的培养,同时劳动与技术教育课程还可以提高整个中华民族的科学技术素养。

拓展阅读

北京教育科学研究院基础教育科学研究所发布了关于不同国家小学生平均每天劳动时间:美国小学生平均每天1.2小时,韩国0.7小时,法国0.6小时,英国0.5小时,中国小学生平均每天劳动时间仅12分钟。③

二、劳动与技术教育实施应遵循的基本理念

(一)注重手脑结合地进行技术探究和技术学习,提高学生的技术素养

劳动与技术教育的基本特征包括学生的亲身实践、亲手操作、手脑并用等。学生也正

---

① 檀传宝.开展劳动教育必须解决好的三大理论问题[J].人民教育,2019(17).
② 王道俊,郭文安.教育学[M].北京:人民教育出版社,2009.
③ 资料来源:邹雪平,新校长传媒,2018-04-29.

是通过在"做中学"来提高自身的实践能力和动手水平。同时在劳动与技术教育过程中人与人的互动也是一个非常重要的组成部分,它能给学生带来丰富的互动体验。但劳动与技术教育不应该只停留在单纯的技术操作培训上,还应该加强操作活动中学生对于各项技术原理与方法的认识,力求在劳动与技术教育过程中达到技能掌握、态度养成、能力发展的有机统一。

(二)以制作项目或产品活动为载体开展劳动与技术学习活动

劳动与技术教育实施的最主要的方式就是活动,而制作项目或产品则是组织劳动与技术教育的最好载体。学生在不同的年龄阶段,具有不同的心理和生理特点,因此我们在面对不同年龄阶段的学生的时候,应当根据学生的特点来安排学生易接受、易操作、易执行的劳动与技术教育活动①。我们设计的劳动与技术教育活动应该蕴含丰富的动手价值和实践价值,学生通过系列的学习过程,能够获得相应的材料与工具、技术与设计、制作与评价等多方面的能力发展。

(三)立足学生所处的现实世界,逐步加强劳动与技术教育的技术含量

我们在选择劳动与技术教育的内容的时候,不能盲目地选择,而应该以当地的经济、社会和技术环境为前提,从学生日常生活中喜闻乐见的内容中选取那些对学生发展有益,对未来生活有用,与科技发展趋势相关的内容来设计和组织学生的活动。在学习活动的过程中,既要引导学生联系生活实际,把所学知识与技能广泛应用于生活,又应注重通过具有一定技术含量的教育内容来增强劳动与技术教育的时代性和吸引力,使学生能随着年龄增长而不断提高自己的技术能力②。因而在课程内容安排上,既应有开放性和可选择性,又要体现技术的层级性。

(四)充实学生劳动与技术教育的内涵,追求工具价值与发展价值的统一

以往学校往往只注重组织学生参与简单劳动的教育。新时代下,学生劳动与技术教育的内涵应得到不断充实。在进行劳动与技术教育的过程中,不仅要注重劳动技术与各学科知识的联系及其综合运用,以及在此基础上对技术的探究,还要不断培养与提高学生的劳动技术能力,使学生在劳动与技术的学习及实践活动中,不仅学会生产、学会制作,更要学会勤于和善于思考,能够改革、创新和发明,同时注重引导学生不断提高劳动和技术对社会、经济、环境、法律、伦理、心理与健康等方面的巨大意义的认识,并培养个人应具有的责任感,以实现劳动与技术教育的工具价值的统一。

▶ 扫描目录页二维码,阅读"1～12年级中外劳动技术教育清单"。

【本章小结】

在学生的学习和成长过程中,德育、体育、美育和劳动技术教育与智育一样具有重要的

---

① 十二院校.教育学基础[M].北京:教育科学出版社,2002.
② 冯振飞.关于新时代中小学劳动教育的几点思考[J].辽宁教育,2019(16):33-35.

价值和作用。作为一个教育者在对学生实施教育的时候,我们不能单纯地从成绩好坏来评价一个学生,同时我们也不能只重视学生的智育。而我们在对学生进行德育、体育、美育和劳动技术教育的时候,也同样需要掌握相应的规律和方法,并深入地了解学生的年龄特征和生活环境,这样我们才能选择合适的方法和合适的教学手段来帮助学生全方位的成长。

思考题

1. 简述知、情、意、行之间的关系。
2. 简述德育过程的一般规律。
3. 简述运用说服法应遵循的要求。
4. 请根据德育过程的规律,谈谈学校德育应该如何发展学生的品德。
5. 何谓体育? 如何正确理解学校体育的概念?
6. 学校体育应该如何促进学生发展?
7. 你是如何理解劳动与技术教育的重要性的?

第八章

教学（上）

学习目标

1. 掌握教学、教学过程、教学原则和教学方法等基本概念。

2. 理解教学的基本任务、教学过程的主要特点和基本规律、教学原则应遵循的要求以及基本的教学方法，灵活运用和掌握这些教学原则和方法。

3. 把握课堂教学的基本规律、基本原则和基本方法，形成正确的教师教学思想观和以人为本的学生观，为日后成为合格教师奠定基础。

思维导图

```
                          ┌─ 教学概述 ─┬─ 教学的概念
                          │            └─ 教学的基本任务
                          │
                          │            ┌─ 教学过程的概念与特点
教学（上） ────────────────┼─ 教学过程 ─┼─ 教学过程的基本规律
                          │            └─ 教学过程的基本环节
                          │
                          └─ 教学原则和方法
```

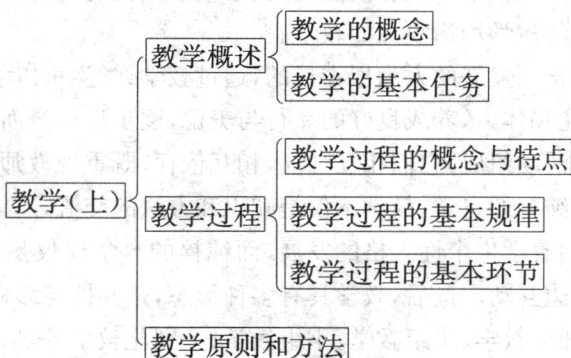

第一节　教学概述

一、教学的概念

（一）教学的定义

教育在人类文明的发展中起着非常重要的作用，它推动了科学技术的进步。在学校教育活动中，教育目的的实现和教育任务的完成，主要依靠教学活动的开展，教学是学校教育中重要而又核心的部分。

163

那么什么是教学呢？"教学"可以理解为"教"和"学"。《说文解字》[许慎（东汉）]中将"教"解释为："教，上所施，下所效也。"而，"学"的意思为"觉悟"。在国外教学也就是"Instruction"，被理解为教学活动，突出教学中教师的指导性作用。在古代，无论是在我国还是在国外，"教学"往往只注重教师的教，而忽略了学生的学。直到现代教育才强调要将"教"和"学"相结合，也就是我们常说的教学。①

概念上，关于教学的定义有很多，顾明远在《教育大词典》中将教学定义为教师引起、维持或促进学生学习的所有行为；②美国的布鲁纳认为教学是通过引导学习者对问题或知识体系循序渐进地学习来提高学习者正在学习中的理解、转换和迁移能力。③苏联学者凯洛夫在《教育学》中将教学定义为：教学过程一方面包括教师的活动（教），同时也包括学生的活动（学）。教和学是同一过程的两个方面，彼此不可分割地联系着。苏联教育家斯卡特金认为教学是一种传授社会经验的手段，通过教学传授的是社会活动中的各种关系的模式、图式、总的原则和标准。④教学是一种尊重学生理性思维能力，尊重学生自由意志，把学生看作独立思考和行动的主体，在与教师的交往和对话中，发展个体的智慧潜能，陶冶个体的道德性格，使每一个学生都达到自己最佳发展水平的活动。⑤

教学作为学校教育的基本活动，也有广义和狭义之分，广义的教学活动是指一切可以影响人成长和发展的活动过程。而狭义的教学活动，则是教师有目的、有计划、有组织地引导学生学习和掌握文化科学知识和技能，促进学生素质提高，使他们成为社会所需要的人。我们接下来所说的教学均指狭义的教学。

教学首先以培养全面发展的人为根本目的，通过教学，学生可以掌握系统的科学文化知识，发展自身的智能和体力，养成良好的品行与美德，逐步形成全面发展的个性。其次，教学由教与学两方面活动组成，它们相互独立，相互依存，既重视教师的教，也重视学生的学。教学的学不同于纯粹的自学，教学不仅是知识和方法的交流，还融入了教师与学生情感的交流，同时也影响着学生个性人格的发展，而纯粹的自学仅仅是单向信息交流，缺乏教学中师生之间的双边互动。最后，教学具有多种形态，是共性与多样性的统一。教学形态可以是课内教学、课外教学、班组教学、小组教学、个别化教学等，形式多样；教师和学生共同进行课前准备，完成巩固课后作业，进行辅导和成绩评定等；教学的方法和手段多种多样，可以是远程教学，也可以是面对面教学。因此教学具有一定的共性和多样性。

教学是实施智育的一条主要途径，但并不等同于智育。智育是向受教育者传授系统的文化科学知识和基本技能，发展学生智力的教育活动。教学是教育的途径之一，智育是教育内容之一。因此，教学作为实施教育的基本途径，它不仅要完成智育任务，还要完成德育、体育、美育、劳动技术教育的任务，智育作为学校教育的主要内容，除了通过教学来

① 庞守兴.教育学基础[M].北京：北京大学出版社，2015.
② 顾明远.教育大辞典[M].上海：上海教育出版社，1998.
③ 教育大辞典编纂委员会.教育大辞典 第1卷 教育学、课程和各科教学、中小学校[M].上海：上海教育出版社，1990.
④ 钱伯毅.大学教学论[M].合肥：中国科学技术大学出版社，1991.
⑤ 全国十二所重点师范大学联合编写.教育学基础[M].北京：教育科学出版社，2002.

完成外，还可通过课外或校外活动等途径来完成。

总而言之，教学是一种活动过程，而这种过程涵盖了教师和学生两种对象，是教与学的双边活动。在教育目的的规范下，教师在教学过程中尽其所能地教授知识，而学生在教学的过程中不但可以掌握一定的知识和技能，而且其思想品德也能够得到促进和发展，最终使得身心能够获得一定的发展。

（二）教学的意义

教学是学校教育中最基本的活动，不仅是智育的主要途径，也是德育、体育、美育等的基本途径。教学在学校整个教育系统中居于中心地位。学校要有效地实现培养目标、造就合格人才，就必须开展教学，并围绕教学开展其他工作，妥善地安排学校的各项工作，使学校的各项工作井然有序地开展起来。因此，教学的意义勿容小觑，主要有以下几点：

1. 教学是传播系统知识、促进学生发展的有效形式

教学是作为有计划、有组织的知识传授活动，它可以再生产社会经验。它使个体对世界，对知识的认识突破时空局限，同时突破个体直接经验的局限。通过有目的、有计划的教学活动，进一步扩大学生的认知范围，迅速扩充他的认知空间。良好的教学能够循序渐进地、较迅速地将人类积累起来的科学文化知识转化为学生个人的知识储备和精神财富，有力地促进学生身心发展，使学生在短时间内达到人类发展的一般水平，从而保证社会的延续和发展。因此，教学是传播系统知识、促进学生身心发展的最便捷、最有效的活动形式。

2. 教学是进行全面发展教育、实现培养目标的基本途径

教育的目的是实现人的全面发展，有效教学促进了学生全面发展教育，进一步实现培养目标。一方面，教学能够有目的、有计划地将教学的各个组成部分教授给学生，打好夯实学生全面发展的基础，例如：通过学校教学，教师可以将德、智、体、美、劳等基础知识和基本技能教授给学生，从而更好地实现培养目标；另一方面，丰富的教学认识和教学活动构成了学生特有的社会活动，这种活动受到社会生活的影响和制约。学生在教学活动中得到成长和发展，逐渐学会学习，培养良好的习惯，形成良好品质，提高个人素质。因此，教学是对学生进行全面发展教育、实现培养目标的基本途径。

3. 教学是学校教育的主要工作

教学是一种目的性、连续性、计划性和规范性极强的育人活动，是学校教育的一项最基本的教学工作，学校以教学为主，失去了教学，学校教育将无法正常开展，同时没有学校教育，教学活动也无法形成。学校应全面妥善地安排各种教育工作，建立正常教学秩序，使教学活动有条不紊地进行。

总而言之，教学是社会经验得以再生产的主要手段，通过教学活动系统地传播知识和经验，促进个人身心良好发展，为个人的全面发展提供科学的基础，从而实现教育目的。教学是学校教育工作的主体部分，也是教育的基本途径。

二、教学的基本任务

学校教育的基本途径是教学,教学任务是教学活动的出发点,是确定教学内容、选择方法和手段的依据。教学任务是学校教育目的的具体体现,它突出体现了教育的各个阶段,各科学科的目标要求、教学任务促使学生有层次地实现全面发展。教学的基本任务主要包括以下几个方面:

1. 传授和引导学生掌握科学文化基础知识和基本技能

教学的首要任务是传授知识,引导学生掌握系统的科学文化基础知识和基本技能,也就是我国学校教育的传统:"双基教学","双基"是基础知识和基本技能。基础知识是教学大纲所规定的学生必须掌握的关于自然、社会和人类思维的基本知识,主要表现为各门学科中的基本事实、基本概念和定理、基本法则及其体系;基本技能是指针对特定的具体任务或问题,各门学科中最主要、最常用的,通过多次练习而形成的可以达到规定目标、合乎规定标准的原始性技能。它包括智慧技能、动作技能和认知策略三部分。智慧技能是通过练习而形成的完成一定的智力活动的能力,如阅读技能、算术技能等;动作技能是通过练习而形成的完成一定的肌肉运动的能力,它是以明显的行动表现出来,如写字技能、舞蹈技能等;认知策略是学生用来调节自己内部认知活动的技能,如记忆术等。技能经过反复练习可以达到自动化的程度,当技能能够做到运用自如的时候,就成了技巧。一定的基础知识是形成技能技巧的基础,技能技巧的形成又有利于知识的强化和吸收,进一步促进学生理解和掌握,为学生学习新知识提供条件。[①]

2. 发展学生的智能、创造才能和体力

发展学生的智能、创造才能和体力是教学任务之一。智能是人们反映客观事物的深刻、正确、完全的程度和应用知识解决实际问题的速度和质量。也就是我们常说的智力,是个人在认知过程中表现出来的认知能力系统,包括观察力、记忆力、想象力和思维力。其中思维力是智力的核心部分。创造才能是运用自己已有的知识、智能、灵感与意志去探索、发现、创造他尚未知晓的新的知识或方法的能力。进入知识经济时代,创新能力和创新精神的培养日益重要。体力是人体活动时所要付出的力量,包括持久力、适应力和抵抗力,中小学阶段是学生身心迅速发展的时期,教学不仅要适应学生身心发展水平的需要,同时要促进学生掌握锻炼身体的知识和技能,培养良好的卫生习惯,增强学生体质,促进学生健康发展。

3. 陶冶学生的思想品德和美感,奠定学生的科学世界观基础

我国社会主义教育目的决定培养学生良好的思想品德是教学的重要任务之一。良好的思想品德既是学生自身发展的需要,也是教学工作规律性的体现。正所谓教书育人,教师在进行教学的过程中,其思想观念和道德品质潜移默化地影响着学生;同时,学生个人的思想、价值观、情感和态度构成他个人的灵魂、个性的核心,制约着学生个人的学习方向

---

① 国家教师资格考试统考教材编审组.教育知识与能力 中学[M].北京:中国发展出版社,2016.(参考后拓展改编)

和动力,从而也影响教学的效率和质量。因此,教学要将思想品德教育作为教学任务的重中之重,课程思政也是现代教学所强调的,培养学生正确的思想、价值观、情感和态度是教学任务不可忽视的。

同时,培养学生美感在素质教育的今天也是必要的。教学活动中凸显出来的大量审美性因素,既是进行审美教育的有效手段,更是教学活动的有机组成部分。通过美育培养学生健康的审美观念,提高其感知美、欣赏美和创造美的能力,从内而外地陶冶学生高尚的道德情操,潜移默化地形成高雅的审美情趣,从而促进学生身心健康发展。

4. 关注学生个性发展

现代教学论关注学生的个性发展,要以马克思主义关于人的全面发展学说为指导,协调学生知识、智力、兴趣、情感、意志、性格等各方面的因素,追求教学与教育的统一,促进学生个性的发展。因此,教学活动要激发学生的主体能动性,一方面传授他们现代科技文化知识,另一方面培养学生自觉性、独立性和开拓创新性,同时激发学生的竞争意识、平等观念和合作精神。

总而言之,在教学的四大任务中,传授和学习基础知识和基本技能是教学任务的基础,发展智能是教学任务的核心,发展体力是教学任务的保证,思想品德教育是教学任务的方向,个性的全面发展是教学任务的理想目标。各个任务相互联系,相互独立,贯穿于教育的全过程(见图8-1)。

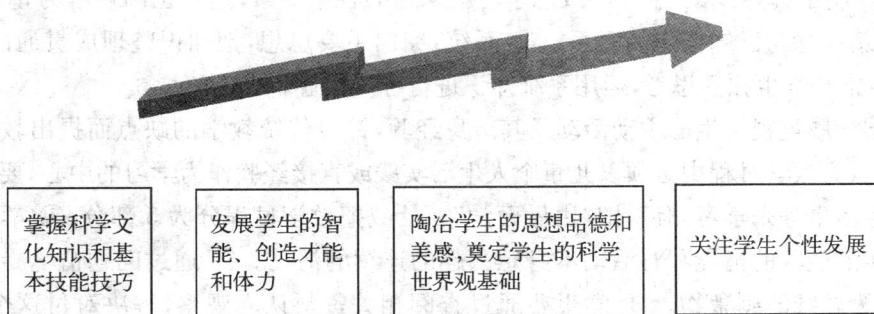

| 掌握科学文化知识和基本技能技巧 | 发展学生的智能、创造才能和体力 | 陶冶学生的思想品德和美感,奠定学生的科学世界观基础 | 关注学生个性发展 |

图8-1 教学的任务

第二节 教学过程

一、教学过程的概念与特点

(一)教学过程的概念

教学过程,是指教师有目的有计划地引导学生掌握系统的科学基础知识和基本技能,发展学生的体力与智能,培养学生科学的学习方法与思维方法,形成学生辩证唯物主义的世界观和共产主义道德品质的过程。[①]

人类社会为了不断发展,由年长一代不断将认识世界、改造世界的经验传递给年青一代,这个传递过程就是教育过程。[②] 教学过程是完成教学任务,实现教育目的重要途径,首先,教学过程是由教师、学生、教学内容和教学手段等基本因素所构成;其次,教学过程是教师引导学生逐步认识客观世界的过程,是认识的一种特殊形式;最后,教学过程是使学生身心得到全面发展,从而实现教育目的的过程。

我国对教学过程最早的概括是《礼记·中庸》中提出的"博学之,审问之,慎思之,明辨之,笃行之";孔子主张"学而知之",并把"学""思""习""行"四者相结合,强调教学过程为学、思、习、行的统一过程;孟子主张"生而知之",强调教学过程是学生"自得""自求"的内心反省;荀子从朴素唯物论的角度发展了孔子的观点,认为教学过程是"闻""见""知""行"的统一过程,强调感性认识和理性认识的统一,知和行的统一;朱熹将教学过程概括为循序渐进、熟读精思、虚心涵泳、切己体察、著紧用力、居敬持志,继承和发挥孟子"自得"和"自求在我"的唯心论的认识论,提倡"闭门读书""修心养性"。我国古代的教学过程是在教师的引导下,学生学习知识和修行道德的统一。

国外对教学过程的研究也层出不穷,德国的赫尔巴特最早提出和论述了教学阶段问题,运用心理学解释教学过程,认为在教学过程中,学生的一切心理活动都是观念的运动,即概念与概念、主要概念与从属概念之间系统化联结运动;他把教学过程分为 4 个阶段——① 明了:即要求学生专心致志学习新课题的各个要素,达到正确理解为止。② 联合:建立新概念与已知概念的联系。③ 系统:突出主要思想,把知识整理成贯通的系统。④ 方法:指导学生独立思考,运用系统知识进行练习作业。[③]

美国杜威重视学生的主动活动及其亲身经验,针对传统教学的缺点而提出教育过程的观点,认为教学过程中必须以儿童个人生活实践或直接经验作为学习的中心,要求围绕特定的生活事务来学习知识,即"由做而学"。杜威把教学过程分为 5 部分:① 学生要有一个真实的经验的情境和对活动本身感兴趣的连续的活动。② 通过问题情境凝练问题本质,作为思维的刺激物。③ 学生要通过查阅相关资料认真观察,解决对付这个问题。④ 学生一步步罗列解决问题的方法。⑤ 学生通过实际应用来检验他的想法,自己去发现方法是否有效。

拓展阅读

杜威五步教学法教学案例

(1)教师给学生创设一个课题,情境必须与实际经验相联系,使学生产生要了解它的兴趣。

---

① 罗明基.教学论教程[M].哈尔滨:黑龙江人民出版社,1987.
② 王道俊,王汉澜.教育学(新编本)[M].北京:人民教育出版社,1989.
③ 中国大百科全书总编辑委员会.中国大百科全书 教育[M].北京:中国大百科全书出版社,2002.

情境导入：在古时候，有一位国王即将退位，他想把王位让给三儿子中的一个，于是他就出了一道题考他的儿子们，谁赢了就可以继承王位，同学们你们想当王子吗？想的话就要想出最好的办法来解决问题？有没有信心？

国王说：有三根长度分别相等的绳子，你们各自拿一根去圈出最大面积的土地来。

（2）给学生足够的资料，使学生进一步观察、分析，研究该课题的性质和问题所在。

引导学生分析：大家想一下，如果你是王子的话，会用绳子怎么围呢？前面我们学习了很多图形，如长方形、正方形、菱形等等，它们谁的面积最大呢？

（3）学生提出解决问题的设想，提出一些尝试性的不同的解答方案。

学生充分发挥自主能动性，积极思考并提出假设，有的拿绳子比画，有的计算，还有的上网查等等。

（4）学生根据设想，进行推理，以求得解决问题的方案。

学生根据自己的设想，积极求证，大家会发现绳子往外扩展得越多，围成的面积越大。

（5）进行实验验证。

学生根据明确的假设方案亲自动手去做，检查全过程所达到的结果是否符合预期的目的。计算形成的边线图形和圆的面积大小，得出结论，掌握圆的性质。

（二）教学过程的特点

教学过程是一种特殊的认识过程。教学活动对学生来说是一种认识活动，这种认识活动是从感性到理性，再从理性到实践，符合一定的规律性。教学过程作为一种相对独立的认识活动，既要受到这些认识规律的影响，又有其独有的特征，[①]主要体现在以下几个方面：

1. 教学认识过程是一种间接性的认识过程

学生的认识主要是认识人类已知的事物和规律，学生在认识的对象和方式上都具有一定的间接性。一方面体现在学生的认识对象以间接经验为主。学生在学习的过程中，他们学习的知识往往是现成的，是前人的经验累积的认识结果，不是通过本人亲身体验获得的；学生通过书本知识和理论知识获得经验。这些经验被称之为间接经验，是由前人逐渐积累起来的，经过数十年、数百年、数千年的长期、反复的实践检验而留存下来的真理性知识。另一方面体现在学生的认识方式是间接的。学生在学习的过程中，往往不是通过直接接触事物而获得对事物的认识，而是通过教师教授、读书听讲、间接观察等方式接受已有的知识，通过作业和实验等方式去应用知识。正是因为如此，学生可以在教学过程中快速、高效率地获得教学认识。学生在短短几年的时间里可以掌握人类几千年的认识结果中最重要和最有价值的内容。虽然教学活动以学生间接认识为主，但是并不是无视直接经验。因此，教学过程是否具有有效性在于学生是否善于将间接经验转化为直接经验，或者是否可以有效地将间接经验和学生的直接经验联系起来。

---

① 叶澜.新编教育学教程[M].上海：华东师范大学出版社，1993.

2. 教学认识过程是一种在教师领导下的认识过程

教学过程是教师教和学生学相互作用的过程。学生的认识活动是在学校,在教师的指导下有组织有计划地完成的,因此学生的认识是在教师领导之下进行的,教学过程不可以没有教师的指导而孤立存在。在教师的指导下,学生的认识活动才会更加快捷,更加有效率。但是值得注意的是,教师的领导作用的发挥必须符合以下两个条件,一是教师的领导要充分认识学生的主体地位;二是教师的领导方式应当是多样化的,既是学生的良师,又是学生的益友。

3. 教学认识过程是一种有教育性的认识过程

教学是教育活动的主要途径,教育认识过程具有一定的教育性,教学认识是为实现教育目的服务,任何时期,任何国家和社会的教育都会将教育的要求体现在教育目的中。教学认识的教育性不是偶然地、自发地发挥作用的,而是国家和社会自觉的追求,有意识地去实现的。教师必须努力保证教学认识的内容和形式、过程和方法都符合一定的教育目的,也必须努力使得学生从教学认识中产生的情感、形成的价值观等是积极的、向上的,是与社会要求和教育目的相一致的。①

二、教学过程的基本规律

作为一种特殊的认识过程,教学过程具有一定的规律,体现在以下几个方面:

1. 教学过程的间接性规律

教学过程的间接性规律,表现在间接经验与直接经验相结合。学生的认识对象是以间接经验为主,因此,教师在教授学生理论知识的过程中,主要以理论知识的传授为基础,通过实践体验来加深学生对理论知识的掌握、理解和应用。一方面,在教学活动中,教师把人类长期积累的丰富的科学文化知识加以组织,加以选择,有目的、有计划地引导学生学习,可以在最短的时间内,有效率地提高学生认识世界的水平,因此借助理论知识认识世界,这是认识上的捷径。另一方面,在教学活动中,通过实际体验可以加深学生对知识的理解,通过实际操作可以锻炼学生运用理论知识解决实际问题的能力。

教学过程要充分将直接经验和间接经验相结合,过分强调书本知识的教授和学习,忽略学生的独立探索积累经验;抑或者过分强调学生发现、探索、获取知识,忽略间接经验的系统讲授,都是不可取的,应充分把间接经验和直接经验相结合,正确地处理理论和实际之间的辩证关系。首先,在重视书本知识的教学过程中,注重理论联系实际;其次,在引导学生实践的过程中加深对知识的理解;再次,在教学过程中增加教学实践环节,逐步提高学生解决问题的能力;最后,补充必要的综合实践教材,充分提高学生综合运用的能力。

2. 教学过程的双边性规律

教学过程的双边性规律又称之为教师主导作用与学生主体作用相统一的规律,这一

---

① 邵晓霞.教育学[M].武汉:武汉大学出版社,2013.

规律要求正确地认识教师主导和学生主体之间的关系。

教学的根本任务是教师指导学生掌握科学文化知识和技能,发展学生的智力,增强学生体质,形成学生良好的思想品德,促进学生身心健康,各方面素质得到全面发展。要完成这个根本任务,教师必须在教学中以学生为主体,以学生为中心,使得学生的各方面素质全面发展。

一方面,教学要以学生为主体,学生是学习的主人,是教学活动的主体。教学活动应该以学生为出发点,以学生的发展为最终目的。另一方面,教学要以教师为主导,教师要成为教学活动的组织者和引导者,指导和帮助学生学习,重点培养学生的学习能力,不仅要有较高的文化知识、思想修养,还要充分了解学生身心发展的规律,有效率地组织和进行教学,从而发挥主导作用。在教学过程中,坚持学生主体与教师主导相统一的教学规律,应该防止两种过激倾向:不能只强调学生主体,只重视学生的作用,忽视教师的引导作用,使学生陷入盲目探索状态,学不到系统的知识;也不能只强调教师主导,只重视教师的作用,忽略学生学习的主动性和创造性,无法培养学生自主学习的能力。坚持教师主导与学生主体相统一的规律,处理好二者之间的辩证关系。既要注重学生的主体地位,又要关注教师的主导作用,这就要求教师要在教学活动中改变自己的角色定位,改变自己的教育理念,改进教学方法,完善教学评价。具体应该做到以下几点:

(1)教师要转变自己的角色定位。要由学生学习的灌输者和知识传递者转变为学生学习活动的促进者和学习能力的培养者。

(2)教师的教学理念要发生变化。教师应该引导和帮助全体学生,健康全面地发展。

(3)教师要改进教学方法。由讲授式、填鸭式教学转变为指导式、探究式教学。

(4)教师要完善教学评价。要对学生的各个方面素质做出评价,追求学生各方面素质的健康全面发展。

3. 教学过程的发展性规律

教学过程的发展性规律要求,教学过程要实现掌握知识和发展智力相统一,教学过程既是向学生传授知识的过程,又是发展学生智力和能力的过程。传授知识是教学工作的基本任务,是发展智力以及其他各方面能力的基础和前提;教师要重视发展学生的智力,因为发展智力,促进学生各方面素质全面发展,是教学工作的根本目的,是进一步认识新知识、掌握新知识的条件。贯彻掌握知识和发展智力相统一的规律,要防止两种倾向:在整个教学过程中,既不能像实质教育论者那样,只向学生传授与实际生活有用的知识,忽视对学生认识能力的训练,也不能像形式教育论者那样,只强调训练学生的思维形式,忽视知识的传授。应该把掌握知识和发展智力有机地结合起来,正确处理好二者之间的辩证关系。[①] 首先,教师要以传授科学文化知识为基础,保质保量完成教书任务,让学生轻松愉快地学习科学文化知识;其次,教师要结合教学内容,发展学生智力,训练学生的其他各方面能力;再次,教学要适当增加教学活动中发展能力的环节;最后,教师在课程设计中

---

①　山香教师资格考试命题研究中心.教育教学知识与能力(小学)[M].北京:首都师范大学出版社,2015.

补充必要的综合实践教材。

4. 教学过程的教育性规律

教学过程具有教育性规律,也就是说教学过程是传授知识与思想品德教育相统一的过程,教师的根本任务是教书育人,教师既要传授给学生知识,又要对学生进行思想道德教育。教师在教学过程中,既要教书,又要育人,坚持教书与育人相统一的原则。教师在传授给学生科学文化知识的同时,也要借助科学文化知识对学生进行思想品德教育。教师的基本任务是教书,传授给学生科学文化知识,这是因为教书是教师的天职,传道授业解惑是教师的本职工作。教师工作的根本任务是育人,对学生进行思想品德教育,这是因为教师是人类灵魂的工程师,教师应该在传授科学文化知识的过程中,培养学生良好的思想品德,形成学生科学的人生观、世界观、价值观。在教学中坚持传授知识与思想品德教育相统一的教学规律,要防止两种倾向:一种是脱离知识进行思想品德教育,这会使思想品德教育成为无灵魂的空壳,不利于学生品德的提高,同时影响学生系统地学习知识。一种是只强调传授知识,忽视思想品德教育。品德教育并不是通过学习知识才能提高学生思想道德,教学的教育性必须需要教师给学生加以积极的影响,通过启发学生,鼓励学生,使学生将知识内化于心,主动摄取成为自己的知识以后,才能外化于行,教学的教育性才能得以实现。

三、教学过程的基本环节

一般来说,教学过程包括:激发学习动机、感知教学材料、理解教学材料、巩固知识经验、运用知识经验、测评教学效果六个基本环节。每一个环节都有其独特的作用,又彼此相互联系。

1. 激发学习动机

学生的学习行为需要一定的动机,学生总是在一定的思想、情感和愿望的影响下完成学习活动,学习动机促使着学生完成学习。因此,在教学过程中,教师要通过一定的方法和策略激发学生的学习动机。例如:明确学习要求、适当的奖励和惩罚、引发学生兴趣和求知的欲望、提高学生责任感和使命感等,都能够激发和维持学生的学习动机。

2. 感知学习材料

在学习的过程中,教授学生将课本中抽象的知识与直观、生动的形象结合起来,形成关于客观事物的正确表象,对教学内容有初步的理解和感知,更有利于学生对抽象知识的理解。因此,教学过程中要让学生直接或间接地感知教材,促进学生对知识的初步理解。

3. 理解教学材料

在学生获得感性知识的基础上,理解教学材料是关键。理解教学材料是在教师的指导下,学生通过自己的思维加工而实现的知识内化。理解教学材料阶段的主要任务是启发引导学生开展积极的思维活动,因此理解教学材料的过程需要教师将教学重点放在引导和提示学生思考和探索上,充分调动学生的观察力、记忆力、想象力等,教给学生正确的思维方法,从而有效地培养学生的思维能力。

拓展阅读

物理课学习力①

对力,学生相当熟悉,知道搬东西要用力,力还有大小区别等。但是学生对力的认识只留在感性认识上,如何将学生对力的认识抽象出来,形成正确的概念呢?

物理课上

老师:"什么是力?"学生都答不上来。

老师:"谁能讲出力的表现?"

学生开始活跃起来。

A说:"人提水。"

B说:"起重机吊钢管。"

C说:"磁铁吸铁钉。"

……

随后教师引导学生一起讨论,进行分析、比较、综合、归纳,并用图表示,这样学生经过自己思维加工,由感性认识能够发展到理性认识,掌握力的本质和初步概念:力是物体对物体的作用。

物体	作用	物体
人	提	水
起重机	吊	钢管

4.巩固知识经验

巩固知识经验就是指学生把所学的知识经验,牢固地保存在记忆中。学生在接受书本知识和间接经验以后及时巩固和强化,有利于对知识经验的学习理解,所以,巩固知识经验是为了更好地提升学生学以致用的能力。在巩固知识经验的过程中,教师指导学生掌握正确的记忆方法,注重知识的迁移和记忆,通过反复的复习和练习,降低学生遗忘知识的概率,更好地帮助学生内化吸收所学知识。

5.运用知识经验

运用知识经验是学生将所学间接经验运用于实践操作中,进一步帮助学生加深对间接知识的理解,不断提升学生分析问题和解决问题能力,进一步提高学生的创造精神和创新能力。运用知识经验的过程需要教师引导学生通过多种多样的实践操作和实践活动形式,如练习作业、实验、实习、社会实践和生产劳动等,激发学生动手动脑,以实践直接经验巩固间接经验,同时提升学生的创新思维能力。

---

① 侯耀先.中小学高效课堂教学策[M].北京:人民出版社,2017.

6. 测评教学效果

教学效果的测评包括检查、测量与评价两个方面。教学效果检查、测量和评价,是教学过程的最后一个环节,也是保证教学过程顺利完成,检验教学效果的重要环节。教学效果的检查、测量和评价是教学过程获取反馈信息的重要来源。教学过程中,应引导学生学会自我检查与测量和自我评价,提高学生自我调控能力,要教会学生通过教学效果测评,自觉地强化学习动机,提升学习能力,进一步教会学生自主学习,从而达到以学生为本的良好教学效果。

表 8-1　教学的六大过程

教学过程	主要目标
激发学习动机	诱发和激起求知欲,引导学生做好学习的心理准备
感知学习材料	使学生形成清晰表象,更容易理解知识
理解教学材料	将感性材料进行加工,上升到理性认识
巩固知识经验	引导学生将知识牢牢保持在记忆里
运用知识经验	引导学生动口、动手、反复练习
测评教学效果	课堂提问、检查课内外作业、测验

第三节　教学原则和方法

一、教学原则

(一)教学原则的概念

教学原则是根据一定的教学目的和对教学过程规律的认识而制定的指导教学工作的基本准则。教育原则贯穿于教学过程的各个方面,既指导教师的教,也指导学生的学。一般来说,教学活动越符合教学原则的要求,教学活动越容易成功。反之,教学活动就越可能失败。因此,在教学活动中正确和灵活地运用教学原则,有效地保障教学质量,对提高教学效果起着重要作用。

从教学原则的概念上分析,一方面,教学活动必须按照一定的教育目的和教学目标进行,因此教学原则首先要符合国家所规定的教学目的,与学校的培养目标和教学目的相一致,才能够正确地指导教学工作,有利于教育目的的实现。另一方面,教学原则必须合乎一定的教学规律。人们在认识规律时,并不一定能够得到与之相符的结果,因此,人们提出的教学原则既可能是符合规律的,也可能是不符合规律的,甚至可能完全与规律相驳斥的。[①]

---

① 教师资格认定考试命题研究组.教育学(小学)[M].北京:中国经济出版社,2010.

历史上的教育学家提出了许多的教学原则,如我国古代《学记》中便总结了"教学相长""启发诱导""藏息相辅""豫时孙摩""长善救失"等教学原则,经过长期实践,证明其能够真正反映教学规律的,能够给予教学工作正确指导的教学原则才能保留下来,成为常用的教学原则。

拓展阅读

《学记》中的教学原则

《学记》讲述了许多教学原则,如教学相长、藏修息游、豫时孙摩、启发式教学、长善救失等,在当今仍有重要的现实意义。

1. 教学相长,师生共同进步

《学记》在第三章中就提出"学,然后知不足,教,然后知困。知不足然后能自反也,知困然后能自强也。故曰:教学相长也"。在教学过程中,教与学是相辅相成的双边活动过程。通过"学",就可以看到自己学业方面的不足;通过"教"的实践,可以看到自己知识和经验方面的欠缺。教、学的这个过程,一方面它是学习者由未知到已知、由浅到深的发展过程;另一方面,也是教学者由顺利到"知困",通过具体的教学活动中的借鉴、领会、学习,达到"自强"的发展过程。正是这样一个辩证发展的过程使教、学双方得到不断提高。

2. 藏修息游,课内课外结合

《学记》主张课内与课外相结合,课本学习和实际训练相结合,既要扩大知识领域,又要培养高尚的道德情操和良好的生活习惯。如在第九章提出"君子之于学也,藏焉修焉,息焉游焉"。"藏"即获得知识,是个知识积累的过程,"修"即练习巩固,是掌握已获得的知识,"息"即适量休息,是两个学习阶段的休止符,"游"即游赏娱乐。这就告诉我们要注重课内外劳逸结合。教学的过程要合理安排,课内外各项教学活动必须相互结合。学生只有在课外活动中放松自己,才可以消除学习的疲惫,扩大视野,进而更好地学习。《学记》不赞成把学生束缚在书本上,把"游乐式"作为课堂教学的辅助形式。事实上,劳逸结合、寓教于乐、教息相间正是科学的教学活动所必须遵循的原则。

3. 豫时孙摩,防患于未然

在第十章中,作者指出"大学之法,禁于未发之谓豫,当其可之谓时,不陵节而施之谓孙,相观而善之谓摩。此四者,教之所由兴也。"豫就是预防性原则;时就是及时施教原则;孙是循序渐进原则;摩,即学习观摩原则。

4. 启发诱导,授之以渔

《学记》在十三章中提出"道而弗牵,强而弗抑,开而弗达",教师应当善于引导而又不牵着学生走,严格要求他们但不施加压力,开个端绪,但不把道理和盘托出。这就要求教师既要善于启发,又要给学生以思考的余地,重视学生的主体性地位。

5. 长善救失,促进学生全面发展

《学记》第十四章提出"学者有四失,教者必知之。人之学也,或失则多,或失则寡,或失则易,或失则止。此四者,心之莫同也。知其心然后能救其失也。教也者,长善而救其失者也"。这就是说,学生在学习过程中,思想和行为上存在这样那样的缺点和偏向。作为教师,我们必须要清楚这一点,了解学生对待学习的不同心理状态,进而做到发扬学生的优点,矫正学生的缺点。

(二)我国主要的教学原则

教学原则是教学中应该遵循的基本规律和基本准则,我国主要的教学原则有以下几个:

1. 科学性与思想性相统一

思想性与科学性相统一的原则是指教学要以马克思主义为指导,教授学生科学知识,并结合知识教学对学生进行社会主义品德和正确人生观、科学世界观教育。思想性和科学性相统一的原则是全面发展教育的要求,体现了我国教育目的的主导方向。思想性和科学性相统一原则要求教学要把教书和育人相结合,强调教学的教育性和科学性相互促进,相互统一。贯彻此原则要遵循:首先,教师教学要保证具有科学性,教师的教学过程不能违背科学道理;其次,教师开展思想品德教育要结合教学内容的特点开展,教学活动的各个环节要体现思想教育,充分发挥课程思政的重要作用;最后,教师要加强自己的业务能力和思想水平,充分体现课堂的教育性和科学性。

2. 理论联系实际原则

理论联系实际原则,是指教学要以学习基础知识为主导,从理论与实际的联系上去理解知识,注意运用知识去分析和解决问题,达到学懂会用、学以致用。从古至今,教育学家一直都很重视教学要将理论联系实际,我国古代强调知行合一,西方认为没有实践的理论和没有理论的实践都是没有意义的。"空洞的、毫无根据的理论是一点用处也没有的。理论不能脱离实际,事实不能离开思想。"(乌申斯基)。因此教学要将理论和实践相结合,贯彻此原则需要做到:首先,书本知识的教学要注重联系实际。抽象的书本知识往往不容易让学生理解,因此教学要充分发挥联系实际的作用,使教学内容不空洞死板,利于学生吸收掌握。其次,重视培养学生运用知识的能力。一方面,重视教学实践,利用练习、实验、参观等方法引导学生将所学知识运用到实际生活中;另一方面,重视引导学生参与实际操作和社会实践,例如:引导学生开展访问、社会调查,参与生产劳动等提高学生的动手能力。再次,正确处理知识教学与技能训练的关系。教学中,要将理论知识和基础技能相结合,形成学以致用的能力。最后,补充必要的乡土教材。为了使教学不脱离实际,可以根据相关地区的特点补充必要的乡土教材。

3. 启发性原则

启发性原则是指在教学中要明确学生是学习的主体,教学中要注重调动他们的学习主动性,引导他们独立思考、积极探索,提高分析问题和解决问题的能力。孔子提出的"不愤不启,不悱不发"正是启发性原则的体现,阐明了教师在教学中要善于引导、激励、启发学生,而不是让学生被动地跟着教师走,强迫和代替学生学习。苏格拉底著名的"产婆术"也强调启发引导学生的重要性。他善于用对话的方式,激发和引导学生自己去挖掘问题的正确答案。贯彻启发性原则要遵循：首先，调动学生的主动性。学生的好奇心、兴趣、爱好和求知欲都是影响学生主动性的关键因素，在教学中要充分调动学生的主动性，激起学生的学习动机，让学生乐于学习，主动学习。其次，启发学生独立思考，发展学生逻辑思维能力。在教学中，培养学生逻辑思维能力是提高其创新能力的关键，因此教师要善于提问、质疑，不断培养学生独立思考的能力，耐心引导学生逐步深入学习知识点，善于"启"的同时要注重"发"，引导学生理解学习的过程，掌握和获取新知识。再次，引导学生善于动手，培养独立解决问题的能力。教师要善于启发诱导学生将所学知识运用到实际操作中，通过布置作业、实验或者提供素材等方式，对学生提出要求，引导学生独立探索，发展学生创造才能。最后，发扬学生民主。课堂上要建立民主平等的师生关系和生生关系，鼓励学生积极发表自己的意见，允许学生质疑教师，尊重学生的主体地位。

4. 直观性原则

直观性原则是指在教学中要让学生通过观察所学事物，或教师语言的形象描述，形成对所学事物、过程的清晰表象，丰富感性知识，从而能够正确理解书本知识和发展认识能力。学生所学的理论知识和生活经验存在一定的差距，直观性原则旨在帮助学生更好地理解和掌握生疏的理论知识，将抽象的知识转化为具体的知识，便于知识的学习和吸收。一般来讲，直观分为实物直观、模象直观和语言直观。实物直观是直接将对象呈现在学生眼前，让学生真实有效地理解所学知识。例如：生物课通过解剖家兔，让学生了解生物构造。模象直观是利用各种模拟的实物，包括图片、图表、模型、幻灯、录音、录像、电影、电视等将知识呈现。语言直观是教师利用自己的语言，通过比喻等方法进行描述，促进学生感性认识，达到直观效果。如利用盆的形状来描述"盆地"。贯彻直观性原则要遵循：首先，恰当选择直观手段。教学中要根据年级、学科和学习内容等选择直观的手段。其次，直观要和讲解相结合。教学需要通过提问等方法，引导学生对直观物观察，使学生更好地把握事物特征，寻找之间的联系，在直观的时候要讲解和描述，让学生更深刻地把握事物的本质。最后，重视运用语言直观。教师通过语言和生动、形象的描述可以提高学生的想象能力。

5. 循序渐进原则

循序渐进原则是指教学要按照学科的逻辑系统和学生认识发展的顺序进行，使学生系统地掌握基础知识、基本技能，形成严密的逻辑思维能力。[①] 循序渐进地进行教学，不但可以使学生形成合理的知识结构，而且可以减少学生学习困难，提高学习水平。贯彻循序渐进原则的基本要求：一方面，教师要按照教学大纲（课程标准）的顺序教学。循序渐进需要按照教学大纲、教科书的体系进行，教师要充分理解教材的系统性，编写教案，指导教学过程；另一方面，教学必须由近及远、由浅入深、由简到繁。教学要符合学生的认识规律和身心发展规律，循序渐进，一步一步地让学生能力得到提高，不能拔苗助长。

6. 巩固性原则

巩固性原则，是指教师要引导学生在理解基础上牢固地掌握知识和技能，长久地保持

① 教育部人事司、教育部考试中心.教育学考试大纲[M].上海：华东师范大学出版社，2002.

在记忆中,能根据需要迅速再现出来,以利于知识技能的运用。① 孔子说:"温故而知新,可以为师矣",复习学过的知识,能够从中有新的体会或发现。新旧知识之间存在的联系说明,教师充分地将学生新旧知识联系起来,就可以更好地促进学生知识的建构,从而使知识形成一个连续、完整的序列。例如:学习"计算除数是小数的除法",先把它化成除数是整数的除法(学生已学过的知识),然后再计算就会更容易了。贯彻巩固性原则需要遵循:首先,在学生理解的基础上巩固。学生对知识理解程度越强,掌握知识的程度就越牢固。教学中,教师要将理解知识和巩固知识相联系,强调理解记忆而不是死记硬背。其次,重视合理的复习。复习是巩固知识的方法之一,教师要合理地安排学生复习的时间,教授学生复习的方法,指导学生掌握记忆方法,学会整理编排知识,来巩固和理解知识。最后,通过扩充改组和运用知识过程来巩固知识。教学要在充分运用知识的过程中螺旋式地巩固和深化知识。

知识拓展

艾宾浩斯发现,我们学的新知识在最近的时间内遗忘的速度最快,大约一小时后忘掉所学内容的50%以上,在一天之后,忘掉的内容几乎达到三分之二。以后的遗忘速度会渐渐衰减,最终保留在记忆中的只占所学内容的20%。

学习8天内是外语单词遗忘的高速期,在这一时期内,如果能及时、合理地组织三次复习,外语单词能保持记忆95%以上,反之,学习8天内不复习,就会遗忘40%～70%。有人通过实验得出,记忆外语单词的合理时间分配应该是首次学习后5分钟,30分钟,12小时,1天,2天,4天,7天,15天,30天。

7. 可接受性原则

可接受性原则是指教学活动要适合学生的身心发展,是学生能够接受的,但又要有一定的难度,需要他们经过努力才能掌握,以促进学生的身心发展。维果茨基认为,儿童有两种发展水平:一是儿童的现有水平,即由一定的已经完成的发展系统所形成的儿童心理机能的发展水平,如儿童已经完全掌握了某些概念和规则;二是即将达到的发展水平。这两种水平之间的差异,就是"最近发展区"。也就是说,儿童在有指导的情况下,借助成人帮助所能达到的解决问题的水平与独自解决问题所达到的水平之间的差异,实际上是两个邻近发展阶段间的过渡状态。贯彻可接受性原则要遵循:首先,教师要重视儿童的年龄特征,不同年龄阶段的学生最近发展区是不一样的;其次,教师要了解学生发展的具体特点;最后,教师要恰当地把握教学难度,太难的教学和太容易的教学都不利于学生发展。要充分结合学生已有的发展水平,提升一定的教学难度,促进学生最近发展区的成长。

8. 因材施教原则

因材施教原则,是指教师要从学生的实际情况、个别差异出发,有的放矢地进行有差别的教学,使每个学生都能扬长避短,获得最佳的发展。我国最早重视因材施教的教育家

---

① 教师招聘考试研究中心组.教育理论综合基础知识(中学版)[M].上海:华东师范大学出版社,2009.

是孔子,他认为了解学生是教学的前提,了解学生应"听其言而观其行","视其所以,观其所由,察其所安"。主张通过观察和谈话的方法全面了解学生,分析学生的思想态度、智力水平、学习基础、年龄特点、个性特征等。贯彻因材施教原则的基本要求:首先,教学要针对学生的特点开展。教师在教学中要全面了解每一个学生在德智体等方面的发展、各科学习情况和兴趣爱好等方面的情况,根据学生的特点,有针对性地进行教学。其次,教学要采取有效的措施让每个学生得到充分发展。不同的学生身心发展程度不一样,有特殊才能的学生,要特殊的指导和培养。利用分班教学,或者根据学生的兴趣爱好开设选修课等促进学生的全面发展。

真题再现

"不闻不若闻之,闻之不若见之,见之不若知之,知之不若行之。"荀子的这句话反映了教学过程中要遵循的原则是(　　　　)。

A. 直观性原则与理论联系实际原则

B. 启发性原则与巩固性原则

C. 循序渐进原则与理论联系实际原则

D. 直观性原则与启发性原则

【答案】A。

二、教学方法

(一)教学方法的概念

教学方法是师生为了完成教学任务、实现教学目标而采取的共同活动方式,也就是说,教师引导学生掌握知识技能、获得身心发展的活动的方法。"教学有法,但无定法",教学方法不是一成不变的,教师在教学中要灵活地运用和创造教学方法,促进教学。

(二)中小学常用的教学方法

我国中小学常用的教学方法有讲授法、谈话法、讨论法、演示法、练习法、实验法、读书指导法等。

1.讲授法

讲授法是教师通过口头语言向学生传授知识、发展学生智力的方法,是最常用的教学方法。讲授法可分讲述、讲解和讲演三种方式。通过叙述、描绘、解释、推论来传递信息、传授知识、阐明概念、论证定律和公式,引导学生分析和认识问题。讲授法既要重视内容的科学性和思想性,同时又要尽可能使学生新旧知识之间产生联系,注重培养学生的学科思维,促进学生更好地把握知识。讲授法要充分遵循启发性原则,善于启发诱导学生,讲授时语言要生动形象,清晰准确,条理清楚,通俗易懂,具有感染力,语速要适当,语调要抑扬顿挫,适应学生心理节奏。讲授法可以在短时间内让学生吸收学习大量的知识,但是如果忽略了学生的主动性,会影响学生上课的积极性,使学生陷入被动学习的局面。①

2. 谈话法

谈话法也叫问答法,它是教师按一定的教学要求向学生提出问题,要求学生回答,并通过问答的形式来引导学生获取和巩固知识的方法。② 谈话法有助于激发学生的思维,调动学生的积极性,培养他们独立思考和语言表述的能力。谈话法可分复习谈话和启发谈话两种。

运用谈话法要注意提前准备好问题和谈话计划。教师在备课时要根据教学内容和学生已有的经验、知识,准备好谈话的问题、顺序,以及如何过度问题等;同时要注意,提出的问题要明确,富有挑战性,难易要因人而异;在谈话的时候,教师要善于启发诱导,利用他们已有的知识经验思考、研究问题,因势利导,让学生循序渐进获取新的知识。谈话结束以后,要做好归纳、小结,纠正学生不正确的认识,准确帮助学生掌握知识。

3. 讨论法

讨论法是在教师的指导下,学生以班级或者小组为单位围绕问题,通过讨论或辩论活动,获得知识或巩固知识的一种教学方法。讨论法,全体学生都可参加,有利于培养学生合作精神,激发学生的学习兴趣。一般讨论法适用于高年级学生或成人教学。运用讨论法要注意讨论的问题要新颖、有吸引力,讨论之前让学生提前收集材料做好发言提纲;讨论时,要善于启发引导学生,调动每一个学生的积极性,给每个学生发挥的机会;讨论结束以后注意进行小结,总结讨论情况,让学生系统地明确观点和学习知识。

4. 演示法

演示法是教师通过展示实物、直观教具、进行示范性实验或采取现代化视听手段等,指导学生获得知识或巩固知识的方法。演示法不仅有利于学生感知、理解知识,同时促进学生更好地获得知识和信息;演示法要遵循直观性原则;演示之前要注意做好准备,根据教学内容,准备教具,突出演示对象的主要特征;演示期间要明确演示目的,要注意讲演结合,积极主动地调动学生思考和观察,使学生清楚、准确地感知演示对象,引导学生进行综合分析。

5. 练习法

练习法是学生在教师的指导下巩固知识、运用知识、形成技能技巧的方法。练习法被各科教学广泛采用。练习按培养学生不同方面的能力可分为:口头练习、书面练习、实际操作练习;按学生掌握技能、技巧的进程可分为:模仿性练习、独立性练习、创造性练习。使用练习法要注意使学生明确练习的目的与要求,防止学生在练习中产生盲目性。教师要精选练习材料,适当分配练习分量、次数和时间,循序渐进,逐步提高练习要求。③ 无论

① 教师资格认定考试教材编写组.教育学[M].北京:首都师范大学出版社,2011.
② 中人教育教师资格考试教研中心.教师资格考试专用教材:教育学(小学)[M].北京:北京师范大学音像出版社,2015.
③ 特岗教师招聘考试专用教材编委会.教育理论基础(中学)[M].北京:首都师范大学出版社,2010.

是口头练习、书面练习或操作练习,都要严格要求学生,精益求精,达到学生最高的水平。

6. 实验法

实验法是学生在教师的指导下,利用一定的仪器设备,通过条件控制观察实验变化获得知识的方法。[①] 实验法在物理、化学、生物等自然科学教学中运用较多。运用实验法要注意首先要明确实验目的和要求,制定实验计划,提出实验步骤和要求;实验过程中教师要注意语言的引导和操作的示范。实验要求学生独立完成,实验结束以后及时检查结果,帮助学生巩固知识,同时写出实验报告。

7. 读书指导法

读书指导法是教师指导学生通过阅读教科书或参考书,以获得知识、巩固知识、培养学生自学能力的一种方法。早在我国古代,教育家朱熹重视指导弟子读书,强调读书指导的要求:"循序渐进,熟读精思,虚心涵泳,切己体察,着紧用力,居敬持志"等六条。读书指导法是一种自学指导法。培养学生的自学能力,在教师的指导下让学生掌握自学方法,养成自主学习、自我管理,是现代教育理论所追求的目标。读书指导法的运用是实现学生自主学习的一个重要手段,对提高学生的学习能力也是非常有帮助的。[②] 读书指导法需要教师提前帮助学生规定好书目,同时提出问题让学生在自学的过程中思考,教会学生掌握正确的读书方法和要领,形成读书习惯,同时教师要注意读书反馈。

（三）选择教学方法的依据

教学方法与教学目的和任务、教材内容、学生特征、教师素质、教学环境之间存在着一定联系,因此教师要灵活地选用教学方法。首先,要依据教学目标选择教学方法。不同的学校,不同的对象,教学目标也不一样,选择教学方法的时候要充分考虑教学目标,才能有的放矢地开展教学。其次,依据教学内容特点选择教学方法。教学内容的特点不一样,教学的方法也应不一样,不同的学科选择的方法是不一样的,例如:物理、化学如果纯粹运用讲授法,肯定是不利于学生掌握和理解知识的,要通过实验法更好地让学生将知识直观化。再次,根据学生实际特点选择教学方法。在选择教学方法时要充分考虑学生的身心发展特点,有些方法适合高年级的学生,就不一定适合低年级的学生。最后,依据教师的自身素质和教学条件选择教学方法。

【本章小结】

在学校教育活动中,教育目的的实现和教育任务的完成,主要依靠教学活动的开展,教学是学校教育中起着重要的作用。总的来说,教学是一种活动过程,是教与学的双边活动。学校教育的基本途径是教学,教学任务是教学活动的出发点,是确定教学内容、选择方法和手段的依据。教学任务是学校教育目的的具体体现。

教学过程是指教师有目的有计划地引导学生掌握系统的科学基础知识和基本技能,

---

① 特岗教师招聘考试专用教材编委会.教育理论基础(中学)[M].北京:首都师范大学出版社,2010.
② 余文森,林高明.经典教学法50例[M].福州:福建教育出版社,2010.

发展学生的体力与智能,培养学生科学的学习方法与思维方法,形成学生辩证唯物主义的世界观和共产主义道德品质的过程。教学过程是一种特殊的认识过程,具有一定的规律,主要包括间接性规律、双边性规律、发展性规律和教育性规律。一般来说,教学过程包括激发学习动机、感知教学材料、理解教学材料、巩固知识经验、运用知识经验、测评教学效果六个基本环节。每一个环节都有其独特的作用,又彼此相互联系。

教学原则是根据一定的教学目的和对教学过程规律的认识而制定的指导教学工作的基本准则,常见的教学原则有科学性与思想性相统一;理论联系实际原则;启发性原则;直观性原则;循序渐进原则;巩固性原则;量力性原则(可接受性原则)。

教学方法是师生为了完成教学任务、实现教学目标而采取的共同活动方式,是教师引导学生掌握知识技能、获得身心发展而共同活动的方法。我国中小学常用的教学方法有:讲授法、谈话法、讨论法、演示法、练习法、实验法、读书指导法等。

❓ 思考题

1. 简述什么是教学和教学的基本任务。

2. 如何理解教学过程是一种特殊的认识过程?

3. 教学的基本原则有哪些? 你如何理解循序渐进原则?

4. 试从教学任务的角度分析以下现象:

最近一次中国青少年体质健康调查报告表明,近二十年,中国青少年的体质在持续下降。有专家把现在的青少年体质概括为"硬、软、笨"。硬,即关节硬;软,即肌肉软;笨,即长期不活动造成的动作不协调。专家分析,造成青少年体质下降主要有两个原因:一是现代化的生活方式;二是目前的应试教育过分注重升学率,导致学生学业负担过重,学习时间过长,缺少体育锻炼时间。

5. 阅读案例,完成下面的问题。

相同的两节几何课

A老师让两名学生在黑板上用大圆规画圆。第一名学生很快画好,第二名学生由于受力不均匀,圆形画扁了还收不了口。老师随后问全班学生:"哪一个图形是圆? 为什么?"在场同学都能回答出来第一个是圆形,但是却没有一个同学能回答"为什么"。这时老师根据两张图带领同学去观察、比较、分析,最后概括出圆的两个要素——定点和定长。至于圆的定义要求学生自己阅读课本认识。学生看过书以后,提出还有一个要素——要在平面上。这时,老师拿出一根绳子,一头固定,另一头在空中转,引导全班同学想象那个动点形成什么图形? 学生说,是一个球形,不是圆形。这时老师再让学生再一次看书弄清圆形的三要素。此时学生不仅懂什么是圆,在今后学习其他数学定义时也有了方法。

B老师则是在上课的时候简单地引入正题,再让学生自己去看书学习圆的定义(此时学生的学习动机未必能从潜伏状态进入活动状态)。通过自学,学生也学了圆的三要素。

问题:同样是几何课,结合本章所学知识点,阐述这两个老师的教育方法,哪一种能更加深切地影响学生未来的发展呢?

第九章
教学(下)

学习目标

1. 了解教育史上有影响力的几种教学组织形式。
2. 了解教学评价的作用,掌握教学评价各类型的特点。
3. 知道教学工作的基本环节,并掌握各环节有效开展的流程和方法。
4. 掌握设计教学目标、教学内容、教学方法和教学时间的基本要求。
5. 通过学习教学工作的相关内容,激发对教学实践的探究兴趣,加深对教育事业的热爱之情。

思维导图

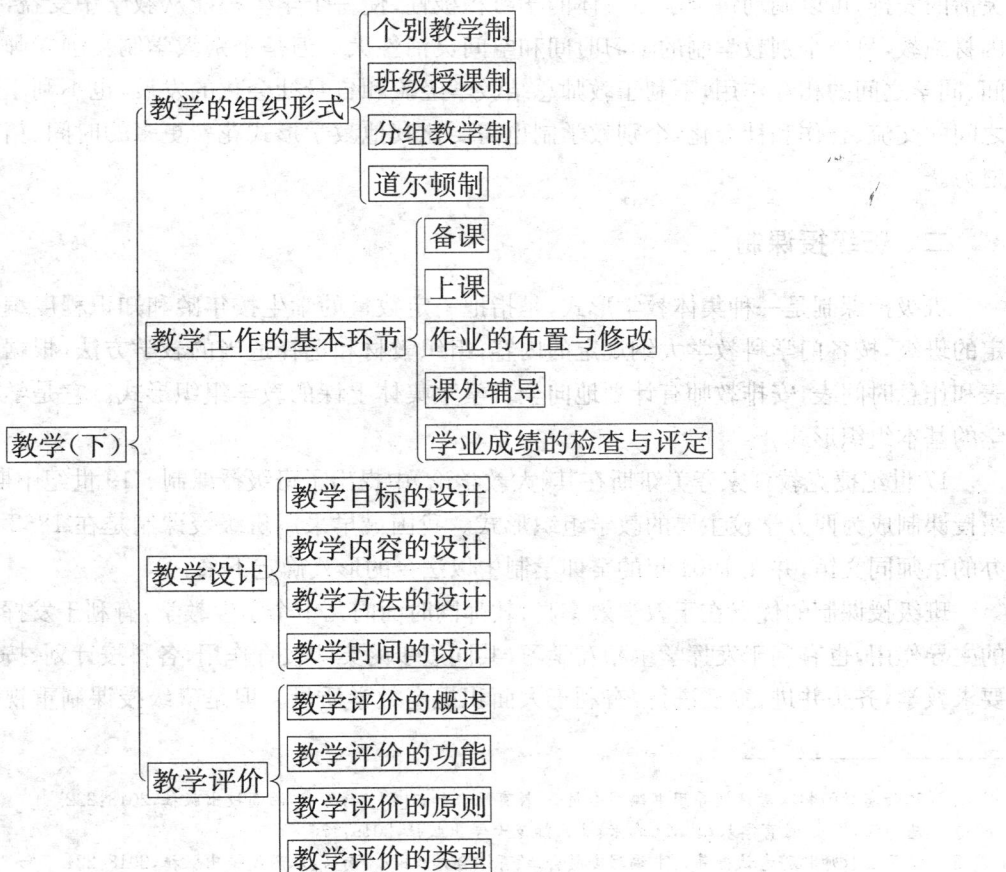

教学(下)
- 教学的组织形式
  - 个别教学制
  - 班级授课制
  - 分组教学制
  - 道尔顿制
- 教学工作的基本环节
  - 备课
  - 上课
  - 作业的布置与修改
  - 课外辅导
  - 学业成绩的检查与评定
- 教学设计
  - 教学目标的设计
  - 教学内容的设计
  - 教学方法的设计
  - 教学时间的设计
- 教学评价
  - 教学评价的概述
  - 教学评价的功能
  - 教学评价的原则
  - 教学评价的类型

第一节　教学的组织形式

教学组织形式是指为完成特定的教学任务,教师和学生按一定要求组合起来进行活动的结构。主要解决教师与学生以什么形式组合起来、教学活动的程序如何确定等问题。教学组织形式不是固定不变的东西。随着社会政治经济和科学文化的发展及其对培养人才要求的不断提高,教学组织形式也不断发展和改进。

一、个别教学制

个别教学就是教师向学生传授知识,布置、检查和批改作业都是个别进行的教学形式。[①] 我国宋代以前的各级官学和私学,欧洲古代和中世纪的教育均采用个别教学,它是漫长的奴隶社会和封建社会中主要的,甚至唯一的教学组织形式。17世纪以后随着班级授课在世界范围的普遍采用,个别教学就成了教学的非主要组织形式。但在20世纪五六十年代,个别教学在欧美各国重新受到重视。

个别教学制的优点在于教师能够根据每位学生的特点、学习内容和学习进度等做出灵活的安排,可以调动每个学习主体的学习积极性,使每个学生都能从教学中受益,便于因材施教,另外个别教学制的学习时间和空间灵活性大。但是个别教学制会削弱师生之间、同学之间的相互作用,不利于教师总结教学经验和自身社会化的发展,也不利于学生之间的交流、合作和社会化,个别教学制也需要比其他教学形式花费更多的时间、精力和财力。[②]

二、班级授课制

班级授课制是一种集体教学形式,是指把一定数量的学生按年龄和知识程度编成固定的班级,按各门学科教学大纲规定的内容,组织教材和选择适当的教学方法,根据周课表和作息时间表,安排教师有计划地向全班学生集体上课的教学组织形式。它是学校教学的基本组织形式。[③]

17世纪捷克教育家夸美纽斯在其《大教学论》中提出了班级授课制。19世纪中期,班级授课制成为西方学校主要的教学组织形式。我国最早采用班级授课制是在1862年创办的京师同文馆,并在1904年的癸卯学制中以法令的形式确定下来。

班级授课制的优点在于教学效率高,教师同时面向几十个学生教学,有利于发挥教师的主导作用,也有利于发挥学生相互学习、共同进步的集体教育作用,各科按计划、按统一要求教学,齐头并进、穿插进行,有利于大面积提高教学质量。但是班级授课制重视统一

---

① 江西省教师招聘考试辅导用书编写委员会.教育综合知识[M].南昌:江西高校出版社,2018:222.
② 唐德海,梁庆.教育学基础[M].北京:北京师范大学出版社,2019:170.
③ 江西省教师招聘考试辅导用书编写委员会.教育综合知识[M].南昌:江西高校出版社,2018:221.

要求,教师很难照顾到学生的个别差异,不利于发挥学生的主动性和积极性,不利于因材施教。[①]

三、分组教学制

19世纪末20世纪初,为了适应现代生产的需要和现代科学技术的发展,为了调和阶级矛盾,一些资本主义国家延长了义务教育的年限,扩充和更新了学校的一些教学内容。一些资产阶级教育家为了适应儿童的学习程度,适应学生的个性差异,对班级上课制实行改良或改革的实践。属于改良班级上课制的是分组教学。分组教学分为:能力分组,即学生学习的课程相同,学习的年限不同;作业分组,学生的学习年限相同,学习的程度不同。

分组教学制的优点在于可以切实地适合不同班级的水平和特点,较好地照顾学生个别差异,有利于激发学生的学习兴趣,培养学生的特长,有利于因材施教。但是分组教学制很难对学生的能力和水平进行科学鉴别,教师施教难度大,同时分组教学制违背了教育公平原则,容易造成学生心理不平衡,甚至出现矛盾。[②]

四、道尔顿制

1920年,美国的H.柏克赫斯特在马萨诸塞州的道尔顿中学创建了一种新型的教学组织形式,人们通常称之为道尔顿制。道尔顿制最大的特点是废除了课程表和年级制,将课室改为自习室或实验室,陈列各种图书和仪器,教师不再通过上课向学生系统地讲授教材,而只为学生分别制定自学参考书、布置作业,由学生自学和独立作业,有疑难时才请教师辅导,学生完成一定阶段的学习任务后,向教师汇报学习情况并接受考查。

道尔顿制重视培养学生的学习主动性和自学能力,但是没有教师传授和讲解新知识,学生会浪费大量时间在一些没必要的摸索上面,因而学生得不到系统化的培养,教学也容易产生混乱。[③]

第二节　教学工作的基本环节

教学是教师有目的、有计划、有组织地引导学生学习和掌握文化科学知识和技能的实践活动,在现代学校中,虽然各种不同的科目需要有不同的教学方法和程序,但就各种教学活动的一般程序而言,它们大致是相同的。主要包括备课、上课、作业的布置与批改、课外辅导以及学业成绩的检查与评定五个基本环节,各环节相互配合与协调运行才能提高教学质量,确保教学的有效进行。

① 江西省教师招聘考试辅导用书编写委员会.教育综合知识[M].南昌:江西高校出版社,2018:221-222.(引用时有所改动)
② 江西省教师招聘考试辅导用书编写委员会.教育综合知识[M].南昌:江西高校出版社,2018:223.
③ 王道俊,郭文安.教育学[M].北京:人民教育出版社,2011:251.

一、备课

备课是教师教学工作的重要环节之一,是教学工作的起始环节,是上好课的前提和关键。具体可包括研读课程标准(教学大纲)、钻研教科书、了解学生和制定教学进度计划。备课方式也有教师个体备课和教师集体备课两种。但这两种备课方式并不相互冲突,相反,在教学实践中它们常常是有效结合在一起的。

1. 研读课程标准(教学大纲)

课程标准(教学大纲)是教材编写、教学、评估和考试命题的依据,也是教师备课的指导文件。我国基础教育课程标准提出的课程理念和目标对义务教育阶段的课程与教学具有指导作用,所规定的课程目标和内容标准是每一个学生在该阶段应当达到的基本要求。研读课程标准(教学大纲),就是要明确本学科的教学目的;了解本学科的教材体系和基本内容;明确本学科在能力培养、思想教育和教学法上的基本要求。教师要使自己的教学有方向、有目标、有效果,就必须认真研读课程标准(教学大纲),否则,教学将失去方向,达不成既定目标。

2. 钻研教科书

教科书是教师备课和上课的主要依据。教师备课,必须要通读全书,熟练地掌握教科书的全部内容,了解全书的知识结构体系,分清重点章节和各章节基本知识的重难点,整体把握基本知识、基本技能,然后在准备上每一节课时,再确定每节课教学内容在整个学科知识体系的地位、在能力培养和思想教育方面的要求,并对每节课的教学要求做具体安排。

3. 了解学生

学生是教学对象,因此教师的备课不仅要面向知识本身,而且还要面向学生,教师只有了解学生,才能有效地将教学内容和学生的实际联系起来,从而达到良好的教学效果。

了解学生包括了解学生的年龄特征,熟悉所教班级成绩分布状况和班风,了解学生的学习需要、学习态度、思想特点等。具体来说,教师可以从以下几个方面去了解学生:① 了解学生的知识基础;② 了解学生的能力基础;③ 了解学生的学习方法和学习习惯;④ 了解学生的兴趣、爱好和价值观。[①]

4. 制定教学进度计划

教学进度计划是在钻研教材和了解学生的基础上进行的,是备课活动的最终环节。制定教学进度计划具体可分为制定学期教学进度计划、课题计划和课时计划三类。[②]

(1)学期教学进度计划

学期教学计划应该在学期或学年开始前制定好,内容包括:学生情况的简要分析,本学年或本学期教学的要求,课程标准(教学大纲)、教科书的章节,各个学科的教学时数

---

① 唐德海,梁庆.教育学基础[M].北京:北京师范大学出版社,2019:166.(引用时有所改动)
② 王道俊,郭文安.教育学[M].北京:人民教育出版社,2011:257.(引用时有所改动)

和时间的具体安排，各章节所需要的主要直观教具等。

（2）课题计划

也称"单元教学计划"，课题教学开始之前，教师必须对课题的教学进行全盘考虑，制定出课题计划。课题计划的内容包括：课题名称、课题教学目的、课时划分、各个课时的教学任务与内容，以及课的类型及其采用的教学方法。

（3）课时计划

也称"教案"，是对每一堂课具体深入的教学准备。课时计划往往是在写课题计划时一同编写的。一个完整的课时计划，一般包括以下几个项目：班级、学科名称、授课时间、题目、教学目的、课的类型、教学方法、教具、教学进程、备注。其中，教学进程包括一堂课教学内容的详细安排、教学方法的具体运用和时间的分配。

二、上课

上课是整个教学工作的中心环节。提高教学质量，关键是上好课。一般来说，要上好课，除了必须要遵循教学规律、贯彻教学原则以外，还应该达到下列基本要求：[①]

1. 目标明确

教学目标是一节课的灵魂，是上课的出发点和归宿。是否实现了预定的教学目的，是衡量一堂课教学质量的重要指标。目标明确主要包含了三层意思：一是教学目标要明确、全面、具体，要符合教师和学生的实际，应兼顾掌握知识技能、发展智能和培养思想品质。二是师生双方对一节课的教学目标都应当明确，这有利于师生相互配合，使教和学共同指向教学目标。三是指课堂上的一切活动都要围绕教学目标进行，以提高教学效率、保证教学任务的顺利完成。

2. 内容正确

教师课堂上所讲授的内容和呈现的材料必须是科学性的，教师的传授也必须是有条理、符合逻辑、重难点突出的。同时，还要深入挖掘教材蕴含的思想性，使学生受到启迪，产生共鸣，促进学生的全面发展。

3. 方法得当

教学方法是实现教学目标的手段，教师所选用的方法应符合教学任务、教学内容和学生的特点等。同时，在课堂教学过程中，教师将多种教学方法有机结合，并能根据教学进展的情况机智灵活地加以调整和变化。此外，教师还应恰当地选择和使用各种教具及现代化教学手段，以便使学生顺利、高效地掌握教学内容，增强教学效果。

4. 组织严密

课堂教学要有严密的计划性和组织性。教师应巧妙地安排课的结构，使课的进程次序分明、井然有序、环环相扣、过渡自然，且要科学地分配时间，按时进行教学计划的各个

---

① 江西省教师招聘考试辅导用书编写委员会.教育综合知识［M］.南昌：江西高校出版社，2018：209.（引用时有所改动）

步骤,完成各项任务,不出现空堂和拖堂现象。此外,教师还应注意组织好教学,机智地处理偶发事件,使课堂教学始终有良好的纪律和秩序。

5. 教学基本功扎实

教师的教学基本功扎实是上好课的重要条件,主要包括讲、写、画、作、演五个方面。"讲"是讲话,就是要熟练地运用教学语言、有效地表达教学内容、控制教学过程和课堂气氛。"写"是指板书,即熟练地掌握板书技巧,遵循教学板书的基本要求,有效地配合讲授等活动。"画"是指能够准确、恰当地画出教学所需的图表、图形等。"作"是指教态要求朴实大方、自然优美,能促进教学内容的表达。"演"是指能够正确运用各种教学手段,如运用语言文字、教具等进行演示,要求准确、规范、清晰。

6. 积极性高

教学是师生双方共同进行的双边活动,所以上课过程中教师和学生要能够保持积极互动的活动状态。上课时,教师一方面要充分发挥自己的主导作用,按照计划积极实施、调控教学过程,善于引导学生的思路,启发学生的思维;另一方面,要创设民主合作、轻松和谐的课堂气氛,引导学生主动参与教学活动,做到师生关系融洽、产生思想共鸣。[①] 作为学生来说,也要保持高度的注意状态,积极参与课堂活动。积极性高是上好一堂课的内在动力。

三、作业的布置与批改

作业是结合教学内容,要求学生独立完成的各种类型的练习。主要有课内和课外两种形式,无论是课内作业还是课外作业,其作用都在于帮助学生消化和巩固所学的知识,进一步掌握相关知识的技能、技巧。通过作业的布置和批改,教师可以及时发现学生在知识或技能方面的缺陷并加以纠正,同时对学生的作业完成情况做出评价,并针对其进一步学习提出建议。

学生的作业大致有以下种类:[②]

(1)阅读作业。阅读教科书和参考书,如复习、预习教科书等。

(2)口头作业。如:口头问答、朗读、复述。

(3)书面作业。如演算习题、写作文、绘制图表等。

(4)实践作业。如观察、实验、测量、调查等。

教师布置课外作业时应遵循下列要求:[③]

(1)课外作业要符合教学大纲与教材内容的要求。

(2)作业的分量要适当,难易要适中。不搞题海战术,不增加学生负担,更不要把作业当作惩罚的手段,给学生造成心理压力和身心疲劳。

(3)布置作业要向学生提出明确要求,并规定完成时间。

---

① 夏小红.展教师人格魅力,让学生"亲师信道"[J].江西教育,2011(Z6):16.
② 江西省教师招聘考试辅导用书编写委员会.教育综合知识[M].南昌:江西高校出版社,2018:210.
③ 江西省教师招聘考试辅导用书编写委员会.教育综合知识[M].南昌:江西高校出版社,2018:210.

（4）作业也要体现因材施教和学生学习的自主性。布置作业时，教师既要照顾大多数学生的实际水平，又要照顾到优秀学生和后进学生，使每个学生都得到锻炼和相应的提高。

批改和讲评作业是教师检查教学效果、指导学生学习的重要手段。所以，教师对学生的作业要按时收发，认真检查和批改，适时地进行讲评，以便及时掌握教学情况，促进学生知识的完善。批改作业的方式有：全收全改、重点批改、轮流批改、师生共同批改和只批不改。[①] 批改作业时，应注意学生作业中出现的错误的数量和性质，在批语中扼要地给学生指出，同时，要记录下来作为课堂讲评和改进教学的依据。对一些典型的、共性的问题，要以课堂讲评的形式进行分析、解决。

四、课外辅导

课外辅导是在课堂教学时间以外，教师帮助和指导学生的学习活动。它是课堂教学的一种补充形式，可以弥补课堂教学的不足。但课外辅导不是上课的继续和简单重复，而是因材施教，是提高教学质量的重要措施。

课外辅导，是教学工作不可缺少的环节之一，它对贯彻因材施教的原则，提高教学质量，起着重要的作用。由于学生的基础、学习态度、学习条件、兴趣爱好等不同，学习成绩自然就不一样。为了使学得好的学生学得更好，充分发挥他们的才智，帮助学得差的学生逐步赶上，光靠课堂教学是不够的，还必须搞好课外辅导。课外辅导的内容，一般包括以下几个方面：给学生解答疑难问题，指导学生做好课外作业；给学习基础差的学生和因事因病缺课的学生补课，帮助他们克服学习上的困难；给成绩特殊优异的学生做个别指导，扩大其知识层面。教师要做好课外辅导工作，必须深入到学生中去，耐心细致地做好工作，才能使课外辅导收到实际效果。[②]

课外辅导一般可采取个别辅导、小组辅导和集体辅导三种形式，而在实际教学工作中，较常见的是针对少数学生或个别学生的特殊情况进行专门的个别辅导。课外辅导的要求：一是因材施教，从学生的实际出发，确定辅导内容和措施；二是指导学生独立思考、钻研，让学生找到适合自己的学习方法；三是发挥集体优势，组织学生开展互帮互学活动。[③]

教师要正确处理好课堂教学与课外辅导的关系，要集中精力抓好课堂教学，提高课堂教学的效率，反对本末倒置，更不能变相搞有偿辅导。

五、学业成绩的检查与评定

教师对学生学业成绩进行检查与评定是了解教学效果的一种手段，是教学工作的必要环节。对学生来说，通过学业成绩可以激发学习动机，促进复习巩固所学的知识、技能，

---

① 江西省教师招聘考试辅导用书编写委员会.教育综合知识[M].南昌：江西高校出版社，2018：210.
② 靳升如.谈教学工作的基本环节[J].科技信息，2009(8).
③ 江西省教师招聘考试辅导用书编写委员会.教育综合知识[M].南昌：江西高校出版社，2018：210.

可以及时获得自己学习的反馈信息,明确努力方向。学业成绩的评定对促进学生学习、改进教学工作、提高教学质量有重要意义。

检查学生学业成绩的方法,主要有两种:[①]

1. 考查

口头提问,这是运用比较普遍的一种考查方法。它的优点是教师能当场了解学生掌握知识的情况。检查书面作业,通过书面作业的检查,教师可以从作业中了解学生学习的质量和学习上存在的问题。书面测验,这种方式可以在一章或一个课题学习完毕以后进行,也可以在学期中进行。它的优点是可以在比较短的时间内,普遍地检查每个学生的学习质量。

2. 考试

考试的方式有:口试、笔试和实践考试等。采取哪种方式,应根据学科的特点、内容和考试的具体要求,灵活运用。在中小学教学中,主要有期中考试、期末考试和毕业考试。笔试,是中小学最常用的考试方式,一般采用闭卷的形式进行,组织考试应注意以下几个问题:

(1)试题类型要多样化。教师应根据学科内容的特点和考试的具体目的,灵活地运用各种试题类型,做到既要方式多样化,又不过频繁,以免增加学生的学习负担和精神压力。试题类型可以分为必答题和选答题两大类。必答题是指学生根据自己的理解,用自己的语言对教师规定的问答题、解答题等做出回答的试题类型。必答题试题又称作主观性试题,强调学生答题的思考过程,需要学生填写重要的事实、关键的问题、证明的方法、词语的解释等,考察较为高级的思维和能力。选答型试题是指测验中学生要从教师事先提供的可选择的多种答案中挑选一个或者多个正确的答案。选答型试题又叫作客观性试题,主要的题型有单项选择题、多项选择题、是非题、匹配题等。[②]

(2)提高命题质量。对学生的学习而言,考试内容是一种实际的引导,因此,教师的命题应符合学科课程标准的要求,不出偏题、怪题。考试内容既要突出重点知识,又要注意扩大知识面;试题应难易适度、分量适中,且有较高的信度和效度;试题的形式要多样化,应根据具体条件和考试目的灵活地选用主观性试题和客观性试题,避免死记硬背式的试题;所编试题应便于解答、阅卷评分省力、抗主观干扰性强;试卷编好后,还应拟定其具体而明确的标准答案和评分标准。

(3)加强考试管理。教师既要重视思想教育工作,端正学生的考试态度,解除学生的思想负担,又要加强考试纪律,杜绝作弊行为,以保证考试的有效性。

评定学生成绩的方法主要有百分制计分法和等级制计分法。其中等级制计分法包括文字登记计分法,如:甲、乙、丙、丁、优、良、中、及格、不及格;数字积分法,如:5、4、3、2、1。[③]

---

① 靳升如.谈教学工作的基本环节[J].科技信息,2009(8).
② 唐德海,梁庆.教育学基础[M].北京:北京师范大学出版社,2019:169.
③ 江西省教师招聘考试辅导用书编写委员会.教育综合知识[M].南昌:江西高校出版社,2018:210.

学生成绩评定的基本要求:① 客观公正。每一科的学科课程标准所规定的知识范围、水平和相应的技能、能力,是评定学生成绩的标准。② 为学生指出学习上的优缺点和努力方向,这是评定学生成绩的主要目的。①

第三节 教学设计

教学设计是以获得优化的教学效果为目的,以学习理论、教学理论和传播理论为理论基础,运用系统方法分析教学问题、确定教学目标、建立解决教学问题的策略方案、试行解决方案、评价试行结果和修改方案的过程。②

教学设计以教学效果最优化为目的,以解决教学问题为宗旨。根据教学对象和教学目标,确定合适的教学起点与终点,将教学诸要素有序、优化地安排,形成教学方案的过程。

一、教学目标的设计

教学目标设计是对教学活动预期所要达到的结果的规划,它是教学设计的重要环节。合理的教学目标是保证教学活动顺利进行的必要条件,教学目标规定着教学活动的方向、进程和预期结果,是评价教学效果的基本依据,是学习者自我激励、自我评估、自我调控的重要手段。③

科学合理的教学目标设计是实施有效教学的重要策略,而部分教师在教学目标设计的描述上往往笼统、模糊,这样不利于后续的教学设计。一般来说,目标的表述一般包括以下四个要素:④

(1) 行为主体:是指学习者,表述学生的学习行为不是教师的教学行为。若写成"教给学生……"或"培养学生……"都是不妥的,这样,行为的主体就变成了教师,而教师的行为不是教学目标加以描述的对象。教师的行为应放在具体的教学流程中。"能理解……"或"根据……对……进行分析"的表述就清楚地表明了达成目标的行为主体是学生。

(2) 行为动词:用以描述学生所形成的可观察、可测量的具体行为。用以表述"知道"的行为动词有"说出、填出、指出、写出"等。用以表述"理解"的行为动词有"解释、说明、分类、归纳、举例"等。用以表述"应用"的行为动词有"示范、评价、修改"等。

(3) 情境或条件:指影响学生产生学习结果的特定的限制或范围,主要说明学生在何种情境下完成指定的操作。① 是否使用辅助手段。如:不用量角器……② 是否提供信息或不提供。③ 完成行为的情境。如:通过合作学习小组的讨论,制定……

(4) 表现水平或标准:指学生对目标所达到的表现水平,用以测量学生学习的结果所

---

① 江西省教师招聘考试辅导用书编写委员会.教育综合知识[M].南昌:江西高校出版社,2018:211.

② 王辉等.学校教育技术操作全书[M].北京:经济日报出版社,1999:577.

③ 全国十二所重点师范大学联合编写.教育学基础[M].北京:教育科学出版社,2002:191.

④ 傅道春.教师技术行为[M].哈尔滨:黑龙江教育出版社,1994:153-155.(引用时有所改动)

达到的程度。目标表述中的状语部分，便是限定了目标水平的表现程度，如：能详细地说出……客观正确地评价……

拓展阅读

小学语文课文《李时珍》的教学目标设计①

1. 理解课文内容，学习李时珍一心为病人解除痛苦而学医的崇高思想，学习他在编写《本草纲目》的过程中表现出来的严谨的态度和忘我的工作精神。

2. 按照提供的段意练习给课文分段。

3. 学习本课生字新词。

4. 朗读课文，背诵课文第五自然段。

二、教学内容的设计

教学内容设计是教师认真分析教材、合理选择和组织教学内容以及合理安排教学内容的表达或呈现的过程。它是教学设计最关键的环节，是教学设计的主体部分，其质量高低直接影响教学活动的成败。②

教学设计应该根据不同类型的知识特点进行，主要将知识分为两种类型，其教学设计分别如下：③

（一）陈述性知识的教学设计

陈述性知识也叫描述性知识，是个人能用语言进行直接陈述的知识。这类知识主要用来回答事物"是什么""怎么样"的问题，可用来区别和辨别事物。

在陈述性知识的教学设计中，要将设计的重点放在如何帮助学生有效地理解、掌握这类知识上，注重学生对其符号或词语意义的获取。教师在具体设计过程中应注意以下方面：找出新知识与原有相关知识的结合点，讲清二者间的相互联系，以帮助学生在理解的基础上有效吸收、同化新知识。对学生的学习准备状况做认真分析，除了解学生的一般学习状况外，还应对学生已有的知识准备、知识结构、学习动机和学习习惯做深入分析。恰当引入教学媒体，如教具、学具的使用，教材呈现手段的变化等。

（二）程序性知识的教学设计

程序性知识是个人没有有意识地提取线索，只能借助某种作业形式间接推论其存在的知识。程序性知识是一套办事的操作步骤，是关于"怎么办"的知识。

---

① 语文教学设计教案，https://www.liuxue86.com/k_%E8%AF%AD%E6%96%87%E6%95%99%E5%AD%A6%E8%AE%BE%E8%AE%A1%E6%A1%88%E4%BE%8B/.

② 全国十二所重点师范大学联合编写.教育学基础[M].北京：教育科学出版社，2002：192.

③ 傅道春.教师技术行为[M].哈尔滨：黑龙江教育出版社，1994：149.

程序性知识的教学设计应确定的教学目标,主要就是帮助学生形成运用概念、规则和原理解决问题的能力。为达成这一目标,程序性知识教学要有充分的练习设计。在设计概念练习时,应注意充分应用正反例。呈现正例有助于概括和迁移,但也可能导致泛化。呈现反例有助于辨别,使概念精确。规则的学习掌握也应配一些练习,及时引导学生将新学习的规则应用于问题解决的情境中,做到一遇到适当的条件,便能立即做出反应。总之,教师在进行这类知识的教学设计时,要对讲授与练习的时间进行合理规划,使规则、概念的掌握与解决问题技能的形成在课堂教学中都能得到有效保障。

总之,两种类型知识的设计要选择适宜贴切的内容。其一,与目标无关或关系不大的内容必须删除;其二,所选内容在学生的"最近发展区"内,既以学生的心理水平为基础,又有发展性;其三,所选内容要有启发性,能锻炼学生的思维、启迪其心灵。另外,组织内容时要将逻辑顺序和心理顺序相结合。

三、教学方法的设计

教学方法是教授方法与学习方法的统一。但由于教师在教学过程中处于主导地位,所以在教法与学法中,教法处于主导地位。教师应以学生发展为中心,根据课程,因课制宜,采取适合的课堂教学方式方法。要求教师能够在现代教学理论的指导下,熟练地把握各类教学方法的特性,能够综合地考虑各种教学方法的各种要素,积极引导学生主动学习,提高学习效率,提升自主学习能力[1]。教师在选择教学方法时要遵循以下一些步骤和要求:

首先,要明确选择教学方法的标准。一般的选择标准主要有:根据具体的教学目标、教学任务、教学进度和教学时间选择教学方法;根据学生的学习特点选择教学方法;根据教师的特点选择教学方法;根据现有的教学条件选择教学方法。其次,尽可能广泛地了解有关新的教学方法,以便自己选择。再次,对各种可供选择的教学方法进行比较,主要比较它们之间的特点、适用范围、优越性和局限性等[2]。具体要求如下:

（一）依据教学目标选择教学方法

不同领域或不同层次的教学目标的有效达成,要借助于相应的教学方法和技术。教师可依据具体的可操作性目标来选择和确定具体的教学方法。

（二）依据教学内容特点选择教学方法

不同学科的知识内容与学习要求不同;不同阶段、不同单元、不同课时的内容与要求也不一致,这些都要求教学方法的选择具有多样性和灵活性的特点。

（三）根据学生实际特点选择教学方法

学生的实际特点直接制约着教师对教学方法的选择,这就要求教师能够科学而准确

① 夏小红.角色扮演教学模式的构建与实践[J].景德镇学院学报,2019,34(2):103.
② 全国十二所重点师范大学联合编写.教育学基础[M].北京:教育科学出版社,2002:194.

地研究分析学生的特点,有针对性地选择和运用相应的教学方法。

(四)依据教师的自身素质选择教学方法

任何一种教学方法,只有适应了教师的素养条件,并能为教师充分理解和把握,才有可能在实际教学活动中有效地发挥其功能和作用。因此,教师在选择教学方法时,还应当根据自己的实际优势,扬长避短,选择与自己最相适应的教学方法。

(五)依据教学环境条件选择教学方法

教师在选择教学方法时,要在时间条件允许的情况下,能最大限度地运用和发挥教学环境条件的功能与作用。

总而言之,教师选择教学方法的目的,是要在实际教学活动中有效地运用。因此,教师首先应当根据具体教学的实际,对所选择的教学方法进行优化组合和综合运用。其次,无论选择或采用哪种教学方法,要以启发式教学思想作为运用各种教学方法的指导思想。另外,教师在运用各种教学方法的过程中,还必须充分关注学生的参与性。

四、教学时间的设计

学校教学活动总是在一定的时间内进行的,教学时间是影响教学活动的一个重要因素,控制和改变教学时间在一定程度上也意味着控制和改变教学活动。[①] 合理设计教学时间,能够提高教学效率,提高教学质量。设计教学时间主要有两方面:

(一)科学规划单元课时,把握整体时间分配

备课时要充分利用教材和教参,承上启下地熟知教材内容,分析教材的重点、难点、疑点,教师本人对教学内容的重点、难点一定要了如指掌。在进行单元课时设计时,应分析学生已有的知识准备状况,找出单元内容包含的知识点以及重点、难点,在此基础上确定每个单元所需的教学时间。

教学时间要根据教学内容进行分配,要遵循"主多次少"的原则,对于重点的和难点的内容多花时间,对于次要的内容少花时间。最好在进课堂前,在头脑中先给自己上上课,规划时间,做到心中有数,灵活应对课堂中的突变。

(二)注意学生专注学习的时间,调动积极性,缓解学习疲劳

每个学生每天的学习能力有高低变化,一般每天学习能力最强的时间是上午二三节课期间,较差的时间是下午第一节课。此外,学生的年龄不同,学习的有效持续时间也不相同。其专注学习的时间随着年龄的增长而增长。中小学生的专注力大概维持 30 分钟左右,而一堂课一般为 40 或 45 分钟,所以对于中小学生来说,整堂课维持高度专注力很难。因此,在教学中要牢记学生是学习的主体,要充分利用新课程教学理念,转变学生学

① 全国十二所重点师范大学联合编写.教育学基础[M].北京:教育科学出版社,2002:194.

习的方式,要十分注重与学生的情感交流,善于倾听学生的发言,运用恰当的鼓励性语言评价学生,充分调动学生学习积极性,缓解学生的学习疲劳,延长学生专注学习的时间。

拓展阅读

以高中人教版 3-1 教材中"电功 电功率"一节为例,教学时间设计如下:

1. 复习回顾初三所学电功和电功率知识。(3 分钟)

2. 运用高中新学知识探究得出电功的本质,并推导出电功的计算公式。(6 分钟)

3. 正确区分额定功率和实际功率。(14 分钟)

4. 阅读课本,理解为何电流流过导体,导体会发热。(5 分钟)

5. 复习初中已学的焦耳定律,在此基础上引入热功率。(2 分钟)

6. 从能量守恒的角度切入,分析不同电路中电功率(电功)和热功率(电热)的关系,并进行实验演示,且让学生对此实验现象提出问题并解决问题。(7 分钟)

7. 综合应用所学知识,解决实际问题。(6 分钟)

8. 总结新课内容。(2 分钟)

分析:对于初中已学过的知识,通过复习唤起学生回忆,一般占用 5 分钟的时间。重点放在高中新增加的内容,对于新增的内容和学生学习中存在的难点和疑点采用推理加实验的方法,通过推理引导学生有效地应用所学知识和规律建立新的知识和规律,提高学生抽象思维能力与逻辑推理能力。通过实验使学生获得具体明确的感性认识,形成鲜明的表象,加深对概念规律的理解,并在物理实验中让学生学习提出问题、分析问题和解决问题的方法,培养学生的实践能力和创造能力。[1]

第四节　教学评价

一、教学评价的概述

(一)教学评价的概念

教学评价是根据一定的教育价值观或教育目标,运用可行的科学手段,通过系统地收集信息资料并分析整理,对教育活动、教育过程和教育结果进行价值判断,为提高教育质量和教育决策提供依据的过程。教学评价是对教学活动现实的或潜在的价值做出判断的过程。

教学评价包括学习效果评价、智力和能力倾向评价、性格和品德评价、身体评价、教师评价和课程、教材评价等具体内容,也就是研究教师的教和学生的学的价值的过程。[2]

---

[1] 资料来源:https://max.book118.com/html/2018/0606/171023537.shtm.

[2] 江西省教师招聘考试辅导用书编写委员会.教育综合知识[M].南昌:江西高校出版社,2018:223.

（二）教学评价的意义

教学评价具有多方面的意义。通过教学评价,对学校来说,可以记载和积累学生学习情况的资料,定期向家长报告他们子女的成绩,并作为学生升、留级和能否毕业的依据;对教师来说,可以及时了解学生的学习情况和获得教学效果的反馈信息,以分析自己教学的优缺点,更好地提高教学水平;对学生来说,可以及时得到学习效果的反馈信息,明确自己学习中的长处与不足,从中受到激励和警示,以扬长补短;对学校领导来说,可以了解每个教师、每个班的教学情况,便于发现问题与总结经验,以改进教学;对家长来说,可以了解子女的学习情况及其变化,以便配合学校进行教育。[①]

二、教学评价的功能

（一）导向功能

导向功能是指教育评价本身所具有的引导教育活动朝着理想目标前进的功效和能力,这是由评价标准的方向性决定的。按照教育方针,课程计划规定的学校培养目标,各科教学大纲规定的教学目的、任务、内容,是教学评价的基本依据,它们是通过教师的教和学生的学的具体活动实现的。在评价过程中,把师生的活动分解成若干部分,并制定出评价标准。根据这些标准判定师生的活动是否偏离了正确的教学轨道,是否偏离了教育方针和教学目标,有无全面完成各科教学大纲规定的目的和任务,从而保证教学始终沿着正确的方向发展。

如果评价者所选择的标准是恰当合理的,能全面反映课程计划和标准的要求,能体现学生全面发展的方向,就会对教学产生正面的导向作用,激励学生学习,促进学生自我评价,反之会带来负面影响,有可能使教学偏离正确方向。[②]

（二）反馈功能

通过教学评价,教师和学生知道教学过程的结果,及时地提供反馈信息。反馈信息在教学中具有重要的调节作用。只有通过反馈信息来调节行为,才有可能达到一定的目标。教师获得评价的反馈信息,能及时地调节自己的教学工作,能使教师了解自己的教学方法和教学过程组织中的某些不足,诊断出学生在学习上存在的问题与困难;可使教师明确教学目标的实现程度,明确教学活动中所采取的形式和方法是否有利于促进教学目标的实现,从而为改进教学提供依据。学生获得反馈信息,能加深对自己当前学习状况的了解,确定适合自己的学习目标,从而调整自己的学习。

（三）诊断功能

教学评价可以了解教师教学的效果和水平、优点、缺点、矛盾和问题,以便对教师考察

---

① 王道俊,郭文安.教育学[M].北京:人民教育出版社,2011:268.
② 江西省教师招聘考试辅导用书编写委员会.教育综合知识[M].南昌:江西高校出版社,2018:223.

和鉴别。这有助于学校和教育行政领导决定教师的聘用和晋升，有助于在了解教师状况的基础上，安排教师的进修与提高。教学评价能对学生在知识掌握和能力发展上的程度做出区分，从而分出等级，为升留级、选择课程、指导学职业定向提供依据，为选拔、分配、使用人才提供参考。同时，这也是向家长、社会、有关部门报告和阐释学生学习状况的依据。我国古代的科举考试，就是发挥了教学评价的诊断功能。[①]

（四）激励功能

良好的教育评价既能促进学生的发展，又能促进教师自身的专业发展。教学评价可以调动教师教学工作的积极性，激起学生学习的内部动因。对教师来说，适时地、客观地对教师教学工作做出评价，可以帮助教师发现问题，明确教学中取得的成就和需要努力的方向，可促使教师进一步地研究教学内容、教学方法，不断提高教育教学工作，促进教师专业化成长。对于学生来说，教师的表扬、鼓励、学习成绩测验等，可以提高学习的积极性和学习效果。同时，评价能促进学生根据外部获得的经验，学会独立地评价自己的学习结果，即自我评价。自我评价有助于学生成绩的提高。[②] 此外，还能起到激发学生学习动机的作用。研究表明，经常对学生进行记录成绩的测验，并加以适当的评定，可以有效地激发并调动学生的学习兴趣，推动课堂学习。[③]

> **真题再现**
>
> 教学评价的功能不包括（　　）。
> A. 激励功能　　　　B. 诊断功能　　　　C. 导向功能　　　　D. 补偿功能
> 【答案】D。

三、教学评价的原则

（一）客观性原则

客观性原则是指在进行教学评价时，从测量的标准和方法到评价者所持有的态度，特别是最终的评价结果，都应该坚持客观的、实事求是的态度，不能主观臆断或掺入个人情感。因为教学评价的目的在于给学生的学和教师的教以客观的价值判断，如果缺乏客观性就失去了意义，因此而导致教学决策的错误。客观性是教学评价的基本要求。[④]

（二）发展性原则

教学评价是鼓励师生、促进教学的手段，因此教学评价应着眼于学生的学习进步和动

① 江西省教师招聘考试辅导用书编写委员会.教育综合知识[M].南昌：江西高校出版社，2018：224.
② 王道俊，郭文安.教育学[M].北京：人民教育出版社，2011：268.（引用时有所改动）
③ 胡中锋.教育评价学[M].北京：中国人民大学出版社，2013.
④ 王道俊，郭文安.教育学[M].北京：人民教育出版社，2011：270.（引用时有所改动）

态发展,着眼于教师的教学改进和能力提高,以调动师生的积极性,提高教学质量。①

（三）科学性原则

科学性是指在进行教学评价时,应按照教学评价活动本身的客观规律办事,以科学的教学评价指标体系为尺度,以评价信息为依据,采用科学的评价方法技术,对评价对象进行实事求是的价值判断。②

（四）指导性原则

指导性原则是指评价者在进行教学评价时,要把评价和指导结合起来,在指出学生的长处与不足的基础上提出建设性意见,使被评价者能够发扬优点、克服缺点,不断前进,因此教学评价应该经常给师生以教学效果的反馈信息。③ 通过及时的、具体的、启发性的信息反馈,使被评价者明确今后的努力方向。

四、教学评价的类型

（一）依据评价的作用分类

根据评价在教学活动中发挥作用的不同,可把教学评价分为诊断性评价、形成性评价和总结性评价三种类型。④

1. 诊断性评价

诊断性评价是指在教学活动开始前,对学生现有的知识水平、能力发展的评价,以便采取相应措施使教学计划顺利、有效实施而进行的测定性评价。诊断性评价的实施时间,一般在课程、学期、学年开始或教学过程中需要的时候。比如:摸底考试。

2. 形成性评价

形成性评价是在教学过程中,为调节和完善教学活动,保证教学目标得以实现而进行的确定学生学习成果的评价。形成性评价可以帮助学生强化已学知识,发现没掌握的知识点,评价的结果用于改进、完善教学过程。一般以教学的一个单元为评价内容。如:一节课或一个课题教学中对学生进行的提问或书面测验。

3. 总结性评价

总结性评价是以预先设定的教学目标为基准,对教学和学习全过程的检验。总结性评价注重考察学生掌握某门学科的整体程度,概括水平较高,测验内容范围较广,常在学期中或学期末进行,次数较少,目的在于对教学的总体效果进行检验,考查学生的学业成

---

① 王道俊,郭文安.教育学[M].北京:人民教育出版社,2011:270.
② 江西省教师招聘考试辅导用书编写委员会.教育综合知识[M].南昌:江西高校出版社,2018:226.
③ 王道俊,郭文安.教育学[M].北京:人民教育出版社,2011:271.
④ 王道俊,郭文安.教育学[M].北京:人民教育出版社,2011:269.

绩。如：期中考试、期末考试。

（二）依据评价活动参照的标准分类

根据评价所运用的方法和标准不同，可分为：相对性评价、绝对性评价和个体内差异评价三种类型。[①]

1. 相对性评价

又称为常模参照评价。相对评价法是从评价对象集合中选取一个或若干个对象作为基准，将余者与基准做比较，排出名次、比较优劣的评价法。相对评价法便于学生在相互比较中判断自己的位置，激发竞争意识。这种评价方式不考虑评价对象是否达到教学目标的要求，而是按实际达到的程度排序，适用于选拔人才。

2. 绝对性评价

又称为常模目标参照评价。绝对评价法是在被评价对象的集合以外确定一个客观标准，将评价对象与这一客观标准相比较，以判断其达到程度的评价方法。

评价对象的评价结果只与既定目标比较，评价对象之间不进行比较，可以促使学生有的放矢，主动学习，并根据评价结果及时发现差距，调整自我，具有明显的教育意义。适用于评定评价对象是否达到特定的资格，如：升级考试、会考、合格考试。不适于人才选拔。

3. 个体内差异评价

个体内差异评价法是以评价对象自身某一时期的发展水平为标准，从被评价对象的实际出发，判断其发展状况的评价法。评价过程主要是比较个体状况前后的变化。这类评价适用于了解学生的学习特点和优势，尊重学生的个性发展。

---

① 江西省教师招聘考试辅导用书编写委员会.教育综合知识[M].南昌：江西高校出版社，2018：225.（引用时有所改动）

真题再现

　　小杨上个月英语的月考成绩为 70 分,本月英语成绩为 75 分,任课教师评价结果为"进步",这种评价方式属于(　　)。

　　A. 定量评价　　　B. 绝对性评价　　　C. 相对性评价　　　D. 个体内差异评价

【答案】D。

(三)依据评价主体分类

教学评价依据评价主体可以分为学生自我评价和教师评价两类。[①]

1. 学生自我评价

自我评价是自我鉴定、自我认识、自我剖析、自我提高的过程,是在教师的引导下,学生对自己的学习状况进行评价。学生作为评价主体,依据一定的标准对自己的期望、品德、发展状况、学习行为与结果及个性特征进行判断与评估,是学生自我认识、自我分析、自我提高的过程。包括学期中、学期末评估。主要采用文字阐述、口头叙述的形式。

2. 教师评价

教师评价指教师对学生进行分析、判断、描述、解释和提高的过程[②]。此处所涉及的教师评价,则主要是班主任与任课教师对学生的学习状况和成果进行评价。形式主要是在教学中进行的正式的测验、考查、考试以及其成绩评定,还有教师在引导学生学习的广泛接触中,尤其是个别指导过程中,对学生进行的评价。

【本章小结】

本章内容都是围绕有效教学而展开。首先,阐述了历史上出现的几种教学组织形式,各种教学组织形式都有各自的优缺点。其次,阐述了开展教学工作的基本环节,以及各环节的基本要求和方法;在教学设计的相关内容中,阐述了设计教学目标、内容、方法和时间的要求。最后,阐述了教学评价的意义和类型。通过本章的学习,能够有效开展教学活动,从而提高教学质量。

思考题

1. 简述班级授课制的优缺点。

2. 简述个别教学制的优缺点。

3. 教学工作有哪些基本环节,并简要说明各环节有效开展的基本要求。

4. 简述教学目标表述的基本要素。

5. 简述教学评价有哪些类型。

---

①　王道俊,郭文安.教育学[M].北京:人民教育出版社,2011:269-270.
②　夏小红.校本教师评价标准研究[J].景德镇学院学报,2016,31(5):113.

第十章
班级管理与班主任工作

学习目标

1. 了解班级的形成与发展,掌握培养班集体的方法。
2. 了解影响课堂管理的因素,掌握有效课堂管理的策略。
3. 知道如何开展班级活动,掌握班主任工作的内容和方法。
4. 了解班集体的基本特征,具备培养班集体的能力,具备担任班主任的良好素质。
5. 产生热爱学生和热爱班集体之情,乐于探究班级管理策略。

思维导图

班级管理与班主任工作
- 班级与班集体
  - 班级的概述
  - 班集体的功能
  - 班集体的基本特征
  - 班集体的发展阶段
- 班级管理
  - 班级制度的管理
  - 班级课堂教学的管理
  - 班级活动的管理
- 班主任工作
  - 班主任工作的概述
  - 班主任素质的要求
  - 班主任工作的内容和方法

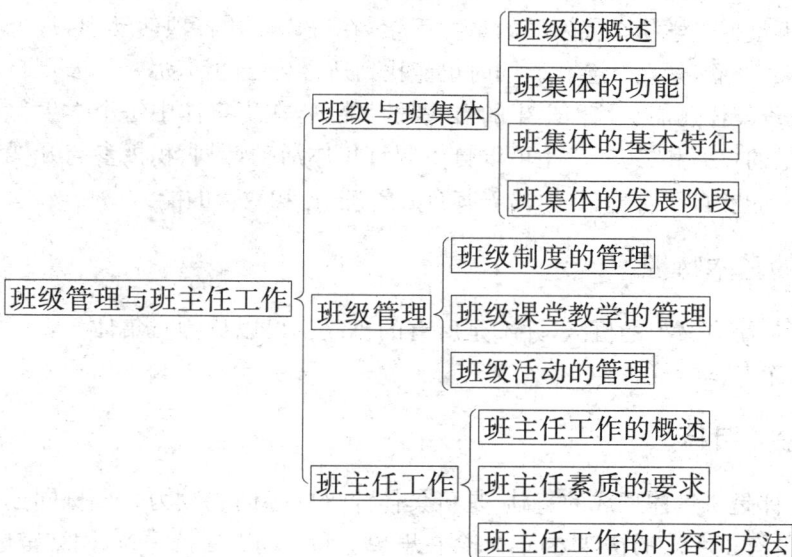

第一节　班级与班集体

一、班级的概述

班是指按照一定年龄、学业程度、师生比例分编而成的相对稳定的学生群体。班的划分通常与学年、学级相联系,因而称为班级。①

随着班级教学的产生,班级组织开始形成。16 世纪,随着资本主义工商业的发展和科学技术的进步,要求扩大教育对象并增加教育内容,因此,班级组织应运而生。最早使用"班级"一词的是文艺复兴时期的著名教育家埃拉斯莫斯。后来,西欧一些国家在创办古典中学时尝试运用班级的形式开展教学活动。

17 世纪,捷克教育家夸美纽斯是最早从理论上设计班级组织的教育家,他在著作《大教学论》一书中提出了班级授课制的设想,并首次对班级教学的价值、特点、开展等问题进行了深入的论证和阐述。在中国,班级授课制最早的雏形开始于 1862 年的京师同文馆。20 世纪初,在"废科举、兴学堂"之后,全国开始采用班级授课制。此后,班级逐渐成为学校教育的基本单位,班级教学成为学校教育的主要形式。②

二、班集体的功能

学生群体是按照一定的教育目标、教学计划和教育要求组织起来的群体。但是学生群体不能称为真正的班集体,因为班集体是学生群体进一步发展的高级形式,学生群体发展成为班集体需要一个提高的过程,在过程中需要全班学生和班主任以及各学科教师的共同努力。

班集体有巨大的教育力量,它能向学生提出要求,指明努力方向,是学生自我教育的力量源泉;班集体也是促进学生个性发展的重要因素,在班集体的各项活动中,每个学生都会积累集体生活的经验,逐渐社会化。同时也能找到适合自己的活动,不断发展自己的爱好,更加个性化;班集体还能够培养学生的自我教育能力,在班集体中每个学生都有自己的角色,拥有一定的权力和义务,学生可以自主制订集体活动计划,积极参与开展各项工作和活动,使学生能够自己管理自己,培养其自我管理、自我教育的能力。③

三、班集体的基本特征

班集体不同于传统意义上的班级,并不是所有的班级都可以称为班集体。真正意义上的班集体具备五个基本特征。④

(一)共同的奋斗目标

共同的奋斗目标是班集体形成的基础,是班集体前进的导向和动力。全班同学有了共同的奋斗目标,就有了明确的奋斗方向,才会在思想上和行动上保持一致,团结奋进。

(二)健全的组织结构

健全的组织结构是班集体的核心。通过组织结构维持和控制班级成员之间的关系,

---

① 唐德海,梁庆.教育学基础[M].北京:北京师范大学出版社,2019:176.
② 江西省教师招聘考试辅导用书编写委员会.教育综合知识[M].南昌:江西高校出版社,2018:268.
③ 王道俊,郭文安.教育学[M].北京:人民教育出版社,2011:425.
④ 唐德海,梁庆.教育学基础[M].北京:北京师范大学出版社,2019:177.(引用时有所改动)

并能够动员班级内部的每一个成员。

（三）严格的规章制度和纪律

班集体一定要有相应的规章制度和纪律,全班同学都必须自觉遵守相关规定。那些纪律松弛、涣散的班级算不上是班集体。

（四）正确的舆论和良好的班风

正确的班集体舆论有利于促进全班同学团结友爱,有利于班级良好人际关系的建设,是班集体形成的重要标志。良好的班风是班集体构成要素长期不断发展的结果,主要以舆论或规范的形式体现,是班集体形成的综合标志。

（五）学生个性的充分发展

全班同学因不同的性格特点和成长环境,一定会有不同的兴趣爱好,也会有不同的理想追求。因此,班集体虽强调共同的奋斗目标,并形成严格的规章制度,但绝不压制学生的个性发展。

四、班集体的发展阶段①

（一）组建阶段

这阶段是指开学初期班级从组织形式上建立起来了。班级刚开始形成时,师生之间、同学之间不熟悉,所以班级成员对班主任有较大的依赖性。班级目标和行为规范也尚未形成,所以需要班主任的监督和管理。因此,这一时期是班主任工作最繁忙的时期。

（二）核心初步形成阶段

这阶段班级成员在彼此熟悉和了解下逐渐聚合。班级积极分子不断涌现,班干部组织机构开始建立,班级核心初步形成。这时,班干部可以在班主任的指导和帮助下组织和开展集体的工作和活动。

（三）集体自主活动阶段

这阶段班级成员已成为一个组织健全的有机整体。班级成员热爱班集体,积极参与集体活动,维护班级荣誉;能主动地根据学校、班主任的要求以及班级情况自主开展集体活动。

班集体的形成过程很复杂,往往很难将三个阶段完全划分开,但只有了解班集体的发展阶段,才能够知道一个班级的发展现状,并能够促进班集体逐步形成。

---

① 王道俊,郭文安.教育学[M].北京:人民教育出版社,2011:428.(引用时有所改动)

第二节　班级管理

班级是学校教育活动的基本单位,班级管理是学校管理的基本组成部分,班级管理的主要功能是完成教学目标,提高学习效率。

一、班级制度的管理

没有规矩,不成方圆,对于一个班级也是一样的,所以在进行班级管理时,建立班级制度非常重要。在班级管理中,班主任需要根据《学生守则》《教学常规》《行为规范》的要求,建立完善的班级管理制度。通过制度化管理,加强学生的法律法规意识,培养学生良好的行为习惯。处理好制度管理与班级管理制度创新的关系,逐步建立新的班级管理制度和运行机制,形成动态的班级管理制度。在制定过程中有四点注意事项。[1]

(1) 班级制度应该简短、明确、合理、可行。只有方便学生记忆、学生明确含义的班级制度,才能起到约束和指导学生的作用。

(2) 班级制度应由教师和学生讨论,共同制定。让学生有参与感,他们就会更自觉并更乐于遵守。

(3) 班级制度内容表述应该以正向引导为主。坚持正面引导,给予学生正面暗示。多使用"希望、建议、坚持"等积极语言。

(4) 班级制度应结合实际情况不断调整。班级制度的建立并不是一劳永逸的,需要根据学生的实施情况和年龄增长不断补充和修改。

二、班级课堂教学的管理

教学是学校的工作中心,课堂是开展学习活动的主要场所,教师是课堂活动的组织者和管理者。

(一) 课堂管理的概念

课堂管理是教师在教学活动中通过协调课堂内各种人际关系,吸引学生积极参与课堂活动,使课堂环境达到最优化的状态,从而实现预定教学目标的过程。[2] 良好的课堂管理是开展教学活动的基石,教师必须不断地提高课堂教学管理技能。如果没有课堂教学管理,或者课堂教学管理不当,就会严重影响课堂教学质量。课堂教学质量的优劣将直接影响到学校教学任务的完成、教学目标的实现和教学质量的提高。

(二) 影响课堂管理的因素

1. 学校

学校领导的管理方式会影响教师的教学能动性发展,从而影响教师课堂管理风格。

---

[1] 唐德海,梁庆.教育学基础[M].北京:北京师范大学出版社,2019:192.
[2] 唐德海,梁庆.教育学基础[M].北京:北京师范大学出版社,2019:179.

一般来说,学校领导采取自由民主的管理方式,更能激发教师教学的能动性,因此学校管理水平、管理质量直接决定着课堂管理水平。

2. 教师

教师是课堂管理的核心,教师的领导风格、个人威信都直接决定着课堂管理水平。

教师的领导风格主要分为参与式领导和监督式领导。参与式领导注意创造自由空气,鼓励自由发表意见,不把自己的意见强加于人。而监督式领导则待人冷淡,只注重于集体讨论的过程,经常监督人的行为有无越轨。相比而言,参与式领导风格的教师,课堂管理效率会更高一点。

教师威信是教师的教育教学行为对学生影响的心理效应,教师威信的形成必须经历一定的过程。开始只在某一方面(某一学科)具有威信,以后逐步发展到各个方面(品德、学识、能力等)享有威信;开始只在一部分或少数学生中威信很高,然后逐渐发展到在全体学生或绝大多数学生中享有威信。[①] 教师威信体现着对学生的凝聚力、吸引力、号召力和影响力,因此有个人威信的教师,进行课堂管理会更有效。

教师威信的建立不仅有赖于社会、家长等客观因素,更有赖于主观因素,它对教师威信的形成起着根本性的作用。首先,教师需要提高专业素养、学识能力和道德品行,在课堂中,教师能深入浅出、侃侃而谈,能帮助学生解决难点,能结合教学内容谈古论今,具有随机应变的教育机智。其次,教师要和学生建立融洽的师生关系,教师爱护、关心、体贴学生,师生情感会很融洽,教师威信才能迅速地在学生中建立起来。最后,教师要形成良好的教姿教态和生活习惯。学生对教师的一言一行都特别敏感,教师上课驼背、普通话不标准、举止随便、喜欢敲桌子、玩粉笔等不良行为习惯,都会影响教师威信的建立,教师需要保持良好的教姿教态,并善于运用语言、动作、表情来组织教学活动,自然能在学生中享有崇高的威望。

真题再现

> 随着智能手机的普及,中小学生上课玩手机的现象日益普遍,有一天,某校班主任李老师正在召开班会的时候,发现一位男同学正在玩手机游戏。李老师走过去想要没收他的手机,学生看见老师过来则迅速把手机藏在书包里面。李老师非常生气,大声训斥该学生不尊敬老师,不听老师讲话,并要求他立即交出手机,否则将把他赶出教室。这位男学生不承认自己在玩手机,并且小声说"老师在上晚自习课的时候,不也在玩手机么?"李老师听后,顿时感觉自己平时建立起来的教师威信受到挑战,没有面子。当时就搜出了这位男学生的手机并扔到垃圾桶里面。同时,为了"杀一儆百",树立老师的威信,李老师把这位男学生赶出了教室,让他到教室外面站一个小时。李老师对全班学生说:"我没收他手机、罚他站,是为了他好,否则我才不管他呢?以后开班会和上课期间还有谁玩手机,我就没收他的手机,或者干脆把它砸了,同时让他到教室外面罚站。"其他学生听后,都默不作声,但内心对李老师的做法都有不同的意见。
>
> 请运用相关理论,结合本案例,谈谈李老师应该如何正确维护教师的威信?

① 唐德海,梁庆.教育学基础[M].北京:北京师范大学出版社,2019:182.

3. 班级

真正在实施课堂管理过程中究竟能达到怎样的效果,很大程度上取决于班级状况,而班级的状况又包括班级规模的大小和班级的性质这两个方面。[①]

班级集体的大小影响着课堂管理效果。一般来说,班级规模越大,人数就越多,个体差异也越大,容易形成各种非正式小群体,难免发生争论,产生利害冲突,教师课堂管理难度也就越大。

班级性质也影响着课堂管理。班级性质主要体现在班风和学风上,教师需要根据各班级不同的班风学风,采用合适的方法进行管理,不能用固定不变的课堂管理方式对待不同性质的班级。如:面对班风良好的班级,教师可以充分发挥班级固有的凝聚力,让学生自我管理;而面对纪律涣散的班级,教师需要发挥权威作用,监督和指导学生。

4. 学生

学生既是课堂管理的对象,又是课堂管理的主体。学生对教师的定型期望、学习行为会影响课堂管理效果。

学生对教师的定型期望是指学生希望教师以某种方式进行教学活动和课堂管理的期望,如果学生在长期的学习过程和与教师接触过程中,没有达到定型期望,必然会影响课堂管理效果。

学生的学习目的明确、态度端正、学习动机强、学习习惯良好、自律性强,课堂管理效果肯定好,反之,会产生课堂管理混乱现象。

(三)有效课堂管理的策略

1. 提高课堂运作能力

课堂气氛影响学生的学习效率,教师要创设良好的课堂气氛,必须具备课堂运作能力,即课堂中有效管理和有效教学之间的联系。提高课堂运作能力主要有以下三个要点:[②]

(1)教师要能够洞悉课堂上发生的所有情况并用适当方式处理的能力。如:课堂中有学生开小差,教师能够及时发现,并通过提问等方式将他们的注意力转移到学习中来。

(2)教师要既能照顾到全班学生的学习活动,又能回答个别学生的问题。在课堂中,不能因为回答个别学生问题而耽误全班学生的学习进度,这是教师在课堂教学中一种重要的能力。

(3)采用多种教学形式,创设生动活泼的教学情境。在课堂教学中,全班学生45分钟始终参与学习活动,全程保持积极的学习状态不是一件容易的事情。需要采取适当的策略:教师讲解知识点后,可以有提问、讨论的互动;朗读课文时,对于篇幅较长的课文,学生可以接力进行朗读。此外,幻灯片、录像和投影仪等教学手段和小组比赛、参观、角色扮

① 唐德海,梁庆.教育学基础[M].北京:北京师范大学出版社,2019:182.
② 唐德海,梁庆.教育学基础[M].北京:北京师范大学出版社,2019:188.(引用时有所改动)

演等教学活动都可以提高学生的积极性,激发学生的学习动机。

2. 合理组织课堂教学结构

合理组织课堂教学结构能够帮助学生把更多的时间用于学习上,达到良好的学习效果,实现有效的课堂管理。合理组织课堂教学结构需要教师优化时间意识,维持学生学习注意力和动机,提高课堂效率。具体策略有三点:

(1)教师的教学内容要符合学生的兴趣和需要,教学方法应该多种多样,不断给予学生新刺激,维持注意力。

(2)课堂教学要紧凑连贯,避免过快或过慢,使学生总有学习任务,并给予学生足够的信息量,激活学生的接受能力。

(3)要把握好教学环节的顺利过渡。即一个活动变化到另一活动,如:从讲授到小组讨论,教师在过渡时需要给予学生信号,让学生心中有数,有条不紊地进行。

3. 有效处理课堂纪律问题

课堂纪律是指为了维持正常的教学秩序,协调学生行为,不干扰教师上课,保证课堂目标的实现所制定的要求以及学生共同遵守的课堂行为规范。维持良好的课堂纪律是开展教育教学的前提,因此有效地处理课堂纪律问题尤其重要。主要策略有以下三点:

(1)学会使用非言语线索。非言语线索主要包括目光接触、手势、身体靠近或触摸等。[1] 如:在课堂教学中,发现学生上课小声说话,教师可以对学生保持目光接触,就可能制止此不良行为,这既不影响教学进度和班级其他学生,也给小声说话的学生保留了面子。

(2)合理运用奖惩。学生在课堂上出现不守纪律的行为时,教师应进行合理惩罚,让他意识到错误,改掉不良行为,同时,在学生改正之后,教师要及时表扬学生的进步,对此进步给予正强化。

(3)责罚学生时避免微波效应。微波效应是指教师责罚某一学生后,对班级中其他学生所产生的负面影响。有的教师责罚学生时容易情绪激动,言辞过激,伤害了学生人格和自尊,这样不仅没有教育到犯错学生,还会让其他学生对教师产生反感。因此,教师在责罚学生时要冷静对待,言辞得当。[2]

真题再现

张老师在班级管理的计划、实行、检查、总结的各个阶段,他都鼓励学生积极参与进来,与学生共同实施管理活动。张老师的这种班级管理方式属于(　　　　)。

A. 班级自主管理　　　　　　　B. 班级常规管理

C. 班级民主管理　　　　　　　D. 班级目标管理

【答案】C。

---

① 唐德海,梁庆.教育学基础[M].北京:北京师范大学出版社,2019:193.
② 唐德海,梁庆.教育学基础[M].北京:北京师范大学出版社,2019:188.

三、班级活动的管理

班级活动是学校教育活动的重要组成部分,班级的教育和管理也可以通过班级活动进行。

1. 班级活动的类型

班级活动的种类多种多样。按活动方式分,可分为课内活动和课外活动;按活动目标和功能分,可以分为以下四类:[1]

(1) 思想品德引领类活动。此类活动主要是培养学生的高尚道德情操,提高学生的思想道德修养。在中小学经常开展的有以下类型:节日纪念活动,如国庆节纪念活动、学雷锋纪念日活动;仪式教育活动,如开学典礼、升旗仪式;班队日常活动,如少先队活动等。

(2) 个性发展类活动。此类活动主要是为学生提供机会发掘自身潜力,充分展示自己的特长。如歌唱比赛、绘画展览、作文竞赛、朗诵比赛等。

(3) 学习提高类活动。此类活动主要是帮助学生获得一定的知识、技能和学习方法。如课外阅读活动、学习经验交流会、考试指导讲座等。

(4) 社会适应类活动。这类活动主要是让学生习得社会生活的必要规范和技巧,帮助他们更好地融入社会。其中包括社会适应和人际交往。如遵守法律主题班会、"自己的事情自己做"主题班会等。

真题再现

某小学六年级(1)班举行"我心中的祖国"作文竞赛活动。根据班级活动目标和功能划分,这是属于(　　)类型班级活动。

A. 个性发展、社会适应　　　　B. 学习提高、综合实践

C. 思想道德引领、个性发展　　D. 思想道德引领、社会适应

【答案】C。

2. 班级活动的设计与组织实施

(1) 选择活动主题。选择活动主题前,需要充分挖掘活动资源,最好的活动资源来源于学生的生活,主要有学校生活、社会生活、家庭生活。这可以让学生从自己或身边发生的事件中受到启迪,达到教育目的。

主题的确定讲究"新"和"实"。所谓"新"就是选题要与时俱进,紧跟新形势、新任务;所谓"实"就是可行性和实用性,结合学生年龄、思想特点来选题。[2]

(2) 撰写活动计划。具体计划内容包括标题、正文、结尾。正文中主要包括活动目标、措施、步骤。在实际运用中,可结合实际情况对计划的基本格式进行变动。

---

[1] 江西省教师招聘考试辅导用书编写委员会.教育综合知识[M].南昌:江西高校出版社,2018:284-285.(引用时有所改动)

[2] 江西省教师招聘考试辅导用书编写委员会.教育综合知识[M].南昌:江西高校出版社,2018:287.

标题的拟定,首先需要符合学生的生活气息,如"我们正青春";其次,要能反映活动的主题,如"天生我材必有用";最后,活动标题要新颖、简练。

(3)开展班级活动。活动实施是班级活动的中心环节。正式开展班级活动前,需要在准备阶段根据活动计划做好相应的工作,如:联系每一项事物的参与人员、准备好活动中会用到的一些材料和工具、落实好活动的举办场地,是教室内还是操场,又或者校外场地。

正式开展活动时一般依据计划按部就班地开始。但有几个注意事项:一是在活动开展中班主任要发挥主导作用,但要以学生为活动主体,班主任要善于激发学生的积极性,同时抓住活动中的教育契机,采取多种方式进行教育;二是在活动开展中要营造和调动活动气氛,以达到更好的活动效果和教育价值。三是在活动开展中要根据实际情况随机应变,必要时可以对活动做出临时调整。[①]

(4)评价班级活动。活动结束后进行班级活动评价既要找出不足,又要发现亮点,并分析原因,做好总结归纳,为以后开展班级活动提供经验。班级活动评价可以从班级活动的计划、过程、效果三方面进行。

▶ 扫描目录页二维码,阅读"学会反思,珍惜时间"主题班会活动方案。

第三节 班主任工作

班主任是班级的教育者和组织者,是学校领导进行教导工作的得力助手,他对一个班所有学生的思想、心理、学习、生活全面负责,对一个班集体的发展起主导作用。1951年国家颁发《政务院关于改革学制的决定》,规定从1952年起,在中小学设立"班主任",取代了民国时期的"级任导师",由此,我国班主任制正式形成。

一、班主任工作的概述

虽然一个班级有好几位任课教师,但组织班级活动、培养班集体、进行课外活动等还是需要专人来管理协调。因此有必要给每个班级委派一名班主任,由其负责和协调统筹班级教育和管理工作。

班主任工作的基本任务是依据我国教育目的和学校的教育任务,协调来自各方面对学生的要求和影响,有计划地组织全班学生的教育活动,做好学生的思想教育工作,并对他们的学习、劳动、工作、课外活动和课余生活等全面负责,把班培养成为一个积极向上的集体,使每个学生在德、智、体、美等方面都得到充分的发展。[②]

班主任工作会影响到学校的教育教学质量。学校教育质量主要取决于班级,班级教育质量又主要取决于班主任工作。许多所谓的"差班"都是因为班主任不负责任、放任自

---

① 江西省教师招聘考试辅导用书编写委员会.教育综合知识[M].南昌:江西高校出版社,2018:288.
② 王道俊,郭文安.教育学[M].北京:人民教育出版社,2011:424.

流,导致班级学生懒散、松弛。因此,只有充分发挥班主任工作的作用,才可以落实学校的培养目标,从而提高学校教育质量,实现教育目的。

二、班主任素质的要求

班主任对一个班集体的发展起主导作用,因此,班主任工作责任重大,对班主任的素质提出了很高的要求。[①]

(一)高尚的思想品德

高尚的思想品德是教师素养的根本,班主任在学校工作中不仅向学生传授知识、技能,同时还会潜移默化地向学生传递一定的政治态度和意识形态,所以班主任必须坚持正确的政治方向,言行一致、表里如一、为人师表,才能给学生以强有力的教育影响。

(二)坚定的教育信念

在班主任工作中,班主任要严肃认真对待自己的职责,坚信教育的力量,确信每个学生都有优缺点,只要用心教育都可以教育好。班主任在工作中难免会碰到困难曲折,但只要树立坚定的教育信念,定能克服困难,收获硕果。

(三)较强的组织能力

班主任面对的是一群尚在发展中性格各异、爱好广泛的学生。所以一个称职的班主任必须善于计划和组织学生的各种活动,并能够根据情况的变化迅速做出决策,进行调整,坚定地引导学生积极开展活动,不断前进。

(四)多方面的兴趣与才能

面对兴趣爱好广泛的学生,班主任需要开展各种各样、丰富多彩的活动。这也就要求班主任需要具有多方面的兴趣与才能,这样才能和学生有更多共同话题。教师应尽可能多地展示自己的人格魅力,让学生"亲师信道"。[②]

(五)对学生炽热的爱

班主任对待学生既需要无微不至,又需要严慈相济,真诚地爱护关心学生,与学生建立深厚情感,同时要严格要求学生,做到不偏袒、不包庇。

(六)善于待人接物

班主任在工作中需要与家长、任课教师、社区和有关社会机构联系和协作,共同教育

---

① 江西省教师招聘考试辅导用书编写委员会.教育综合知识[M].南昌:江西高校出版社,2018:278-279.(引用时有所改动)

② 夏小红.展教师人格魅力,让学生"亲师信道"[J].江西教育,2011(Z6):16.

学生,因而班主任需要善于待人接物,才能很好地协调各方面的教育力量。

(七) 扎实的教育理论素养和科研意识

班主任开展工作需要广博的相关学科知识和精深的专业知识作为理论基础。班主任需要注重知识和经验的积累,不断提高教育理论素养。班主任还需要始终处于学习状态,并具有强烈的教育科研意识,不断在班级教学和管理中对新情况、新热点进行研究,严谨笃学,在各方面给予学生帮助和指导。

三、班主任工作的内容和方法

(一) 了解和研究学生

了解和研究学生是班主任教育学生、做好班主任工作的前提和基础。学生是班集体的成员,学生的发展存在着差异性,对学生的教育也没有固定的某种模式,因此,班主任必须深入了解和研究学生,才能对学生的教育有的放矢、因材施教。

了解和研究学生主要包括两方面的内容:一是学生个人,二是学生集体。这两方面是相互联系、相互结合的。班主任应该以班级为背景来研究每个学生,同时又要在深入了解每个学生的基础上研究班级。

了解学生个人,主要内容包括学生在德、智、体、美等方面的发展情况;学生的兴趣、爱好、特长、性格等情况,以及学生的家庭状况、成长环境和社会交往情况。

了解学生集体,主要内容包括全班学生的年龄、性别、家庭等基本情况;学生德、智、体、美等方面发展的全貌,以及班风状况和舆论风向。

了解学生个人的具体内容:① 一般作息时间与生活习惯;② 集体观念如何,与哪些同学比较要好;③ 学业状况怎样,包括学习的基础状况、对各门学科的看法、态度、学习动机等;④ 成长经历情况,包括家庭状况、家庭成员、家长的工作单位、家庭的教育观念与教育方法、学生的社交状况等,在家里最听谁的话,与家里人的关系如何,每月零用钱及开支情况等;⑤ 兴趣爱好情况,包括怎样安排课余生活,爱看哪些书刊,参加培训班的情况;⑥ 属于何种气质类型(胆汁质、多血质、黏液质、抑郁质);⑦ 具体的性格特征;⑧ 能否自觉遵守纪律,在公众场所有无文明习惯;⑨ 思想政治状况,心目中崇拜的人;⑩ 最尊敬的教师,最喜欢的教学方法;等等。

了解学生集体的具体内容:① 学生总人数,男、女生人数;② 学生家庭地址,家长职业状况;③ 独生子女情况;④ 学生家庭类型(三代同堂、三口之家、单亲等及其所占比例);⑤ 学生家庭条件:居住面积、人均家庭经济收入及平均生活费;⑥ 学生身体健康状况,包括生理健康和心理健康两方面;⑦ 少先队员、团员人数;⑧ 班集体的兴趣、爱好;⑨ 与兄弟班的关系;⑩ 集体的是非观念,有无正确的集体舆论;等等。[①]

---

① 上海教育学院教育科学研究室等.中学班主任工作的原理与方法[M].上海:上海教育出版社,1986 :24 - 26.(引用时有所改动)

了解和研究学生的常用方法主要有以下几种。①

（1）观察法。观察法是班主任在自然条件下，有目的、有计划地对学生在各种活动中的行为表现进行观察，是班主任工作中最基本的方法。观察法强调在不惊动学生的情况下观察到真实情况，因此班主任需要深入到学生的学习、劳动、集体活动中去，并在日常观察学生的过程中不可大意、视而不见，一定要细心、敏感，要抓住学生的细微变化，探究其内心世界。

（2）谈话法。谈话法是班主任根据一定的目的和要求，通过口头问答的方式直接交流，以了解和掌握学生的思想活动。

与学生的谈话方式有很多。可以单独和一个学生谈话，也可以和几个学生一起谈话。商讨式谈话适合自尊心强、有逆反心理的学生；渐进式谈话适合内向、孤僻、自卑的学生。具体使用怎样的谈话方式，需要班主任根据学生不同的个性特点，采取灵活多样的谈话技巧，但无论哪种谈话方式，班主任都应该真诚地和学生进行谈话。

（3）书面材料分析法。书面材料分析法是班主任通过分析和研究反映学生情况的各种书面材料，间接了解和研究班级和学生的重要方法。其不受时间、地点的限制，因此是班主任初步了解班级和学生情况最简易的方法。

有关学生的书面材料主要包括三方面：一是学生档案资料，如入学登记表、学籍卡、操行评语、学生成长档案袋等；二是班级记录日志，如班级日志、团队和班级活动记录等；三是学生个人写的资料，如：作文、作业、笔记、日记等。

（4）调查法。调查法是班主任通过对学生本人或知情者的调查，从各个侧面间接了解学生的方法。调查的对象主要是学生本人，还可以是学生家长、亲友、任课教师、原班主任等，范围十分广泛，任何了解学生的人都可以作为调查对象。调查的方法主要有访问、问卷、调查会等。

以上四种了解和研究学生的方法在具体实施中可以相互补充使用，综合运用各种方法，才能全面深入地了解学生的真实情况，从而采用切实有效的措施教育学生。

真题再现

为了给班主任工作打下基础，教师最需要做好的工作是（　　）。

A. 制定班级工作计划　　B. 制定严格的班规　　C. 培养班干部　　D. 了解学生

【答案】D。

拓展阅读

初中班主任德育案例

材料：小明，男，13岁。父母因为感情不和离异，父亲无业长年在外打工，由爷爷奶奶

① 王道俊，郭文安.教育学[M].北京：人民教育出版社，2011：434.

照顾学生、教育学生。但是长辈们对其是一味地溺爱，对孩子缺乏严格的管理，使学生心理严重失衡，由此带来了行为反应偏差。学生本人很机灵聪明，接受能力强，能言善辩，懂得的道理也多，但是由于家庭教育方式、社会环境影响等方面的原因，该学生一直对学习没有真正产生兴趣，作业也不能按时完成，学习行为习惯很差，上课不遵守课堂纪律，经常自己不听课还干扰别人；老师、同学讲话时喜欢插嘴，有时上课会喊一些和课堂无关的话，而且只能表扬，不能批评，只要受到老师批评就会情绪激动，或与老师狡辩。而对老师、同学的错误则抓住不放，甚至幸灾乐祸。其表现出了明显的自私自利。

分析：自从接这个班开始，就发现该学生不是很"听话"。第一节上数学课，为了能引起学生的兴趣，我做了精心的准备，本想这样的课上起来，学生们肯定都会很喜欢，可正当我和其他的学生兴趣十足地讨论问题时，他居然无视我的存在，随意地站起、离开座位走动，还随意地动别人的东西，找别人讲话，别人不与他讲话时，还大打出手。此时我甭提有多生气，毕竟是第一堂课，要是不制止，那以后的课堂还不知道会怎样呢？于是就把他"请"出了教室，但是突然他好像意识到了什么一样，就扑通一声坐回到了位置上，还用无辜的眼神看着我，此时为了不耽误其他学生，我也就只好装作什么也没发生，压住心头的怒火继续上课。课后，我及时从同学、其他老师、其爷爷奶奶那里了解了一些情况，知道了其实他是因为缺少关爱，想利用一些奇异动作和上课破坏课堂纪律的方式来引起老师和同学们的注意。因为他往往受人歧视，遭人嫌弃。这就更需要教师用真情去感化他，后来我给他当上了一个数学小组长，还时常地表扬、鼓励他，督促他学习，还经常地抽出自己的空余时间给他补课，由于该学生就住在学校附近，所以我经常利用饭后之余到他家进行家访，了解相关情况。功夫不负有心人，现在他的学习态度端正多了，虽然上课偶尔还会开小差，但绝大部分时间能认真听讲，发言也较以往积极，而且作业也能及时完成，学习成绩也在稳步提高。看到他的进步，老师们、同学们都很欣慰，对他的看法也在不断改变中。[①]

（二）组织和培养班集体

组织和培养班集体是班主任工作的中心环节。班集体的培养需要班集体所有成员的共同努力，尤其是班主任的创造性劳动。一般来说，组织和培养班集体需要以下四个主要措施。[②]

1. 确定集体的奋斗目标

目标是集体发展的方向和动力。班集体的目标应由班主任和全班同学共同讨论确定。确定了班集体目标，可以让班级全体同学明确班集体的发展前景和自己的努力方向。按照实现目标要求的时间长短，班集体的目标一般可分为近期目标（两周）、中期目标（半学期）、远期目标（一年）。目标的提出由易到难，逐步提高。在实现班集体目标的过程中，教师应充分发挥班级每个成员的积极性。

---

① 资料来源：班主任工作网，http://www.banzhuren.cn/gongzuoanli/5328.html.
② 王道俊，郭文安.教育学[M].北京：人民教育出版社，2011：429-430.（引用时有所改动）

2. 健全组织、培养干部以形成集体核心

班集体中的核心队伍是由积极分子和班干部组成。班干部是班级学生的骨干力量，是班主任的得力助手。形成集体核心的关键是要做好班干部的选拔和培养工作。选拔班干部的方式有很多，如：由学生直接进行选举的"选举制"；在广泛征求学生意见，并全面了解的基础上班主任直接任命的"委任制"等。班干部产生后就要注意严格要求和培养，首先，班主任对班干部不可护短和偏爱；其次，班主任要敢于并鼓励他们独立开展工作，并帮助他们提高分析能力和工作能力；最后，班主任要教育他们认真负责，谦虚谨慎，培养他们勇于承担责任的良好品质。

真题再现

下列关于班集体核心队伍的构成表述正确的是（   ）。

A. 班集体的核心队伍由班干部和积极分子组成

B. 班集体的核心队伍由班主任和任课教师、班干部、积极分子组成

C. 班集体的核心队伍由班主任、班干部和积极分子组成

D. 班集体的核心队伍由任课教师和班干部、积极分子组成

【答案】A。

---

3. 有计划地开展集体活动

班集体是在全班同学参加各种教育活动的过程中逐渐形成的，在参加活动的过程中，全班同学可以充分交往、互相了解、彼此信任、建立友谊，为班集体的形成奠定情感基础。因此，设计和开展班级教育活动是班主任的经常性工作之一。

班级教育活动的形式多种多样。在我国中小学教育中，最常见的就是班会。班会具有集体性、针对性和自主性的特点，它分为常规班会、主题班会、生活会三种类型。班级教育活动形式还包括运动会、文艺演出、竞技比赛、远足参观等。无论采用哪种活动形式，班主任在组织班级教育活动时不仅需要选择主题鲜明、具有时代气息的活动内容，还要尊重学生的意愿，充分发挥学生的自主性和创造性。

4. 培养正确的舆论和良好的班风

培养正确的舆论和良好的班风是衡量班集体是否形成的重要标志之一。正确的班级舆论是一种潜移默化的教育力量，对全班同学都具有约束、感染、激励的作用。班风是全班同学的思想、言行、风格、习惯等方面表现出来的班集体特有的一种精神面貌。良好的班风是一个班集体舆论持久作用而形成的风气。

正确的舆论和良好的班风并不是一蹴而就的。首先，需要班主任长期的教育才能形成，因此，班主任需要组织学生学习守则和行为规范，加强其思想政治教育；其次，班主任应合理利用教育时机，将学生的一言一行与班集体联系起来，培养学生的集体荣誉感和责任感；最后，班主任可以通过讲清道理、树立榜样、奖惩强化、严格要求等方法培养和树立良好的班风。

真题再现

1. 关于班集体形成与培养表述不正确的观点是(　　)。

A. 班主任工作的中心环节是组织和培养班集体

B. 班主任要大胆使用积极分子并将其培养成为班级的领导核心

C. 面对教育基础比较差的班级,班主任首要工作是建立正常的班级秩序

D. 所有的班级舆论都是一种巨大的教育力量

【答案】D.

2. 班集体的教育作用有哪些?请联系实际论述班主任应如何组织和培养班集体。

(三) 做好个别教育工作

个别教育和集体教育是相辅相成的。一个班集体状况的好坏,取决于班级每个学生的具体情况。班主任要关心每一个学生,教育好每一个学生,除了通过集体教育工作以外,还应经常深入细致地做好个别教育工作,只有使每个学生都有所进步,班集体才能健康发展。

1. 先进生的培养教育

先进生也称为"优等生",一般是指思想好、学习好、劳动好、纪律好、身体好的学生。他们的心理特点是自尊好强、充满自信;强烈的荣誉感;较强的超群愿望与竞争意识。针对先进生的教育可以从以下四方面着手:[①]

(1) 严格要求,防止自满。先进生尽管各方面都很优秀,但也有缺点、也会犯错,特别是有些先进生被家长喜爱,被老师重视,容易产生自满情绪,因此,班主任不能偏袒他们,姑且迁就,而是要严格要求、因势利导,引导他们追求更高的目标。

(2) 不断激励,弥补挫折。每个学生都会遇到挫折,会产生沮丧、焦虑的不良情绪。先进生对挫折的感觉极其强烈,因此班主任要有意识地提供机会、创设情境,使优等生感受挫折,培养他们的受挫能力。在他们遇到挫折时,班主任要真诚地鼓励他们正视挫折,勇敢面对。

(3) 消除嫉妒,公平竞争。先进生有较强的超群愿望,一旦有人超越他,比他优秀,就容易产生嫉妒。班主任需要引导先进生正确认识和理解自己与他人的差距,并努力缩小差距。此外,班主任还应该营造出一种良性竞争意识,让学生公平竞争。

(4) 发挥优势,全班进步。先进生有很多优势:如学习成绩好、思想端正、热爱班集体等。班主任可以利用这些优点,发挥先进生的榜样作用,引领全班同学进步。

2. 中等生的促进教育

中等生又称"中间生",是指在班级中思想品德表现一般、学习成绩中等的学生,他们的心理特点是信心不足、表现欲不强。一个班级学生的学习结构是呈橄榄型的,即中间大、两头小,中等生的人数通常会占全班人数的 40%~60%,因此抓好中等生的教育不容忽视,针对中等生的教育可以从以下三方面着手:[②]

---

① 江西省教师招聘考试辅导用书编写委员会.教育综合知识[M].南昌:江西高校出版社,2018:282.

② 唐德海,梁庆.教育学基础[M].北京:北京师范大学出版社,2019:209-210.

（1）密切关注，深入了解。一个班级大多数的学生都属于中等生，他们既不像先进生那样出尽风头，也不像后进生那样成为注意的焦点，因此班主任要做有心人，密切关注中等生的变化，并加以教育和引导。

（2）主动接近，区别对待。中等生缺乏信心，班主任要主动接近他们，热情关心他们，对不同类型的中等生实施因材施教。对于思想基础好，想干又干不好的中等生，班主任需要引导他们使用正确的学习方法；对于甘居中游的学生，班主任需要激发他们的学习动机；对于学习成绩不稳定的学生，班主任则需要发展他们的非智力因素。

（3）挖掘优势，积极鼓励。中等生往往安于现状，谨小慎微，对自己估计不足，使自己的潜在能力得不到充分挖掘和发挥，限制了自身发展和素质的提高。因此，班主任要善于发现每个学生的特长，并挖掘其优势，在各种形式的教育活动中，积极鼓励中等生，帮助他们树立自信。

3. 后进生的转化教育

后进生是指学习积极性不高、学习成绩不理想、自由散漫、无组织纪律性的学生，他们的心理特点是学习动机不强、意志力薄弱、是非观念模糊。一般来说，一个班级的后进生数量不多，但能量不小，破坏性强，成为班级的消极因素，因此后进生的转化教育是班主任工作的难点。针对后进生的教育可以从以下三方面着手：

（1）关心爱护，消除障碍。后进生由于学习成绩不好、思想品德表现较差等因素，很难达到家长和老师的期望和要求，又因经常受到批评和指责，他们便逐渐产生严重自卑心理、自暴自弃、破罐子破摔。因此班主任需要给予他们更多的关心和爱护，并尊重他们的人格尊严，用爱感化他们。

（2）个别教育，对症下药。班主任需要深入了解班上每个后进生的性格特点、成长环境、各方面表现较差的原因，然后采取不同的方法进行个别教育。对于胸无大志、无组织纪律性的学生，班主任需要以情感人，多与其进行谈话交流，做他们的知心朋友，给予更多的爱心和耐心；对于自控能力差的学生，班主任可以加强心理指导和意志力的培养。

（3）赋予信任，持之以恒。后进生有缺点，但也有很多优点。班主任要善于挖掘和及时捕捉其闪光点，多对他们委托任务，赋予信任，这种信任会成为巨大的教育力量。此外，后进生的转化教育是一个长期反复进行教育的过程，不能急于求成，因此班主任需要坚持不懈、持之以恒地做好后进生的转化教育工作。

真题再现

1. 关于后进生教育的策略，下列表述不正确的观点是（　　　）。

A. 关心爱护和尊重　　　　　　B. 消除嫉妒，公平竞争

C. 赋予期待与信任　　　　　　D. 善于挖掘和及时捕捉闪光点

【答案】B。

2. 班主任如何做好后进生的转化工作？

（四）协调各种教育力量

班级是一个开放的系统，学生是在多种因素的综合影响下发展成长的。班主任对班级实施有效的教育与管理，就需要调动各种教育力量。协调各种教育力量、统筹校内外各方面对学生的要求，也是班主任工作的一项重要内容，主要包括两个方面。[①]

（1）充分发挥本班所有任课教师的作用。班主任要根据教育目的和学生的实际情况，协调和统一各任课教师对学生的要求。因此，班主任要定期联系任课教师，互通情况、交换意见，充分发挥他们的作用。与任课教师的沟通交流有助于班主任更加全面地了解班级的整体情况和个别学生的学习状况。

（2）争取和运用家庭和社会的教育力量。班主任应积极争取家庭、社区、社会机构等方面对学校教育的支持与配合，齐抓共管，形成学校、家庭、社会一体化的教育力量。具体来说，班主任可以采用家访、召开家长会、接待家长来访、建立班级网络等形式与学生家长进行定期沟通交流，也需要争取社区、社会机构等校外各种积极的教育因素，以此弥补学校教育的不足，增强学生的实践能力。

（五）做好学生操行评定

操行评定是班主任以教育目的为指导思想，以学生守则为基本依据，对学生一个学期或一个学年以来的学习、劳动、品行等方面的发展变化情况的小结与评价。操行评定是班级管理的重要内容，做好学生的操行评定也是学生对班主任的基本要求。

操行评定一般采用两种方式，分别是评语或者评定等级（优、良、中、及格、不及格）。

通过操行评定，学生能够知道自己各方面的表现，扬长避短，继续努力；班主任能够更好地了解学生的各方面表现情况，明确之后的教育方向；家长可以了解自己子女的在校表现，更好地配合学校和班主任的要求实现家校共育。

班主任要坚持全面、发展的观点，真实客观地进行学生操行评定，具体而言，有以下四个要求：[②] ① 内容全面。从德、智、体、美、劳各方面来进行评价，并兼顾到学生在学校、家庭、社区的综合表现，防止以偏概全。② 主体多元。评定主体不应只有班主任，应该发动任课教师、家长和学生共同参与评定。③ 客观公正。坚持实事求是，对学生的评定要真实、准确，既不无中生有，也不夸大其词。④ 语言规范。以尊重、关爱学生的态度进行评定，操行评语清晰简明，用词贴切恰当，严防用词不当，避免引起家长误解、伤害学生自尊的后果。

真题再现

初二学生明明，父母在外打工，平常都是60多岁的爷爷照顾他和妹妹生活，明明性格内向，学习兴趣不高，学习成绩差。最近一段时期，明明上班主任张老师的数学课时，经常迟到、打瞌睡、做小动作、课堂作业不会做。为此，张老师非常生气，在班上

---

① 唐德海，梁庆.教育学基础[M].北京：北京师范大学出版社，2019：212.（引用时有所改动）
② 江西省教师招聘考试辅导用书编写委员会.教育综合知识[M].南昌：江西高校出版社，2018：283.

多次"爆粗口",公开批评明明,并且迁怒其他同学。有一天,明明又迟到了,张老师不禁火冒三丈,揪着明明的耳朵,把他弄到教室讲台前,当着全班学生面,对其训斥道:"你就是个弱智、白痴,读书简直浪费时间和金钱,以后不会有啥出息,还不如早点退学回家。"听到这种伤人的话,明明哭了,就与张老师吵起来了,说张老师不尊重学生,是个不合格的老师。其他同学对张老师的骂人行为非常不满,私下给张老师起了个外号——变态老师。期末考试结束后,张老师在对明明的操行进行评定时写道:该生智商较低,学习不努力,经常不遵守课堂纪律,学习成绩差,读书不会有出息,建议下学期不要来校读书。看到张老师的评语后,明明爸爸把明明打了一顿,并在过完年后,带着明明外出打工去了。

请根据教育学理论,阐述班主任在进行操行评定时,应该遵循的基本要求。

(六) 做好班主任工作的计划和总结

班主任工作任务多、涉及面广、难度大、连续性强。为了能够顺利完成此项工作,班主任需要加强计划性,并需要总结工作经验,因此班主任必须做好工作计划和总结。[1]

班主任工作计划在新学期开学之初进行。一般分为学期计划、月计划、周计划和具体活动计划。一般包括:班级学生的基本情况;班级管理的目标、内容、重难点;教育和管理的方式、手段以及每个时间段需要达成的目标等。

班主任工作总结在学期学年末进行。一般分为全面总结和专题总结。全面总结是对班主任一学期或一学年工作的整体评价分析,专题总结是对班主任工作中某一方面或某一问题进行评价分析。做好班主任工作的总结需要注意两点:一是平时注意对班主任工作资料的积累;二是注意做阶段小结。[2]

【本章小结】

本章主要阐述了班级与班集体、班级管理内容、班主任工作的相关内容。通过学习班级管理的基础知识,能够培养、管理好班集体,初步形成担任班主任工作的技能。本章内容都是围绕班级展开,班集体的建立和发展、班级的课堂教学管理以及班主任的工作内容是本章的重点。

思考题

1. 简述班集体形成与培养的主要措施。

2. 简述影响课堂管理的因素。

3. 联系实际谈谈班主任应具备怎样的自身素质。

4. 有班主任在工作实践中总结出,后进生的转化教育应做到"晓之以理、动之以情、导之以行、持之以恒",请你谈谈对这句话的理解和认识。

---

① 王道俊,郭文安.教育学[M].北京:人民教育出版社,2011:442.
② 江西省教师招聘考试辅导用书编写委员会.教育综合知识[M].南昌:江西高校出版社,2018:284.

第十一章
教育改革与发展

学习目标

1. 对新中国教育事业发展轨迹进行分析,掌握教育改革与发展的经验与启示。

2. 了解当代世界教育思潮的产生、概念和意义,能够运用相关理论分析和解释教育现象并针对教育问题提出相应的措施。

3. 理解 21 世纪教育发展的趋势,明确我国在世界教育发展中的地位。

思维导图

```
                              ┌─ 新中国教育改革的回顾 ─┬─ 阶段及内容
                              │                        └─ 经验与启示
                              │
                              │                        ┌─ 终身教育思潮
教育改革与发展 ─────────────────┼─ 当代世界教育思潮 ─────┼─ 全民教育思潮
                              │                        └─ 教育国际化思潮
                              │
                              │                        ┌─ 走向民主化与个性化的教育
                              └─ 21 世纪教育发展的趋势 ─┼─ 走向信息化的教育
                                                       └─ 走向可持续发展的教育
```

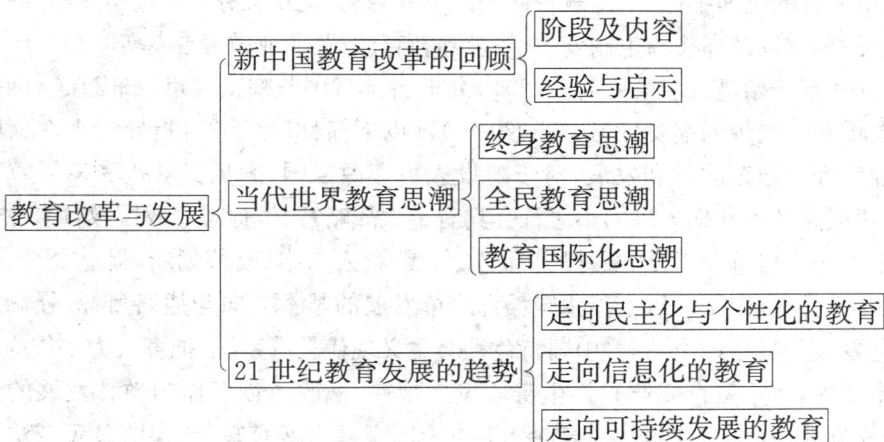

第一节　新中国教育改革的回顾

20 世纪被誉为教育改革的时代。在刚刚逝去的 100 年,特别是半个世纪以来,为了促进国家的经济繁荣、社会发展、文化昌盛和科技进步,新中国持续且深入地进行全方位的教育改革,在教育制度、学校教育、教育宗旨、教育体制等方面着力探寻突破,从注重教育发展的规模和广度转变为重视教育发展的效益和深度。

一、新中国教育改革与发展历程的阶段及内容

新中国成立至今,虽然经历风雨七十余载,却走过了一个不断发展完善、具有中国特

色社会主义的伟大复兴之路。教育是提高国民素质、促进人的全面发展的根本途径,强国必先强教。在光荣与梦想并行的岁月里,中国教育改革和发展同样走过了波澜壮阔的历程,可以细分为七个阶段[①]:

1949—1956 年为第一阶段,主要改革包括新中国教育部的成立、学制改革、高等学校院系调整等。

1956—1966 年为第二阶段,包括 1957 年高等学校布局调整、1958 年教育革命、60 年代的教育大调整。

1966—1976 年为第三阶段,为"文化大革命"的动荡时期,教育处于比较混乱的状态。

1977—1985 年为第四阶段,主要包括恢复常规、拨乱反正、学制改革、教育机构改革、"三个面向"的提出等。

1985—1993 年为第五阶段,以教育体制改革为核心,通过加强教育法制建设以保障改革的实施和政府职能转变的实现,如《中共中央关于教育体制改革的决定》(1985 年)的通过、《中华人民共和国学位条例》(1980 年)的颁布和《中华人民共和国义务教育法》(1986 年)的诞生。

1993—2009 年为第六阶段,主要有一系列教育法律的制定与完善、科教兴国战略的实施、素质教育的全面推进、基础教育课程改革的启动、九年义务教育的有步骤实行、中等教育结构的调整以及高校招生制度改革、教师教育改革、职业教育改革等。

从 2010 年开始进入了第七阶段,2010 年 5 月 5 日国务院正式审议通过了《国家中长期教育改革和发展规划纲要(2010—2020 年)》(以下简称《纲要》),指导未来在新的历史起点上加快推进教育改革和发展,对于建设人力资源强国、满足群众接受良好教育的需求、全面建成惠及十几亿人口的小康社会具有重大战略意义,标志着我国教育事业全面进入了一个新的发展阶段。《纲要》提出"优先发展、育人为本、改革创新、促进公平、提高质量"的工作方针,制定了今后十年我国教育改革发展的基本方向与战略目标,强调把教育摆在优先发展的战略地位,完善中国特色社会主义现代教育系统;把育人为本作为教育工作的根本要求,尊重教育规律和学生身心发展规律;把改革创新作为教育发展的强大动力,健全充满活力的教育体制;把促进公平作为国家基本教育政策,保障公民依法享有平等受教育的机会;把提高质量作为教育改革发展的核心任务,努力实现更高水平的普及教育,形成汇集全民的公平教育,为国民提供更加丰富的优质教育,构建体系完备的终身教育,健全充满活力的教育体制,从而开启了中国教育改革发展的新征程。

从 1985 年教育体制改革开始至 2010 年,这 25 年间受世界教育改革大浪潮的影响和带动,再加上改革开放的深化以及市场经济的转型,中国教育改革进入一个新的机遇期。随着教育体制改革的开展与深化、教育社团的恢复与创建、教育改革实验的试行与推广、免费义务教育在全国范围内普遍实施、基础教育课程改革的启动与推动、高等教育改革的深化,中国教育发展掀起了一场高潮。

---

① 周洪宇,中国昌.20 世纪中国教育改革的回顾与反思[J].华中师范大学学报(人文社会科学版),2011(3):132-138.

二、新中国教育改革与发展历程的经验与启示

法国历史学家雅克·勒高夫曾经说过,拒不思考历史的民族、社会和个人是不幸的。世人应当认识和尊重过去,以便建设符合情理的未来。从历史中总结经验教训、吸取智慧,对一个民族、社会和个人的成长进步至关重要。改革是教育发展的永恒主题,历史有过改革,现在正在改革,未来仍需改革。要切实深化今日中国教育改革,必须借鉴历史。回顾和反思新中国教育改革与发展的历程,我们可以获得不少宝贵的经验与启示。

(一)坚持"三个面向",全面推动教育创新

如何迎接和应对来自多方面的挑战,如何培养具有创造精神和实践能力的学生,如何造就"有理想、有道德、有文化、守纪律"的德智体美等全面发展的社会主义事业建设者和接班人,是摆在新时代教育发展面前的重大任务。而早在1983年,邓小平同志就高瞻远瞩地提出了"教育要面向现代化、面向世界、面向未来"的战略思想。这不仅掀起了20世纪80至90年代教育改革的浪潮,且仍为当代教育体制的改革和发展指明方向,继续成为我国实现社会主义现代化和中华民族伟大复兴的重要基础保障。

面向现代化,就是强化时代意识,把握时代基本特征和发展脉络,回应现代化进程中的重大问题,并将现代化的要求转化为我国教育改革与发展的现实指引。教育发展要纳入现代化发展的进程中,为把人口大国变为人力资源强国做贡献。一方面,要根据当前教育区域发展的不平衡、教育结构发展的不平衡、城乡教育发展的不平衡和先进教育思想培植实践的不充分、教育支撑国家战略发展能力的不充分、国际教育治理参与的不充分的状况,从实际出发,有效推动教育各方面协调、均衡的发展;另一方面,还要紧跟世界现代化的潮流前沿,培养具有适应力、创新力和实践力的现代化人才。同时,要实现教育为现代化服务,还需要实现教育自身在规模、条件、内容和手段等方面的变革与创新。

面向世界,就是强化世界眼光,把握世界走势,回应世界挑战,借鉴世界文明,在与各国进行教育交流与合作的过程中为提高我国国际竞争力做贡献。一方面,要了解世界的科学、教育、文化的发展现状和趋势,大胆吸取和借鉴世界各国先进的科学技术和一切有益的知识和文化成果,尤其是世界各国教育发展和管理的成功经验,加强国际教育合作与交流;另一方面,要将中国教育改革和发展的走向放入世界教育体系进行观照,在与世界各国教育系统的互动中坚持立足于本国的实际,探索和拓展具有中国特色的教育体系,创新创立具有中国特色的社会主义教育理论,为"世界中的中国"培养人才;从而更有效地加快发展我国的教育事业。

面向未来,就是强化思维的前瞻性,正确把握当代中国的发展走向,在开创未来的实践中继续全面贯彻党的教育方针,落实立德树人的根本任务,大力推进教育创新,造就具有创造精神和创新能力的新人。教育要面向未来,是由教育的超前性所决定的。一方面,要以发展的眼光看待教育创新,预测未来社会对教育的要求,重视教育理论与实践的研究,及时规划我国未来发展所需要的新学科,开发未来发展所需要的新课程体系,使今日的教育能够适应和满足未来社会发展的需要;另一方面,要以长远的、历史的、宏观的战略

视角推动教育的变革与创新,以未来的眼光设计教育创新的行动框架,使教育事业自身具有强大的可持续发展动力。

（二）深化课程改革,着力培养学习能力

在知识"大爆炸"的今天,知识的增长和科学技术的更新以过去无法想象的速度不断刷新着人们的认知。知识增长和变化的加速发展使人们认识到,科学是知识系统,更是不断更新的过程;是认知的结果,更是一种探究的精神。在本质上,被任何一种符号记载或传承的知识都只是对客观世界的假设或解释,它不是问题的最终答案,也不是对现实的准确表征,更不是解释客观世界的绝对参照和标准法则。知识必将随着人们认知水平的提高和认识程度的加深而被不断地变革与改进。因此,知识的学习就不再是目的,而是手段,是认识科学本质、训练思维能力、掌握学习方法的手段。

《学会生存——教育世界的今天和明天》中提到,"未来的文盲,不再是不识字的人,而是没有学会学习的人"。① 那么,未来的学校不仅要传授学校教学内容中的基础知识、基本技能,更重要的职能在于培养受教育者学习的愿望、学习的兴趣和学习的能力,保持永无止境地探索知识的信念。这就提出了改革课程与教学的要求及相应的教育创新原则。教育不应仅限于驱使学习者简单地、直接地获得知识结果,对知识进行机械叠加或积累,更重要的是培养他们对继续学习、终身学习的兴趣,培养人的行为和能力,并深入到精神生活之中。也就是要按照终身教育原则进行课程与教学改革,从社会进步、经济发展,特别是可持续发展战略的总目标,从科学技术发展的趋势及其对人类社会的影响和给人类带来的物质世界的崭新认识,来重新考虑、设计、优化课程的总体结构,改变传统的学科中心和学科彼此割裂的状态,注重科学教育课程与社会科学、人文科学、体育、艺术课程之间的平衡,更多地采用跨学科、多学科综合的课程设计方法,②强调适应不同地区经济文化的差异、不同学校资源特点的差异和不同学生个性的差异,增强课程的选择性和弹性化,制定既符合科学原则又切合实际,且不背离学习者认知发展规律的课程结构框架。在此基础上弘扬人的主体性,通过自主、合作、探究的学习方式学会"发现"知识、"激活"知识、"生长"知识,建构经验网络和认知结构体系,重视创造性解决问题的方法的积累,培育自主、合作、探究的学习精神,关注完整而真实的学习表现,是未来社会对学习者的必然要求,也是教育改革与发展创新的必然要求。

（三）加强道德教育,促进人的全面发展

21世纪是一个以知识创新和应用为重要特征的知识经济时代,科学技术迅猛发展,国际竞争日益激烈,竞争的关键是教育的竞争和人才素质的竞争。而无论处于哪个时代,价值观都是教育运行和发展的精神实质,价值体系都是一个国家得以存在和发展的根基。

---

① 联合国教科文组织国际教育发展委员会编著,华东师范大学比较教育研究所译.学会生存——教育世界的今天和明天[M].北京:教育科学出版社,1996:115.

② 靳玉乐,易连云.教育基本理论问题专题研究[M].重庆:西南师范大学出版社,2012:178-179.

因此,德育作为"成人成才"之本、作为新时代公民道德建设的着力点之一,被置于教育目标的首位,是全面发展的教育的灵魂,是促进人的全面发展的核心,对人的全面发展起着导向作用和动力作用,决定着个体素质发展的方向和水平。

中华文明源远流长,孕育了中华民族的宝贵精神品格,培育了中国人民的崇高价值追求。中国素有"礼仪之邦"的称誉,历来有重视品性修养和道德教育的传统,道德教育总是与社会文化建设息息相关。传统文化中的"律己修身""仁爱孝悌""尚群为公""崇尚节俭"等对于提高个人品性修养大有裨益;"以身作则""教学相长""罕譬而喻""循序渐进"等则是进行道德教育的良策。古代历任以儒家思想为治理思想的统治者,无不重视道德教育,宣扬道德至上的观念。在传统儒家的教育内容上主要是道德教育和知识教育,而二者中,道德教育是第一位的。同样,在儒家哲学思想中提倡不断提高人的道德境界,追求纯粹的道德理想,并将此视为儒家学说的精神实质所在。新中国成立后,先后颁布的《小学德育纲要》(1993年)、《中学德育大纲》(1995年)、《中国普通高等学校德育大纲(试行草案)》(1995年)、《中小学德育工作规程》(1998年)、《公民道德指导纲要》(2001年)、《中小学德育工作指南》(2017年)等,有力地指导了我国的道德教育。

当今世界,整个社会正朝向知识时代不断迈进,而知识时代更加彰显知识的更新。加强传统的道德价值观教育和品德修养教育,注重弘扬本民族文化和历史的优良传统,根据教育发展的新形势、新环境、新阶段更新德育内容,落实立德树人的根本任务,坚持生活化的德育价值取向,增强德育的实践性和渗透性,拓展学校德育工作的方法和途径,创建中国特色的德育模式,应该作为教育改革与发展的一个主要目标给予高度重视。认清德育现状,关注德育问题,加大德育投资,加强德育研究,引导社会主义新时代的教育朝着健康的方向发展前进。

(四)提高师资水平,关注教师专业成长

"教育是国之大计、党之大计,教师是立教之本、兴教之源。"教育是民族振兴、社会进步的重要基石,是功在当代、利在千秋的德政工程。教师作为教育活动的主体,作为日常教学的实践者,作为民族精神文化的弘扬者,一直都是我国教育发展和改革中关注的重点。新世纪,尤其是自新一轮基础教育课程改革全面启动以来,教师这一职业被赋予更新颖、更丰富的内涵,他们既是传统的继承者,也是改革的践行者;既是新理念的阐释者,也是新思想的创造者。

"国将兴,必贵师而重傅。"有好教师才有好教育。创高水平的一流教育,必然需要培养高水平的一流教师。[1]建设一支师德高尚、业务精准、结构合理、充满活力的高素质专业化教师队伍,是时代的呼唤,也是教育改革与发展中的重要课题。对此可以从以下几方面努力:

第一,改革教师培训制度。在终身教育思想的指导下,把师资培养的职前教育和职后培训有机地结合起来,完善教师在职进修制度,不断加强教师职业理想和职业道德教育,

---

① 夏小红.校本教师评价:引领教师走向卓越[M].武汉:武汉大学出版社,2018:1.

夯实教师的学科专业知识基础和科学文化知识素养,提高教师教育教学的技能和水平,满足教师在其专业成长与发展方面的需要和诉求。

第二,发挥名师的主导作用和引领作用。名师是教育领域的专家、名人,他们大都拥有独特的教育思想、深刻的教育见解、先进的教育理念、卓绝的教育智慧以及强烈的教育使命感和事业责任心。作为一种优质的教育资源和教师队伍的中坚力量,名师在教育教学实践中能够发挥引领、示范、激励和辐射作用,助推师生的成长和学校的发展。①

第三,改善教师待遇,建立合理晋级增薪制度。教师待遇的高低直接关系到教师职业的吸引力,关系到教师队伍的稳定性、积极性和能动性,从根本上说,关系到教师队伍整体素质的高低。改善教师待遇,建立符合教育特点的工资制度和合理的工资增长机制,切实保证教师工资水平随着国民收入的增长而逐步提高,能够增强教师职业的吸引力,保证教师职业的魅力,是稳定和优化教师队伍、有效提高师资水平的重要途径,也是国际社会的共识和世界性趋势。

第二节　当代世界教育思潮

“思潮”按汉语的日常含义,一般理解为在某一时期内反映当时社会思想、理论、观念且有重大影响的思想潮流。因研究对象或研究领域的不同,它能够相应地分为社会思潮、哲学思潮、政治思潮、文化思潮、教育思潮等。

《教育大辞典》中对“教育思潮”的解释是:“某个时期流传较广、影响较大的思想倾向。由于政治、经济、科学文化等各方面的原因,某种教育思想或理论在人们的思想上引起广泛的共鸣,得以普遍流行。其特点是:① 有一定的见解或主张;② 有较大的声势和影响;③ 有产生、发展和衰落的过程;④ 有盛衰的社会原因。”②本节将介绍的三种当代国际性的教育思潮——终身教育思潮、全民教育思潮、教育国际化思潮都具有这样的特征。当代教育从时间维度上看,不仅仅囿于童年和青少年学生阶段,已覆盖了人的生命长河;从空间维度上看,不仅限于各级各类学校的受教育者,已辐射到了所有存在着的个体;在更广意义上,教育的发展跨越了国家和民族的界限,各个国家、地区在教育领域的交流与合作愈发密切,教育不断成为一种国际性的事业。

一、终身教育思潮

第二次世界大战后,世界各国普遍致力于政治、经济和文化的改革,“终身教育”成为一种广为传播的教育思潮。当代终身教育思潮既是对“活到老、学到老”传统理念的继承和发扬,又富有全新的、丰富的、深刻的思想内涵。

---

① 董浩田.新生代名师教育思想凝练的个案研究[D].华南师范大学,2019:3.
② 顾明远.教育大辞典(第1卷)[M].上海:上海教育出版社,1990:41-42.

（一）终身教育思潮的产生

终身教育的思想古已有之,且延绵久矣。我国古代思想家、教育家孔子有云:"吾十有五而志于学,三十而立,四十而不惑,五十而知天命,六十而耳顺,七十而从心所欲,不逾矩。"(《论语·为政》)南北朝时期文学家、教育家颜之推在其《颜氏家训·劝学篇》中曰:"幼而学者,如日出之光;老而学者,如秉烛夜游,犹贤乎瞑目而无见者也。"这恰恰体现了"终身教育"的思想,也说明了"终身学习"的重要性。

古希腊"三杰"苏格拉底、柏拉图和亚里士多德都十分关注教育、重视教育,认为人们所要接受的教育不应是短暂的,而应是连续不断的。例如,柏拉图将教育看作一个贯彻人生始终的过程,亚里士多德主张"儿童和需要教育的各种年龄的人都应该受到训练",最好使全城邦的公民都"受到同一的教育"。[①]

终身教育最早的概念性表述始自1919年英国针对成人教育的《成人教育报告建议书》中。1929年,英国成人教育家耶利克利出版了《终身教育》,这是西方第一本以"终身教育"命名的专著,初步明确了终身教育的本质含义,阐述了终身的基本观点,同时也提出终身教育理论架构的初步设想。60年代,瑞典首创"回归学校",主张教育不应一次性完成,每个人在自己认为最需要学习的时候都有受教育的机会,学习和工作可以在人的一生中交替进行。

终身教育成为一种意义深远的教育思潮和教育理念,得力于联合国教科文组织的大力倡导和积极推行。1965年12月,联合国教科文组织于巴黎召开的"第三届促进成人教育国际委员会"是终身教育思潮诞生的标志性事件。时任教科文组织成人教育计划处处长、后任终身教育局局长的法国教育家保罗·郎格朗(Paul Lengrand)在会上提交了关于"终身教育"的提案。提案指出,"数百年来,社会把人的一生机械地分为学习期和工作期,前半生的时间用来积累知识,后半生一劳永逸地使用知识,这是毫无科学根据的……教育应当贯穿于人的一生,成为一生不可缺少的活动……因此,应建立一个新的一体化教育体系:应当使教育从纵的方面贯穿于人的一生,从横的方面联结个人和社会生活的各个侧面,使今后的教育在每一个人需要的时刻,随时都能以最好的方式提供必要的知识技能"。这标志着终身教育概念和思想体系的形成。此后,联合国教科文组织主编的《学会生存——教育世界的今天和明天》报告肯定并推广了终身教育的思想。到20世纪末,世界上许多国家已将终身教育思想作为国家教育制度改革的一种指导思想,建立了正规教育和非正规教育相联系、学校教育和社会教育相结合的一种终身教育体系。

（二）终身教育思想的含义

郎格朗于1970年出版的《终身教育引论》一书中全面而详实地阐述了终身教育思想的理论与实践。该书出版后,被译成20多种文字,受到国际组织和许多国家、地区的重视,产生了广泛的影响,被公认为终身教育理论的代表作。郎格朗在该书中指出:"终身教

---

① 张焕庭.西方资产阶级教育论著选[M].北京:人民教育出版社,1964:561.

育是完全意义上的教育,指人的一生的教育与个人及社会生活全体的教育的总和。它包括了教育的所有各个方面,各项内容,从一个人出生的那一刻起一直到生命终结时为止的不间断的发展,包括了教育各发展阶段各个关头之间的有机联系。"①人的发展是终身的过程,教育和学习并不随学校学习的结束而终结,而是从摇篮到坟墓,贯彻于生命始终。

联合国教科文组织教育研究所专职研究员 R.H.戴维根据各国刊载的终身教育文献中对终身教育思想的相关论述,把大家的共同主张进行了理论概括,并对终身教育概念做出如下表述:"终身教育应该是个人或诸集团为了自身生活水准的提高,而通过每个个人的一生所经历的一种人性的、社会的、职业的过程。这是在人生的各种阶段及生活领域、以带来启发及向上为目的,并包括全部正规、非正规、非正式的学习在内的一种综合和统一的理念。"②终身教育是以"生活""终身""教育"三个基本术语为基础的,以"非正式的""非正规的""正规的"教育或学习活动为载体,社会、家庭、教育机构都在其中发挥着各自的作用,学习成为所有人终身的行为习惯,也是一种不可或缺的生活内容。终身教育追求的是人的全面和谐发展,强调教育过程的连续性、教育内容的一致性、教育体系的开放性和人的发展的整体性,期望的是人在一生成长的各个阶段都能安全而充分地发挥和表现自己的潜能,最终的目标指向是"努力建设更美好的生活"。

(三)终身教育思想的意义

终身教育思想的价值在现代社会是多方面的,不仅具有重要的理论价值,也具有极大的实践价值;不仅具有广泛的社会价值,也具有深远的个体价值。

第一,它是教育理论领域的一次重大飞跃。终身教育突破了一次教育定终身的传统思想,打破了学校对教育的垄断。教育不再是学校教育的同义词,学校教育的结束也不代表着教育和学习的停止,而是一个新的阶段的开始。学校教育不仅要保存和传递已有的知识文化,教会学生掌握扎实的基础知识和基本技能,也要创造知识、革新思维,引导学生学会学习,以具备终身学习的素养。

第二,它推动了学校教育的改革。终身教育并非指某种教育策略或方法,它是依据当代教育改革的基本指导思想和原则提出的,贯穿于当代教育改革的各个层面。虽然终身教育理论是在批判传统学校教育的基础上形成的,但终身教育并不意味着彻底否定学校教育的存在,而是主张针对传统学校教育的一系列弊端进行改造,使之与其他教育形式和途径相联系、相适应,成为终身教育大系统中的一个有机组成部分。在这一原则的影响下,人们把学校的培养目标从单纯的传授知识转变到培养适应社会变革的各种能力,尤其是在学习能力上。

第三,它真正促进人的全面发展。在现在的教育体制下,教育不可否认地成为筛选、选拔人的工具,而终身教育不把人作为发展的工具,而是作为发展的目的,强调人的主体价值的实现,认为在人未成熟的时期只限于一次的挑选有害于人的发展。教育应该促使

---

① 保罗·郎格朗著,周南照译.终身教育引论[M].北京:中国对外翻译出版公司,1985:17.
② 吴遵民.现代国际终身教育论[M].上海:上海教育出版社,1999:13.

个体的潜能在一生成长的各个阶段都能获得充分的发展,不断提高人的社会适应性和思维创造力,进而改善人的生活质量和生存方式。在终身教育的思想框架中,教育是个体连续不断地自我完善和自我增值的过程,因此,所谓的教育失败者是不存在的,存在的只有正在接受教育、渴望实现潜能的人。

真题再现

1. 关于终身教育以下说法不正确的是（　　）。

A. 终身教育是学习社会的基本特征

B. 终身教育是为了发展人的职业能力和素质

C. 终身教育涵盖了人的一生,不限于儿童和青少年时期

D. 终身教育既包括正规教育,也包括非正规教育和非正式教育

2. 下列说法有悖于终身教育理念的是（　　）。

A. 家庭学习贯穿于人的一生　　　B. 学校教育不再享有教育垄断权

C. 终身教育从正规学校结束时开始　　D. 当地社会在终身教育中起着重要作用

【答案】1. B。　2. C。

二、全民教育思潮

全民教育思潮是当今世界最具有影响力的教育思潮之一,已经为越来越多的国家所接受,成为教育研究不得不重视的一大主题。

（一）全民教育思潮的产生

如同古代就存在古典的、朴素的终身教育思想一样,全民教育观念同样亘古有之。孔子主张"有教无类"(《论语·卫灵公》),指的是教育对象没有贫富、贵贱、智愚、善恶、年龄之分。17 世纪捷克教育家夸美纽斯(J. A. Comenius)的"泛智论",主张"把一切知识教给一切人"。这些论述都是全民教育观念的具体表现。但由于历史、阶级和思想观念的限制,许多国家并不能提供更多的机会来满足所有人受教育的愿望和诉求,全民教育的思想火花只能局限于教育家、思想家的言论和构想之中。

"所有人都应该接受教育"的观念直到现代才得以被人们普遍接受。第二次世界大战以后,世界教育事业获得了空前的发展,教育水平取得了显著的提高,各国为确保人的受教育权利做出了许多令人瞩目的努力。1948 年联合国大会通过的《世界人权宣言》指出,"人人有资格享受本宣言所载的一切权利和自由,不分种族、肤色、性别、语言、宗教、政治或其他见解、国籍或社会出身、财产、出生或其他身份等任何区别",其中就包括"受教育的权利"。这标志着世界各国就"受教育权是一项基本人权"的观念达成一致。

教育民主化的发展在理念上催生了全民教育思想的诞生和全面教育思潮的萌芽。1990 年 3 月在泰国宗迪恩召开的世界全民教育大会(World Conference on Education for All)上,联合国教科文组织、儿童基金会、开发计划署等国际性组织正式提出全民教育概

念——"接受教育是全世界每一个人每一个民族的基本权利","确保所有儿童的基本学习需要都能得到满足",发出在全球范围内实施"全民教育"的号召,制定了全民教育的目标、设想、任务、措施和具体的行动计划。大会讨论并通过了《世界全民教育宣言》和实施宣言的《满足基本学习需要的行动纲领》两个划时代的文件,从而使全民教育思想为国际社会所接受,国际社会对全民教育目标积极响应,全民教育思潮由此开始。2000 年 4 月联合国教科文组织在塞内加尔召开的世界教育论坛(World Education Forum)上通过了《达喀尔行动纲领》,确认了为每个公民和社会实现全民教育的六项目标,确定了从 2000 年到 2015 年全民教育的行动方案,从而使全民教育的目标更为具体化,并为进一步实施和推行全民教育提供了行动指南。

(二) 全民教育思想的含义

全民教育描述了教育的对象范围,即教育对象的全民化。教育必须向所有人开放,人人都有接受教育的权利,无论其年龄、性别、种族、肤色、语言、社会出身、文化信仰、政治主张、健康状况如何,都有权利接受所需要的教育。全民教育思想中教育程度的范围是广泛的,从学前教育、初等教育、中等教育、高等教育一直延续到继续教育、终身教育,其中,所有人都必须接受基础教育。

全民教育思想最基本的内涵,主要包括扫除成人文盲,普及初等教育及消除男女受教育之间的差距。在时代发展和社会进步的过程中,全民教育的内涵不断得到丰富,包含的内容越来越广泛,涉及扫盲、初等教育的普及、儿童的早期护理、贫困儿童和残疾儿童的看护和发展、女童和妇女教育、成人的职后技能培训和通过各种社会渠道或教育机构为个人和社会的可持续发展服务等多方面。

全民教育思想强调教育应为传递人类共同的、普遍的文化价值观而服务,其最终目标在于"满足基本学习需要",满足每一个人——儿童、青年和成人——的基本学习需要,包括"基本的学习手段(如读、写、口头表达、演算和问题解决)和基本的学习内容(如知识、技能、价值观念和态度)。这些手段和内容是人们为能生存下去、充分发展自己的能力、有尊严地生活和工作、充分参与发展、改善自己的生活质量、做出有见识的决策并能继续学习所需要的"。[①]

拓展阅读

渴求知识的双眼

也许我没有毛绒玩具,也许我没有很多很多的零用钱,也许我没有柔软舒服的大床,也许我没有父母家人的悉心照顾,就算这一切我都可以忍受,但是请给我上学接受教育的机会。

因为,我渴望在课堂上认真听讲,我渴望在校园里与同学嬉戏,我渴望因为考试得了

---

① 赵中建.教育的使命——面向 21 世纪的教育宣言和行动纲领[M].北京:教育科学出版社,1996:15-16.

高分得到称赞,我渴望为了考试挑灯夜战,所以请给我上学接受教育的机会。

国家之间的战争、民族之间的仇恨、自然灾害的侵袭、贫穷和落后,这些从我降生之日就伴随着我,我无力改变也没有抱怨,但是请给我上学接受教育的机会。

我想成为知识渊博的人,我想成为被人尊敬的人,我想成为对社会有用的人,我想成为科学家,我想成为工程师,我想成为老师……所以请给我上学接受教育的机会。[1]

(三)全民教育思想的意义

全民教育既是经济发展的需要,又是道德发展的需要,对于国家、社会和个人的发展具有极其重要的意义。

第一,它能够传递并丰富人类共同的文化和道德价值观念。全民教育是一项新的社会责任,它使任何社会中的任何人有能力并有责任去尊重和依赖他们共同的文化的、语言的和精神的遗产,促进他人的教育,推动社会正义事业,保护环境,宽容与自己不同的社会、政治和宗教制度,从而确保坚持为人们所普遍接受的人道主义价值观念和人权而努力。[2]

第二,它是个人在现代社会得以有尊严地生存和发展的必要条件。全民教育普及入学机会并促进受教育权的平等和公正,要求消除教育差异,特别是性别差异、年龄差异、社会弱势群体差异等,要关注特殊儿童和残疾人群体的教育需求。教育不仅是投入,更是产出。全民教育主张通过所有教育渠道,使个人更多地获得更好的生活和合理地可持续发展所需要的知识、技能和价值观念。

第三,它有助于创造一个更和平、更团结、更健康、更繁荣的世界。全民教育要在尊重差异的基础上致力于不同民族、文化价值观的宽容和理解,通过提高各国人民的素质,推动社会、经济、文化的进步和创新以及国际交流与合作的密切,促进各国、各种族或各宗教集团的了解和友谊,从而对和平、环境、人口和可持续发展等国际社会所面临的严峻挑战做出贡献。

真题再现

名词解释题:全民教育。

【参考答案】全民教育是指教育对象的全民化,即全体国民都应享有受教育的基本权利,其基本目标就是满足全体国民的基本学习需要,是普及教育实践的继续和发展。

三、教育国际化思潮

受世界政治、经济和文化发展的影响,教育的国际化成为现代教育最显著的特征之一,是教育发展适应世界历史发展变化的结果,也是全球教育发展的基本趋势。教育国际

---

① 资料来源:新华社 2009 - 11 - 10.
② 赵中建.教育的使命——面向21世纪的教育宣言和行动纲领[M].北京:教育科学出版社,1996:15 - 16.

化思潮持久地影响着 21 世纪世界教育变革的走向,影响着各国教育改革和发展的战略选择。

(一) 教育国际化思潮的产生

国与国之间的教育交流古已有之,但那时的交流是零散的。近代以来,随着资本主义在全球范围内的兴起,教育交流的频率和规模大大增加了,而其中带有强烈的殖民主义色彩。真正全面的、制度化的、比较平等的教育交流则是在 20 世纪,尤其是"二战"之后伴随着联合国教科文组织等国际组织的出现才正式形成的。为了消除横亘在各国国民心中的心理隔阂,筑起和平的堡垒,联合国教科文组织自成立以来,一直在为克服种族之间的不信任、偏见和仇恨而努力,倡导有利于促进国际合作和国际理解的教育。

教育国际化思潮的形成不是偶然的现象,它与当今整个世界的一体化、政治的多极化、经济和文化的全球化以及国际组织的发展是密不可分的。正如联合国教科文组织 21 世纪教育委员会在其报告中所指出的:"当今存在着一个世界舞台,无论人们愿意与否,每个人的命运都在这个舞台上决定。全球在经济、科学、文化和政治方面的相互依赖关系正日益加深……全球的这种相互依赖关系已成为各国领导人必须正视的现实。"[1]随着经济和文化的发展、通信技术的进步和信息化水平的提高,国家之间的交互与往来越来越高效便捷,一个国家的发展须臾不可离开其他国家。在哲学思潮上出现了相互依存论,在社会学方面出现了"地球村"理念,在文化学中出现了世界文化圈概念,这些发展与变革对当今世界教育产生了巨大的影响,教育国际化思潮应运而生。

(二) 教育国际化的含义

教育国际化,常常又被称为国际教育、国际理解教育、全球教育。根据联合国教科文组织 1991 年的《世界教育报告》,教育国际化思潮包括如下内容:了解和尊重各民族及其文化、文明、社会准则和生活方式,包括国内民族的文化和其他国家的文化;认识各国和各民族间日益增大的全球范围的相互依赖;理解国际团结与合作的必要性;既认识个人、社会集团和国家各自的权利,亦认识相互承担的义务;各级各类教育应具有国际的内容和全球的视野;个人愿意参与解决所属社区、国家和整个世界的问题。

教育要成为全球性的公益事业,应具备两个条件:其一,各国教育培养的人才应具有为各国共同接受的普遍的基本素质,以此促进各国社会的国际化进程;其二,教育应增进各国之间的相互包容和理解,促进世界的和平与发展。因此,总体而言,教育的国际化可以概括为以下三个方面的内容:

1. 教育目标的国际化

即要培养面向世界、面向国际的公民。不仅要培养学生适应国际化和全球化的能力,增进国际间的理解,而且要培养学生将来在国际社会环境中生活、工作所需要的知识和技

---

① 联合国教科文组织编.联合国教科文组织总部中文科译.教育——财富蕴藏其中[M].北京:教育科学出版社,1996:23.

能。国际化和全球化体现在多方面,其中十分重要的是国际劳动力市场的形成与壮大,这就对各国、各地区的教育提出了新的要求,即不仅要为受教育者进入国内劳动力市场提供帮助,而且要为其进入国际劳动力市场创造条件、提供动力支撑,这必然会推动培养目标、各级各类课程目标乃至每一堂的教学目标的革新,扩展知识、技能与文化的学研领域。

2. 教育内容的国际化

教育内容是实现教育目标的重要保证,规定了教育活动中传递知识技能的范围和性质。为了培养面向世界、面向国际的公民,不仅需要重视并加强外语教育,以确保语言沟通和交往的顺利,还需要在开放性的氛围中推进国际理解教育。这不仅意味着了解和掌握国外的语言文字,更重要的是形成从全人类利益、全球观点出发考虑问题,理解国际社会、关心和宽容异国文化的品性和风貌,学习有关政治、经济、制度、生态、科技等之间的交叉联系。

3. 教育交流的国际化

教育已经跨越民族文化和国家边界而日益连成一体,相互的交流与合作已成为一个国家教育健康发展所必不可少的条件。扩大国际教育交流与合作,不仅可以增进各国之间相互理解,拓宽本国社会成员的文化视野,还可以学习别国的先进技术和经验,扩大本国教育资源,培养本国高层次人才。[①] 国际教育交流与合作主要体现在学生的交流,教育人员、教育专家的交流,跨国教育援助和合作项目的开展等方面。

真题再现

教育国际化思潮是( )的基本特征。
A. 原始社会　　　　B. 农业社会　　　　C. 工业社会　　　　D. 知识社会
【答案】D。

(三) 教育的国际化和教育的民族性

没有任何一条通向发展的路可以与国际体系完全隔绝开。党的十九大报告提出,我们国家要"坚持推动构建人类命运共同体""促进全球治理体系变革""共同创造人类的美好未来"。教育国际化是一个必然的趋势。任何一个国家教育要发展,都必须融入世界教育之中,借鉴学习其他国家的经验和教训。回避教育国际化,孤立地发展本国教育是违背历史潮流的。如何看待国际化和保持民族性之间的关系,是一个值得深思的问题。

倡导教育的国际化并不代表简单地、盲目地、均衡地照搬或移植发达国家的教育发展模式,主张保持民族性并不代表提倡民族中心主义或种族优越论。处理国际化和民族性之间关系的正当态度是在二者之间保持合理的张力。既不能视教育的国际化为洪水猛兽,也不能一味地在国际化的浪潮中迷失自我;既不能故步自封,也不能数典忘祖。教育

---

① 冯建军.现代教育学基础(第2版)[M].南京:南京师范大学出版社,2006:376.

在不同文化和种族间促进人们的相互了解,依靠教育领域的国际交流与合作促进和平与发展,这被界定为联合国教科文组织的伦理使命。各国应共同采取行动,以"和而不同"的精神来看待教育的国际化和教育的民族性之间的关系,发扬国家或民族的传统文化,并将之纳入世界文化的大背景下进行解读、重读,引导受教育者以开阔的视野、开放的心态,立足于全面的、整体的、统一的视角去理解丰富多彩的人类文化,在具有国际视野的同时具备尊重和理解多元文化的意识和能力。

第三节　21 世纪教育发展的趋势

我们所处的时代是一个新旧交替的时代。适宜于旧时代的教育发展方式被奔涌前进的时代浪潮所冲击,处于急剧的转型与变革之中。面对 21 世纪教育发展的新形势、新环境、新阶段,无论是自觉还是不自觉,无论是主动适应还是被动驱使,教育都必须不断调整,并在充满机遇与挑战的"赛道"中建立新方向、拓展新途径。

一、走向民主化与个性化的教育

教育是通向平等的入口。教育现代化最重要的标志体现在受教育者的广泛性和平等性上。教育逐渐走向民主化、个性化,多样性、服务性、可选择性、公平性和公正性成为教育改革的价值诉求,是 21 世纪教育发展的趋势之一,也是创建富强、民主、文明、和谐的社会主义社会的必由之路。

教育民主不仅要把更多的教育传递给更多的人,也需要更多的人参与到教育的民主管理过程中,涉及的主要内容是:① 加强地方分权、地区自治权、学校自主权;② 家长、居民、教师、科研人员、学生、社会各部门参与教育管理,任何一个利益代表都不占优势;③ 参与项目扩大,包括经费、课程、教学法、人事、决策等;④ 工商界、科技界、政界、新闻界、文艺界、法学界等社会各界参与重大教育决策及科研决策。总而言之,把人吸收到生活的所有过程中来,这是社会一切工作的中心。不活跃人的因素,既不考虑人的各种劳动集体、社会团体、社会集团的不同利益,又不把他们吸收到积极的创造活动中来,就不可能完成任何一项任务。这种参与、自治的思想,就是教育民主化思想的精髓。①

社会需要的不是单一的人才,"千人一面"的教育必然使学生的个性得不到充分发展。未来社会是一个以创新为主要驱动力的社会,是日新月异、激烈竞争的社会,无论是科技发展还是社会竞争都需要创造性人才。发展个性是为了培养创造性人才。发展个性,并非放任自流,自由无序,而是在德才兼备、全面发展的基础上尊重每个人的个性和本色,充分发挥和培养他们丰富多彩的特长,增强自我责任意识,获得和谐的发展。引导每个受教育者在认识自我、尊重自我的同时,也要尊重他人的个性。

教育民主化和教育个性化是相互联系、相互作用的。没有民主化就不可能有个性化,

---

① 全国十二所重点师范大学联合编.教育学基础(第 3 版)[M].北京:教育科学出版社,2014:342 - 343.

教育民主化的倡导使教育走向个性化的理念追求成为可能;没有个性化,扼杀学生的主体性和能动性,教育民主就不能真正得以落实。"教育能够是而且必须是一种解放。"解放人的潜能,挖掘人的想象力和创造力,彰显人的个性,促进人的全面发展,应该是今天和未来教育的重要任务。教育民主化要求对受教育者一视同仁;教育个性化要求对受教育者区别对待,并提供适合于其特点的教育。走向民主化和个性化的教育,尊重人与人之间存在的差异,承认每一个人在价值、才能、情意和行为方式上都是极富"个性"的个体,允许不同的兴趣、爱好和特征的存在,给予每个人更多的人性关怀和充分发展自我、激发内在潜能的平等机会,追求人格发展的和谐性与特异性相统一,让每个不一样的生命都能得到充分、合理的舒展。根据教学内容、知识类型、受教育者认知结构和智能结构的不同而选择、调用多样的教学模式。只要教育方法得当,几乎所有的人都可以学到同样的知识,都可以获得发展。

二、走向信息化的教育

信息技术对人们的生活产生了重大影响。个人获取信息和处理信息的能力对于自己踏入职业领域、融入社会及文化环境都是重大的影响因素。

自从1946年世界上发明了第一台计算机以来,信息技术的发展日行千里。进入新世纪,现代信息技术越来越深入地渗透到社会的各个领域,以前所未有的速度改变着人们的生活、工作、学习、思维、交往的方式。2015年7月,国务院印发《国务院关于积极推进"互联网＋"行动的指导意见》,昭示着一种新的社会形态正在逐渐形成,即充分发挥互联网在社会资源配置中的优化和集成作用,将互联网的创新成果深度融合于经济、社会各领域之中,提升全社会的创新力和生产力,形成更广泛的、以互联网为基础设施和实现工具的经济发展新形态。

教育的信息化是现代教育最显著的特征之一,符合知识经济条件下知识不断创新和信息增值的发展趋势,也是21世纪教育发展的一个重要趋势。《教育——财富蕴藏其中》指出:"教学是一门艺术,任何东西都无法取代丰富多彩的教学对话。然而,传播媒介的革命为教学工作开辟了未经勘探的道路。计算机技术大大增加了寻找信息的可能性;交互设备和多媒体向学生提供了一个取之不尽的信息宝库……大中学生被新的工具武装起来之后,就成了研究人员。教师教学生评估和实际管理,提供给他们信息。这种方法比传统的传授知识的方法更加接近现实生活。一种新的伙伴关系正在课堂里出现。"[①]信息化改变了信息加工的传统模式,赋予信息以新的意义与价值,带给教育的不仅仅是手段和方式的创新,也是包括教育理念和教育模式在内的一场历史性的变革。教育信息化主要表现在三个方面:第一,把现代信息技术运用于教育领域;第二,在中小学普及现代信息技术教育;第三,对教师进行现代信息技术培训。

信息技术使人类最新的教育、科学、文化成果可以很快地传播,人人可以共享。远程

---

① 联合国教科文组织编,联合国教科文组织总部中文科译.教育——财富蕴藏其中[M].北京:教育科学出版社,1996:170-171.

教育(distance education)和泛在学习(U-Learning,ubiquitous learning)是教育信息化的产物。远程教育是一种特殊的教育形态,学生和教师在时间、空间以及情境上存在一定的距离,处于准分离状态。这种距离原本是教学的一种劣势,但由于互联网的出现为教育交流创造了跨越时空的新舞台,劣势变为了优势。实际上,跨时空、大信息量、交互性和个性化已经成为远程学习的主要特色;丰富的信息资源和方便的获取方式是网络教学新模式的主要优势。泛在学习是指利用信息技术为学生提供无时无刻的沟通、无处不在的学习,是一种任何人可以在任何地方、任何时刻获取所需的任何信息的方式,因此泛在学习也常常被称为"4A"(anyone,anywhere,anytime,anydevice)学习。

拓展阅读

微学习

全民已经进入微时代,随着新技术的发展,中国迎来了移动互联网浪潮。2012年12月底,中国手机上网用户的规模约为4.2亿。在地铁、车站甚至饭桌上,你有没有看到身边的人拿着手机看信息、学英语、上微博、玩游戏?于是微博、微信、微电影、微小说、微学习出现了,当下的中国悄然进入了一个微时代。在此背景下,学习也进入微时代,简称微学习,即碎片化学习。一次学习一点,只学最主要的,学习者能在任何时间、任何地点,以任何方式学习任何内容。微学习与微课程、移动学习亦联亦异,共同成为学习场中的客观存在。①

教育系统应该培养所有学生驾驭和掌握信息技术的能力,以使他们更好地适应信息社会。然而,现代信息技术的发展也不可避免地带来了新的教育问题,如青少年网络成瘾而自我封闭,不愿接受社会生活,导致人际关系的疏离;网络传递的不健康内容损害了学生的身心健康;等等。这都是教育信息化发展过程中不可忽视并应努力克服的问题。

三、走向可持续发展的教育

当前世界,治理赤字、信任赤字、和平赤字、发展赤字日益凸显,人类正处在一个何去何从的十字路口。站在新的历史起点上,面向人类生存与发展,携手共创包容且可持续的未来社会,是这个时代最紧迫的问题。在应对当前全球性问题时,教育作为可持续发展的关键因素和基本力量,发挥着极其重要的作用。

走向可持续发展的教育是时代必然的呼唤,其根本是核心价值观的教育,即"四个尊重"——尊重人、尊重环境、尊重资源、尊重差异性。它的力量在于使"可持续发展"的理念转变、升华为一种情感,能够帮助人们调整和形成稳固的价值体系,认识共同责任和行动的重要性,激发人们内心深处过上美好生活的梦想,以及对友情和关爱带来的良好社会关

---

① 纪德奎,刘可心.微学习的内涵、促进机理与运用[J].教育科学研究,2017(12):67-71.

系的享受,①进而形成一种新的社会形态和行为习惯,为共建文明、和谐、可持续的世界而努力。

可持续发展教育研究与实施的主要原则包括②:

（1）视角的系统性——自然的与社会的,政治的与经济的,道德的与法制的,现实的与历史的,理论的与实践的,知识的与技能的,区域的与全国的,国家的与国际的等等。

（2）过程的终身性——从学前教育一直延展到老年教育,覆盖全部非正式教育、非正规的教育和正规的教育。

（3）地域的广袤性——从地区、国家到全球性的思考。

（4）时域的历史性——立足现实,回顾过去,展望未来。

（5）实施的合作性——社区、国家、国际间必要的配合与合作。

（6）目标的全方位性——从观念到知识、技能、能力及其行为模式。

（7）内容的综合性——既有自然科学,也有社会科学,包括了教育学、人口学、环境学、生态学、社会学、国际关系学等。

（8）方法的两面性——既讲思辨又讲实证,既讲知识又讲技能,既讲理性又讲感性,既讲抽象又讲具体。

真题再现

材料分析题:过去,人们片面地追求 GDP 增长,是以资源的超常消耗和生态环境的严重退化为代价换来的,这种增长带来了严重的恶果,对此专家提出了可持续发展的观念。同样,在教育方面也需要树立可持续发展的观念。

试分析教育可持续发展的内涵。

【参考答案】教育的可持续发展是在社会发展观念转变的背景下提出来的。就教育自身而言,可持续发展包括两层含义:一是教育的规模、布局、比例、结构要合理,即注意经济效益和社会效益的统一,强调数量与质量的统一,经济、人员的投入比例、三级教育的发展比例、师生的比例等要与社会和人的发展需要相协调;二是教育要强调学生的可持续发展,把终身教育的理念纳入学校教育,注重学生学习动机的激发、学习兴趣的养成、学习方法的掌握,特别是创造性学习品质的培养。就教育是社会整体的一部分而言,教育是传播和确立可持续发展的重要途径,也是构建和谐社会的主要力量。

可持续发展教育也是国际教育工作的一项重要议程。2003 年 7 月,联合国教科文组织在纽约联合国总部颁布了《联合国可持续发展教育十年纲领(2005—2014)》,提出了可持续发展教育的目标、价值、观念、预期成果等,旨在促进各国将可持续发展理念融入教育

---

① 方中雄.可持续发展教育:走向明天的教育——中国可持续发展教育十五年回顾和未来展望[J].世界教育信息,2015(5):18-21.

② 解延年.可持续发展教育:走向 21 世纪教育的重要课题[J].教育改革,1997(2):1-5.

领域。2003 年 11 月,首届可持续发展教育国际论坛在北京召开,28 个国家和地区与 8 个国际、地区性组织的 80 余名代表,与中国有关方面的专家学者围绕"可持续发展教育"这一主题进行密切会谈。2009 年,在德国波恩举行了第一届国际可持续教育发展大会,重视并关注可持续发展教育工作。

2010 年,我国发布的《国家中长期教育改革和发展规划纲要(2010—2020 年)》将可持续发展教育作为国家的"战略主题"之一,可持续发展教育已成为我国教育发展的必然趋势。随着国际社会可持续发展教育步伐的继续深入,我国也将可持续发展教育纳入国家与地方中长期教育改革与发展规划进程中,从战略全局上谋划可持续发展教育,从理论、实践、政策制度等层面更加深入地推进可持续发展教育,从基础教育领域为主逐步向以可持续发展为导向的终身教育体系拓展,明确可持续发展教育"促进学生可持续学习与可持续成长"的工作方向,力求获得教育促进国力昌盛、社会和谐、人民幸福的长足发展。

【本章小结】

20 世纪是教育改革的世纪,教育在改革中发展,在发展中改革。本章回顾了新中国教育改革与发展的七个阶段及其内容,在回顾和反思中提出了四点经验与启示:一是坚持"三个面向",全面推动教育创新;二是深化课程改革,着力培养学习能力;三是加强道德教育,促进人的全面发展;四是提高师资水平,关注教师专业成长。

教育思潮是社会发展的产物,同时又推动了社会,特别是教育事业的发展。在本章中,我们学习了终身教育思潮、全民教育思潮、教育国际化思潮的产生背景、具体概念和重要意义。

对过去教育事业发展轨迹的分析,展望 21 世纪教育发展的主要趋势,大致表现为:走向民主化和个性化的教育、走向信息化的教育、走向可持续发展的教育。

思考题

1. 反思我国在教育改革与发展中的问题与对策。
2. 简述终身教育思潮的发展过程及主要内容。
3. 举例说明 21 世纪世界教育发展的趋势。
4. 如何理解教育国际化和保持教育的民族性之间的关系?
5. 信息社会的到来对教育有何影响?

第十二章

◆▶ 教师教育研究 ◀◆

🔍 学习目标

1. 掌握"教师即研究者"理念的提出背景、实现可能和意义。

2. 了解教师进行教育科学研究的对策与建议,能够说明和辨析教师教育研究的五种基本方法。

3. 通过学习加深对教育理论与实践的热爱之情,强化进行教育科学研究的意识和习惯。

🌳 思维导图

```
                                        ┌─ "教师即研究者"的提出背景
                                        │
                                        ├─ "教师即研究者"的实现可能
                          ┌─"教师即研究者"┤
                          │             ├─ "教师即研究者"的意义
                          │             │
                          │             └─ 教师教育研究的对策与建议
              教师教育研究 ┤
                          │             ┌─ 教育观察法
                          │             │
                          │             ├─ 教育调查法
                          │             │
                          └─教师教育研究的基本方法┼─ 教育实验法
                                        │
                                        ├─ 教育行动研究
                                        │
                                        └─ 教育叙事研究
```

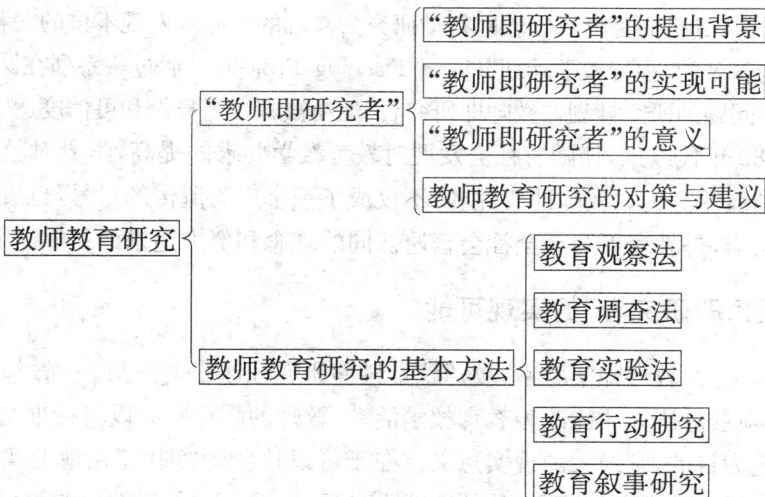

第一节 "教师即研究者"

英国课程研究领域著名的学者斯腾豪斯(Lawrence Stenhouse)在 20 世纪 60 年代提出了"教师即研究者"(Teacher as Researcher)的概念,强调课程发展和教师发展的一体性,赋予教师课程开发参与者和高级学习研究者的角色。"教师即研究者"的理念寄托了教师对教育事业和教育活动的热情,彰显了教师始终朝向"伟大的事物"出发的姿态。

一、"教师即研究者"的提出背景

在传统的教育科学研究中,"研究"与"实践"被分别定位为理论工作者和实践工作者的职责。作为实践者的教师是别人研究成果的搬运工,也是外在规范的被动执行者。关于研究的这种观点,不但造成了理论和实践的脱离,而且也将"理论者"与"实践者"区分开来。

1966 年,联合国教科文组织在巴黎召开了"教师地位与政府间特别会议",发表了《关于教师地位的建议》,提出应当把教师职业看作一种"专业"。教师专业化的要义有二:一是教师工作具有不可替代性,需要专门知识和特别才能;二是这种专业必须经过不断的成长与发展。要使教师不可替代,真正成长成为教育教学的行家里手,必须通过研究,促进学习、思考、探索和创新。

60 年代中期开始,英国中小学掀起了由教师发动的旨在解决课堂和学校实际问题的教育改革运动,斯腾豪斯是这一时期的代表人物。在他看来,在教育研究中,教师应该处于教育研究过程的中心,学校教育改进的主要意义是课程研究与开发应该属于教师,而且在实践中这样做有好的前景。在人文学科课程研究项目之后,斯腾豪斯在英国东英吉利大学建立了教育应用研究中心。该中心一直奉行着"研究作为教学的一种基础"这句口号。70 年代,教育应用研究中心所参与的许多研究计划都吸收了教师在研究计划中的这一角色定位,其中最有名的是由埃利奥特(John Elliott)和阿德尔曼(Clem Adelman)所指导的教育行动研究,其目的是形成以教师行动研究为基础的探究和发现本位的一种教学模式,这项研究就是著名的"福特教学计划"(Ford Teaching Project)。通过一系列在课程和教学中处理有意义的问题的研究计划,"教师即研究者"运动被赋予了身份和可信度。[①]

20 世纪 80 年代以来,伴随着社会发展对教育教学要求的提高,学界对教师专业化的探讨达到了空前的高度,"教师即研究者"不仅成了一个广为流传的口号,也成为教师专业化发展的同义语,是教育界乃至全社会普遍认同的理念和努力追求的目标。

二、"教师即研究者"的实现可能

斯腾豪斯认为,教育即实验室,教师就是科学研究社区中的一员。[②] 教师作为教育实践的主体,必须透过研究才能改善教育教学活动;教师的教育研究以直接推动教育教学实际工作的改进为目的,它最大的现实意义就在于可以让教师"理解"在他的实践中有着内在联系的多种要素的含义,从而使他的实践更具理性特征。所以,教师的教育研究主要是指教师通过对自身教育教学行为的自我观察与反思,以改进自己的教育教学实践为目的的研究,是为了教育教学的研究、通过教育教学的研究、在教育教学中的研究。

教师进行教育研究具有很多天然而独特的优势,这让"教师即研究者"的实现变成可能。

首先,教师不仅处于最佳的研究位置,而且还拥有最佳的研究机会。教师工作于真实的、鲜活的教育情境中,对教育教学的现实需求最为了解,能够及时清晰地感知并洞察问

① 范敏,刘义兵.斯腾豪斯的"教师成为研究者"思想[J].全球教育展望,2017(8):83-94.
② Stenhouse L. An introduction to curriculum research and development[M]. London:Heinemann,1975:144.

题和困难的存在。

其次,教师与学生的共同交往构成了教师职业生涯中不可或缺的一部分,因此,教师能够准确地从学生的学习表现和学习结果中反观自己的教学成效,敏锐地抓取师生互动中需要改进的方面,尤其是能从课堂教学现场、班级管理案例以及学生的学业作品(如课堂笔记、家庭作业、考试卷等)中获得丰富的一手资料,这为教师教育研究提供了良好的条件。

再者,实践性是教育教学研究的重要品性。教师作为教育教学实践的主体,针对具体的、真实的问题所采取的变革与尝试能够在实践中得到系统化、程序化的检验,进而逐步生成个体实践性知识,建构适合情境的教育教学理论,促进教师专业发展和自我成长。

三、"教师即研究者"的意义

教师作为一个研究者,能够进入教育研究的领域,以严谨的态度和专业的行为对待教育教学工作,具有重大的意义,具体表现在以下几个方面:

(一)有利于解决教育教学实际问题,提高教育教学质量

教育对象的差异性、发展性和教育活动的多样性、复杂性,使得教师必须基于自己对教育实践的判断和深思做出决定,对自己的行为进行审慎的、理性的安排,通过探讨育人规律、反思自身的教育实践而成为教育的研究者。教师从事教育教学研究工作,以更加开放、多元、立体、综合的视角去重新解读教育、思考教育、开展教育,不仅能更新教育观念、优化思维方式,实现对新思想的实践转化和新方法的深化运用,而且能增进对学生学习需求的深切关注和深度了解,从而更高效地促进和指导学生的学习与成长,对学校教育质量的提升有着深远的影响。

(二)有利于使课程、教学与教师真正融为一体

现代课程与教学观认为,课程不是一项事先规范教师执行的规定或计划,也不是一套教材或教材包含的纲要和内容,而是一种特定形式的教学实际说明;教学也不是转化课程内容以达成学生学习的过程,而是师生共同建构知识的过程。课程中的教育观念只有通过教师的注释才能转化为实际,教师只有通过基于研究的教学,才能真正实施课程。[①] 尤为一提的是,教师从事教育研究是适应新一轮基础教育课程改革的需要。中小学教师在新课改的实施过程中必然会遇到一些意料之外的问题,许多问题在书本上或经验中难以找到答案,因此教师不能依靠简单机械的模仿或搬运,而必须根据问题的实际情境进行课程与教学的理性探索。

(三)有利于不断丰富和形成教师实践知识和智慧

教师在教育教学过程中所形成的个人实践知识和教育智慧,直接影响对教育教学、师生关系、课程实施的理解,对教育教学活动方式与意义的重新建构。"拥有丰富的实践知

识和智慧是伴随教师成长的终身追求,也是教师美好教学生活和幸福人生的应然选择。"教师教育研究不仅促使教师学习、检验他人的教学理论,也丰富了自己的实践知识和智慧,让教师有能力发现和发展隐藏在教学实践背后的教学思想,促进个人教学知识或理论的建构和创生,逐步摆脱外来"权威理论"的束缚和禁锢。教师对自身实践的审视和研究,提高了教学行为的自觉程度,增强了教师实践理性,拓展了教师专业自主,在深入理解教育工作的本质、目的、价值的基础上形成关于教育教学的基本观点和信念,最终获得专业智慧和教学实践的解放。[①]

(四) 有利于促进教师专业成长与发展,增强教师的职业价值感和尊严感

投身于教育理论与实践的研究,意味着教师开始摆脱"知识贩卖者"的形象,开始有意识地关注和重视自己的教育体验与实践经历;意味着教师开始撕下"教书匠"的标签,确信自己有能力生成和建构教育理论知识,并以此指导和改进实践;意味着教师会不断寻求更优效的方式来投入教育实践中,以推动专业发展道路中的自我更新。"教师即研究者",寄托了教师对教育事业和教育活动的热情,彰显了教师始终朝向"伟大的事物"出发的姿态。作为教师专业发展的理性支点,它体现的价值理念是教师在真实的教学情境中积极迎接挑战,以研究者的眼光审视自己的教育教学行为,通过观察、思考、分析、行动、检验、反思、改进等一系列活动生成自己对教育教学的理解和感悟,做出自主选择和独立判断,创造性地解决问题,完善知识结构,进而实现专业领域中的可持续发展。

(五) 有利于推动教育科学理论的发展,是学科繁荣的必要因素

教师工作在教学第一线,他们的研究与问题都是与自己的教学有关,再具体的教育理论也不能代替教师自己对进行中的教育活动的主动判断和策略选择。同时,教师可以获得第一手的、鲜活的资料,教师的观察、文档和实验可以作为形成和检验更为基础的教育理论所需要的材料。"教育变革要改变的是教育实践及其实践者,这需要实践者用研究的方式去改变自己的实践和自我,这是任何其他人不能替代的过程。实践者要同时成为研究自身实践变革的研究者,变革才能完成。"[②]从这种意义上说,教师教育研究可以丰富、充实教育学的发展,从而逐步使教育学成为一门既科学又生动的学科。

四、教师教育研究的对策与建议

(一) 增强教育研究的意识

突破传统狭隘的教师"授业"的职业界限,丰富教师角色内涵,增强教育研究意识,投身教育研究活动,是新时代教育向教师提出的发展方向。在思想意识上,教师应当秉持积极、主动、热忱的研究精神,对教育教学中出现的实际问题和社会上发生的与教育有关的事

---

① 赵昌木.教师成长:实践知识和智慧的形成与发展[J].教育研究,2004(5):54-58.
② 叶澜."新基础教育"论——关于当代中国学校变革的探究与认识[M].北京:教育科学出版社,2006:369.

件有一种职业敏感和探究欲望,树立工作实践与理论研究一体化的思想,在教学中研究、在研究中教学,既要把课堂、教室当作自然的"实验室",也要自觉地把研究成果注入课堂实践。

教育科学研究不再是理论工作者的专属权利和责任,每一位教师都可以参与其中。通过参与教育研究,在专家具体、深入的指导下,教师对教育的发展趋势、教育现象和教育规律的认识更为准确、深刻,能将日常工作的感性认识上升到科学、理性的层面,并用理论指导日常教育教学工作,将理论与实践深度结合,改进思维模式和工作方式,提升自身的劳动价值和生命质量。

(二)养成终身学习的习惯

教育是使人成为人的过程,这需要每个人终身不断地学习才能实现。教师作为教育的主体之一,也不能例外。教育对象的差异性、发展性和教育活动的多样性、复杂性,决定了教师在专业领域中必须不断开拓、积极进取、终身学习。美国学者科特勒(Jeffrey A. Kottler)曾对优秀教师的专业素养进行过调查研究,归纳并总结了一名优秀教师应该具备的九项因素,"持有终身学习的信念"就是其中最为重要的一项。[1]

"知识是在人的一生过程中不断完善的,人,实质上就是在连续的探索中展开学习活动的一种时间性存在。"学习是一种源于适应变革不确定性的生活方式。教师不像生产线上的工人,只要能读懂图纸、掌握操作工序和技能就能完成生产任务。面对不断改变的外部环境,教师通过学习来丰富自身的知识储备,调整自身的知识结构,保持对周围事物探本究源的兴趣和热情。

(三)增强教学反思的能力

美国心理学家波斯纳(George J. Posner)曾提出一个著名的公式:成长＝经验＋反思。[2] 对经验进行客观的审视和理性的反思,能够使人摆脱惯性的桎梏,从感性的现象之流中提炼出某些固定的成分或稳定的因子,进而把它们从经验的混沌迷宫中剥离出来,并着重进行分析和探究。[3]

反思是沟通理论和实践之间的桥梁,同时也是理想的"我"和现实的"我"、作为被观察对象的"我"和作为观察者的"我"、作为行动主体的"我"和作为理性思考的"我"之间的对话。教学反思是教师对自己的教学行为与表现从技术上、伦理道德上进行回顾、重视、质疑、分析,思考自己的教学行为产生的原因和取得的结果,对自己的教学成效进行评价。教学反思能够帮助教师判断、思考和分析自己的教育实践和教学行为,在经验积累的过程中坦诚地叩问与审思、诘难与批判,以一种"他者"的眼光来观照自己每天最习以为常的教育生活,从而触动自己以为"理所当然"的理念,洞察问题,直面问题,并提出解决问题的基本设想和具体方案,进而使我们的教育发生改变。

---

① [英]杰弗里·科特勒等.怎样成为一名优秀教师[M].方彤,左星译.上海:华东师范大学出版社,2009:4.
② G.J.Posner.Field experience:Methods of Reflective Teaching[M].New York:Longman,1989:127.
③ 杜芳芳.教师个人理论及其形成[D].山东师范大学,2008:34.

（四）掌握教育研究的基本方法

教育科学研究和日常教育教学活动的不同之处在于前者更加注重自觉地运用科学的方法对某一教育现象、教育问题进行深入探究。教育研究方法是解决教育实践问题和发展教育理论的工具，运用科学的研究方法是获取研究数据、资料、信息的重要基础和必要前提。如果方法不科学，必然会影响研究的信度，这样就不可能形成全面、精准、真实的研究结论，使教育教学研究缺乏客观、科学的本真特性。科学的研究方法是一个庞大的知识体系，教师掌握教育研究的基本方法，了解不同研究方法的特点和操作步骤，能够根据不同的研究问题选择不同的研究方法，有助于更好地指导教育科研工作并取得一定的成果，并推动自己朝着研究型教师的方向迈进。

（五）培育独立自主的探究精神

"不宜用专家学者旨在建构理论的严格的学科规训，来规范教师丰富多样的个别化研究之路，不能用专家学者的研究范式来排斥、否认教师的研究及其成果的价值和水准。"[①]教师成为研究者，开展基于教育教学问题的研究过程，不仅是教师主体性获得的过程，也是利用教育理性在深度思考、深入探析、深化认知中创造自己的思想天地的过程。学生在知识技能的习得、与人相处的交往、心理健康的发展等各方面随机的、偶发的、情境的、具体的、个别的问题都可以成为教师进行教育科学研究的素材。教师教育研究要真正有成效，必然离不开教师从事研究的自主性与自觉性。教师通过独立自主的探索和锲而不舍的钻研，在面向实践的教育研究中把握和判断教育现场，对教育事件进行意义分析，寻求专业发展和自我成长的突破。

第二节 教师教育研究的基本方法

教师要进行教育科学研究，就要运用科学的现代教育科学研究方法，对教育现象和教育实践中的事实加以考察、探究、分析，从而揭示教育发展的规律。而教育现象是一种广泛涉及人类、文化、社会的范围极广的社会现象，要科学地研究它，就不能只限于某一种方法，而必须掌握适合于研究意图、研究问题和研究对象的各种研究方法。本节将列举五种教师教育研究中常用的基本方法，并逐一阐明各种方法的概念内涵和操作步骤。

一、教育观察法

（一）教育观察法的概念

在科学研究中，观察是人们在自然条件下，通过感觉器官或借助科学仪器，对存在于

---

① 柳夕浪.教师即研究者[J].教师博览,2001(10):2-3.

自身周围的客观现象进行感知的认识活动。这种认识活动具有明确的目的性和社会性。目的性是指观察总是根据研究课题的需要，为解决某一问题而进行的，并且事先确定了观察的范围、形式和方法。社会性是指观察虽然是用感觉器官去获取研究对象的资料，但是观察的过程并不是简单地获得我们视网膜上的信息，而是能够解释或建构这些信息的具体意义。

观察作为认识世界的一种基本方法，在自然科学研究和社会科学研究中被广泛使用。应用在教育研究中，观察法指的是教育研究者根据一定的观察目的，制定相应的研究计划，通过感觉器官和辅助设备，对处在自然状态下的教育现象进行系统考察，从而获得经验事实的一种研究方法。教育观察法是教育研究者与观察对象直接联系，在一定时期内有目的、有计划地对自然状态下的教育现象进行系统、连续的感知，并做客观、真实、具体、详细的记录，从而获得相关研究资料的方法。

（二）教育观察法的分类

观察法是指一类有共同特征的研究方法，它包含具体的方法，即一些亚类。了解观察法的分类及其特点，有利于我们在研究中根据实际情况灵活地加以运用。

1. 自然观察法和实验观察法

根据观察的环境条件是否被控制和改变，可将教育观察分为自然观察法和实验观察法。自然观察法所要求的环境一般是在自然状态下，即事件自然发生、对观察环境不加改变和控制的状态下进行的观察。实验观察法是在人工控制的环境中进行的系统的观察。

2. 直接观察和间接观察

根据观察时是否借助仪器设备，可分为直接观察和间接观察。直接观察就是凭借观察者自己的眼睛、耳朵等感觉器官直接感知外界事物的方法。间接观察则是指观察者借助录音机、摄像机等工具进行观察活动的方法。

3. 参与性观察和非参与性观察

根据观察者是否直接参与观察对象所从事的活动，可分为参与性观察和非参与性观察。参与性观察是指观察者参与到观察对象的活动之中，通过与观察对象共同活动从内部进行观察。非参与性观察是指观察者不参与被观察者的任何活动，纯粹作为局外人进行观察。

4. 结构观察、非结构观察和准结构观察

根据观察方式结构化程度来划分，可分为结构观察、非结构观察和准结构观察。所谓结构化程度就是时间和事件行为被分解的细致程度。

结构观察是观察者根据研究目的，事先设计好观察内容和项目，印制好观察表格或卡片，在观察过程中严格按照设计要求进行观察和记录，常用于对研究对象有较充分了解的情况下，不适合对偶发事件的观察。

非结构观察只有总的观察目的和大致内容，没有周密的观察计划和提纲，要在现场根据具体情况，灵活地进行观察。这种方法适用性强，简便易行，观察者可以基于自己的理

论素养在观察中充分发挥主动性和创造性,多用于探索性研究或对观察对象不甚了解的情况下,但不便进行定量分析和对比研究。

准结构观察是介乎于结构观察和非结构观察之间的一种过渡类型。这种观察可以有预先设置的分类,即有一定的结构,但其记录不是以数据的形式体现的,而是采用文字或其他方式来描述。比如我们在评价一个教师的教学时,往往先划出一些需要观察的条目(口头表达、教学结构、班课讲解等),通过一段时间的观察,观察者对这些条目用文字加以较为详尽的描述。

真题再现

1. 班主任了解和研究学生最常用、最基本的方法是( )。

A. 谈话法　　　　　B. 观察法　　　　　C. 作品分析法　　　　　D. 调查法

2. 观察法是科学探究的基本方法之一,以下属于观察法的是( )。

A. 用肉眼看书缝里的小蜘蛛　　　　　B. 查看介绍蜘蛛的有关知识

C. 上网搜索更多关于蜘蛛的资料　　　　　D. 把有关蜘蛛的信息进行归类

【答案】1. B。　2. A。

(三)教育观察法的实施步骤

运用观察法获取对象的资料,需经历一个复杂的操作过程。观察研究一般通过准备工作、实际观察、观察资料的整理与分析三个阶段来实施。

1. 教育观察的准备工作

(1)明确观察目的,确定观察对象和观察内容。

(2)选择观察类型、方法和途径。

(3)设计实施方案,包括研究课题、观察的目的和任务、观察的对象和范围、观察内容、观察地点、观察的方法和手段、观察的步骤与时间安排等。

(4)做好观察前准备,如查阅有关资料,熟悉观察对象的有关情况,备好观察所需的设备和仪器等。

2. 实际观察

通过适当的观察渠道进入观察现场,实施观察,并详细记录观察结果。

3. 观察资料的整理与分析

整理与分析观察记录,撰写观察报告,得出研究结论。

二、教育调查法

(一)教育调查法的概念

教育调查法是常用的教育研究方法,指的是在一定的教育理论指导下,通过运用问卷、访谈、个案研究以及测验等手段,获取多种教育信息的方法。具有如下特点:第一,自然性。它通常是在常态的教育实践中收集资料。第二,间接性。它主要通过访谈、问卷等间接手段了解教育现象。第三,标准化。通过统一的、标准化的程序来获得信息。第四,广泛性。教育调查研究的对象可以是某一个人、某一个班级或某一所学校,也可以是某一地区、某一国家的教育情况。理论上说,一切教育现象都可以作为教育调查研究的对象。

(二)常用的调查研究方法

1. 问卷调查法

问卷调查法是教育研究中常用的资料收集方法,广泛应用于教育研究的各个领域。它是指调查者将事先设计好的问卷发放给被调查者,让其在规定的时间内回答完毕,然后收回并进行汇总统计,以取得所需资料的一种调查方法。问卷法通常以问题的形式出现,问题可以是开放型,也可以是封闭性;可以询问基本信息,也可以询问态度观点。一份完整的问卷一般包括标题、指导语、问题、答案选项、结束语。

问卷的编制是问卷调查中最关键的环节,直接关系到研究结果的科学性,并在很大程度上决定着问卷的回收率和有效率。编制问卷时应遵循以下几条原则:一是统一性原则,即问卷中的问题要与问卷题目相统一,防止出现跑题现象。二是简洁性原则,即问卷的长度要适中,语言简洁明了。三是科学性原则,即问题的设计要便于统计和分析,从而得出科学的结论。四是理解性原则,即问卷的问题要让调查对象易于理解,不会产生误解或歧义。

一般而言,问卷的编制包括6个步骤:① 明确研究目的,根据研究目的和假设,列举所要收集的资料,确定调查对象,并考虑如何统计分析。② 针对调查的主题,划分问卷的维度,列出提纲,确定所要收集的信息和问卷类型。③ 围绕主题草拟问题,列出标题和各部分具体项目。④ 征求有关人员、专家的意见,修订项目。⑤ 试测,即从总体中抽取一小部分作为测试样本,以检查问卷的表述方式、项目、内容能否被调查对象所理解,并求出信度和效度。⑥ 重新修订,即根据试测结果对项目内容、排列方式加以改进,然后打印。至此,问卷的编制工作便完成,可以按计划发放问卷,进行正式调查。

真题再现

1. 教育调查研究中最基本也是使用最广泛的方法是( )。
A. 访谈调查　　B. 问卷调查　　C. 测量表调查　　D. 文献资料调查
2. 下列有关问卷编制的错误表述的是( )。
A. 问卷题目越多,测量效果越好　　B. 最好避免出现社会赞许性高的问题
C. 题目尽量不要使用双重否定句　　D. 问卷题目必须与研究目的相符合
【答案】1. B。　2. A。

2. 访谈调查

访谈调查法是研究者通过与被调查者进行面对面交谈,以口头问答的形式来了解情

况、收集资料的一种调查研究方法。它广泛适用于教育调查、求职、咨询等,既有事实的调查,也有意见的征询,更多用于个案研究。它的一般程序是由访谈者访问被调查者,向被调查者逐一提问,由被调查者根据实际情况一一作答,同时访谈者把被调查者的观点、意见及时记录下来,最后对访谈记录进行整理,从而得出调查结果。访谈调查的类型有:结构式访谈和非结构式访谈;正式访谈和非正式访谈;个别访谈和集体访谈。

为了从访谈中获得更多有价值的信息,需要访谈者掌握和灵活运用访谈的各种技巧:

(1) 尽量接近访谈对象,使其去除戒备心理。一般情况下,访谈者要在访谈开始之前主动向被调查者介绍身份和来意。在访谈过程中,需要集中注意力,保持适当的眼神接触,对被调查者的反应给予积极的关注和适宜的回复。

(2) 恰当追问。访谈中通常会临时出现访谈者感兴趣的问题并且想进一步了解,那么就需要恰当的追问。常见的追问有以下几种[1]:① 详尽式追问:"还有什么吗?"② 说明式追问:"您为什么这样认为呢?"③ 系统式追问:"他们听谁说的?"④ 假设式追问:"假如您是决策者,您会如何处理这类问题呢?"⑤ 情感反应式追问:"您对这件事持什么态度呢?"⑥ 正面追问:感到对方回答不真实时的追问,鼓励对方进一步表达自己的观点。

(3) 全面记录。主要体现在两方面:一是要就谈话内容及时记录,二是要留心并记录被调查者的眼神、语调、表情、手势,甚至是某句话中的停顿,这都是对研究很有价值的原始材料。

(三)教育调查法的实施步骤

调查研究方法包括问卷、访谈、调查表等不同的具体方法,程序上虽然各有侧重,但无论怎样的调查研究一般都包括以下步骤:

(1) 确定调查研究的问题或课题。研究问题的确定规定了研究的方向和研究的目的。

(2) 根据研究问题选定调查对象和调查地点,选择相应的调查类型和调查方式。研究对象和研究地点的选择既要有利于研究进程的开展,又要符合研究者的客观条件。

(3) 制定调查计划,包括调查的人事联系,调查的目的和对象、时间和地点的确定,调查的方法和手段、步骤和行程安排,调查小组人员的分工状况,调查报告的撰写和完成的时间等。

(4) 准备调查工具和人员培训,如编制或准备调查问卷、访谈提纲等。

(5) 进行预调查,修改并完善调查提纲及工作计划。针对调查研究尤其是大规模的调查研究,进行预调查可以发现事先没有预料到的问题,以便在正式的调查实施中做出应对策略,并根据预调查的情况对调查工具和调查计划做适当的调整。

(6) 实施调查,收集资料。根据事先制定好的调查计划进行实地调查,收集研究所需要的资料,这是整个研究活动的中心环节。围绕调查目的,在调查过程中尽可能地收集详尽、真实、客观的资料,调查过程的客观性直接关系着研究结果的科学性。

(7) 分析整理资料,完成调查报告。通过调查活动收集的资料多数是表面现象或者

---

① 侯怀银.教育研究方法[M].北京:高等教育出版社,2009:160.

是客观现实,如何通过这些表象的资料发掘其内在的本质特征以便达到调查研究的目的,就需要在获取大量调查资料的基础上根据需要对其进行选择、编码、整理、归类,可以通过质化分析对文字、语言、图片等资料进行整理,也可以通过量化分析对数字等进行整理,最后分析资料得出结论,形成完整的调查报告。

三、教育实验法

(一)教育实验法的概念

教育实验法是研究者按照研究目的,合理地控制或创设一定的条件或因素,人为地干预、变革研究对象,从而验证假设、探讨教育现象成因、揭示教育规律的一种研究方法。

(二)教育实验法的分类

根据教育实验的特点,可以把教育实验分成不同的类型。

1. 单因素实验和多因素实验

按照自变量的数量,可分为单因素实验(也称单一变量实验)和多因素实验(也称组合变量实验)。单因素实验是指同一实验中研究者只操纵一个自变量的实验,这种实验的自变量单一、明确,操作比较容易,实验难度相对较小。多因素实验是指在同一实验中需要操纵两个或两个以上的自变量的实验,这类实验要操纵的因素较多,观测范围较广,过程复杂,实验难度相对较大。

2. 实验室实验和自然实验

按照实验进行的场所,可分为实验室实验和自然实验。实验室实验是指研究者根据研究的需要,在经过专门设计的、人工高度控制的环境中进行的实验,这种实验的背景和变量相对容易控制,研究者能够比较清楚确切地观察到自变量对因变量的影响。自然实验是在被试日常教育生活的自然情况下,增加或改变某些条件来探究其心理变化的实验方法,是教育实验研究的基本方法。

3. 探索性实验和验证性实验

按照实验的主要任务,可分为探索性实验和验证性实验。探索性实验是在一定的理论和实践研究的基础上,探明造成某种现象的原因有哪些,或操纵某些条件会引起什么效果的实验研究,这种研究是为了探索一个新的教育规律或解决教育实践中的新问题而进行的具有开创性的研究实验,旨在揭示教育研究者尚未认识到的本质或规律。验证性实验是对他人已经研究并得出结论的问题再进行重复性研究,它可对已经揭示出的教育活动规律进行验证,检验其科学性程度,并对其进行修正和补充。

4. 前实验、准实验和真实验

按照实验控制程度、实验内外效度,可分为前实验、准实验和真实验。前实验是指缺乏控制无关因子的措施,内外效度较差的实验。准实验是指未按随机原则来选择和分配被试,只把已有的研究对象作为被试,不能完全控制误差来源的实验。真实验指严格按照实验法的科学性要求,随机分派被试、系统地操作自变量、全面控制无关变量的实验。由于教育现象的复杂性,真正严格地控制所有影响自变量的因素是很难做到的,因此教育实验不是真正意义上的实验,只能是"准实验"。

真题再现

在实际的教育情境中,创设或改变某些条件,以引起被试某些心理活动进行研究的方法,称为( )。

A. 观察法　　　　B. 实验室实验法　　　　C. 自然实验法　　　　D. 调查法

【答案】C。

(三) 教育实验法的实施步骤

一个相对完整的教育实验过程可分为准备、实施、总结是三个基本阶段。

在实验的准备阶段,研究者需要选定实验课题、形成实验假设、确定实验变量、选择实验模式和实验对象、制定实验方案。在实验的实施阶段,研究者需要按照实验设计逐步进行实验,创设验证假设的条件,采取一定的变革措施(实验处理),观测由此而产生的效应,并客观、全面地搜集并记录实验所获得的资料、数据等。在实验的总结阶段,研究者要对实验中取得的资料数据进行统计分析,确定误差的范围,从而对研究假设进行检验,最后得出科学结论,撰写实验报告。实验结束后,对研究结果应进行推广与应用。

四、教育行动研究

(一) 教育行动研究的概念

行动研究(action research)是西方在 20 世纪 70 年代后兴盛起来的一种教育研究方法,它最早是由德裔美国心理学家勒温(K.Lewin)为了解决社会科学研究与实际生活严重分离的问题而提出的。

顾名思义,行动研究就是主张将"行动"和"研究"双重活动合二为一,鼓励研究者在实际工作情境中对实践活动所遭遇的实际问题进行研究,拟定解决问题的途径、策略、方法,通过实际行动付诸实施执行,进而加以评鉴、反省、回馈、修正,以解决实际问题。[1] 教育行动研究明确倡导教育研究不是某些人的专利,不是深不可测、高不可攀的玄虚过程,所关注的也不是理论研究者认定的理论问题,它是指教师在日常教育生活中,将自己组织开展的实际教育教学活动作为研究对象,采取有效方法加以观察、反思和改进的方式,这是一种自我反思式的探究。

教育行动研究的目的是获得关于具体情境下具体问题的具体知识,获知新方法

---

① 蔡清田.教育行动研究[M].南京:南京师范大学出版社,2005:4.

的实施效果和推广价值——它直接指向教育领域中实际问题的解决。可以说,它改变了教育研究为专业研究者所把持的局面,促使教育研究观念在一定程度上发生了根本性的变革,为解决教育研究中固有的教育理论与教育实践脱节问题找到了一条有效的途径。[①]

(二)教育行动研究的特点

严格来说,教育行动研究不是一种研究方法,只是一种研究取向。这种研究取向并不过于强调研究过程中控制的严谨性和研究计划的严密性,允许在实际研究工作当中对研究方案进行调整、修改和完善。这种研究取向具有 4 个特点:

(1)为行动而研究。研究者基于教育工作的需要,将实际的教育问题发展为研究课题,目的在于更好地解决教育问题,提高教育质量。

(2)对行动进行研究。教育研究过程与教育行动过程相结合,研究者将解决问题的方法作为变量在研究的全过程中逐个加以检验、改进和完善。

(3)在行动中研究。行动者参与研究,研究者参与实践,两者在研究和工作中相互协作,缩短教育理论与教育实践活动、教育研究成果与教育实际应用之间的距离。

(4)在动态情境下进行研究。研究者在动态环境下或在较短研究周期内显示出自身在实际工作中的作用和效能,根据情境反馈而及时调整研究进度和行动方向。

(三)教育行动研究的操作程序

凯米斯(S.Kemmis)继承了"行动研究之父"勒温的思想,认为行动研究是一个螺旋式上升的发展过程,每一个发展圈由计划、行动、考察、反思四个互相联系、相互依赖的环节组成。在教育行动研究中,研究者需要有计划地、螺旋式地实施至少两轮以上的教育教学行动,同时采用有效的方法与工具对行动过程进行系统观察和资料搜集,进而对研究的问题、计划、教师和学生的实际表现进行讨论和交流、回顾和反思,并将反思的信息及时用来改进紧接而来的教育实践。图 12-1 展示了一位教师采用行动研究的循环过程帮助学生训练探究能力、培养探究习惯、养成探究精神,进而优化课堂教学的范例。

1. 计划

计划是行动研究的第一个环节,就是教师根据自己在教育教学实践中遇到的一系列问题,对其进行梳理后从中选择具有一定价值与意义的问题作为课题,提出解决这一问题的初步设想,制定出解决这一问题的行动计划。计划包括三个要素:一是诊断清楚问题,并对问题出现的原因进行初步分析。二是计划总体构想与每一步具体行动。三是要遵循全面、灵活、开放的原则。

2. 行动

行动就是在实施计划,它是行动者有目的地按照自己制定的计划、在研究人员或行动

---

① 郑金洲.行动研究:一种日益受到关注的研究方法[J].上海高教研究,1997(1):23-27.

人员的共同协助下对原先行动加以干预,代之以研究所形成的行动的全过程。需要注意的是,行动的执行不是为了检验某一设想,而是为了解决实际问题。因此,这样的行动具有贯彻计划和逼近解决问题之目标的性质。

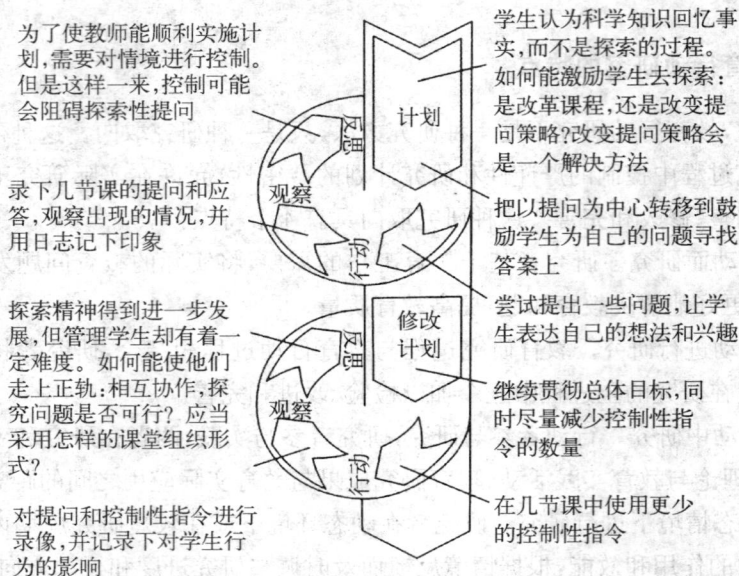

为了使教师能顺利实施计划,需要对情境进行控制。但是这样一来,控制可能会阻碍探索性提问

录下几节课的提问和应答,观察出现的情况,并用日志记下印象

探索精神得到进一步发展,但管理学生却有着一定难度。如何能使他们走上正轨:相互协作,探究问题是否可行? 应当采用怎样的课堂组织形式?

对提问和控制性指令进行录像,并记录下对学生行为的影响

学生认为科学知识回忆事实,而不是探索的过程。如何能激励学生去探索:是改革课程,还是改变提问策略?改变提问策略会是一个解决方法

把以提问为中心转移到鼓励学生为自己的问题寻找答案上

尝试提出一些问题,让学生表达自己的想法和兴趣

继续贯彻总体目标,同时尽量减少控制性指令的数量

在几节课中使用更少的控制性指令

图 12-1 教育行动研究的操作程序(McNiff,1998)[①]

真题再现

1. 教育行动研究由计划、行动、观察、反思四个基本步骤组成。它的提出者是(　　)。

A. 勒温　　　　　　B. 舍恩　　　　　　C. 斯腾豪斯　　　　　　D. 凯米斯

2. 相对于其他类型的教学研究,教育行动研究重视教师的参与,强调(　　)。

A. 与理论的分离　　　　　　B. 实践问题的解决

C. 教师的独立研究　　　　　　D. 研究结论的迁移

3. 教育行动研究比较适用于(　　)。

A. 中小规模的教育实际问题的研究　　　　　　B. 教育本质问题的研究

C. 大规模的课程改革研究　　　　　　D. 宏观的教育理论问题研究

【答案】1. D。　2. B。　3. A。

3. 考察

考察(也称观察)主要是指对行动的操作程序、实施路径和所获结果的考察,既可以是行动者本人借助各种有效手段对本人行动的记录考察,也可以是其他人的考察。教育活动受

---

① McNiff, J. Action research: Principles and practices [M]. London: MacMillan, 1998.//转引自陈琦,刘儒德.当代教育心理学(第3版)[M].北京:北京师范大学出版社,2019:12.

到实际环境中多种因素的影响和制约,许多因素不可能事先确定和预测,更不可能全部控制,因而考察在行动研究中的地位十分重要,是反思、修正、确定下一步行动的基础和前提。

4.反思

反思是一个螺旋圈的终结,又是过渡到下一个螺旋圈的中介。反思包括对本阶段行动过程和行动结果的整理和描述、评价和解释,从而形成是否需要修正下一阶段计划的判断和构想。对研究成果的评价,并非以解释的完美与否为标准,而是以实际问题的解决程度为依据。每一步行动结果的评价对整个研究进程都会产生影响。如果评价结果反馈出计划是可行的,则进入第二阶段的具体行动计划。但如果评价结果反馈出计划是不可行的,则总体计划甚至基本设想都可能需要进行修正改动,研究将在新计划的基础上再度开展。

五、教育叙事研究

(一)教育叙事研究的概念

叙事本是文学的要素之一,作为一种研究方法,兴起于20世纪六七十年代。通过描述个体生活以及对个体生活故事进行解构和重构,叙事研究获得了对个体行为与经验的解释性理解,发现了隐匿于个体日常生活中的意义。教育叙事研究的兴起,是多元的社会环境下人们对教育问题认识差异性的重视,也是教师职业研究的发展结果。

教育叙事研究是研究者通过描述个体教育生活,搜集和讲述个体教育故事,在解构和重构教育叙事材料过程中对个体行为和经验建构获得解释性理解的一种活动。它强调关注作为个体的人的经历故事及其背后隐藏的之于该个体的意义,强调关注微观分析。

教育叙事研究是质的研究的一种形式。质的研究"是以研究者本人作为研究工具,在自然情境下采用多种方法收集资料,对社会现象进行整体性探究,使用归纳法分析资料和形成理论,通过与研究对象互动对其行为和意义建构获得解释性理解的一种活动"。[①] 对于教师的叙事研究来说,"教育"是土壤,"质的研究"是方法论。没有教育的滋养,就没有教育事件产生的根由,所叙之事就无从叙起;没有对教育事件质的揭示,叙事本身就失去了意义,也就没有叙事研究的可能。叙事是为了研究,研究是为了剖析事件的本质,解释现象背后的真实。教育叙事是直接指向研究的。也正因如此,叙事在教育研究领域中才散发出其无尽的魅力。

(二)教育叙事研究的特点

作为一种独特的质的研究形式,教育叙事研究的本质特点是:关注个人,通过搜集故事来建构田野文本数据,报告个人生活经历,并探讨这些经历之于特定个人的意义。[②] 除了具有质的研究的一般特征之外,从内容上看还具有以下特点:① 所叙之事为过去或现在发生的。② 叙述的内容具有情节性。③ 以人物及其所想所感为主线。④ 内容中蕴含着教育意义。

① 陈向明.质的研究方法与社会科学研究[M].北京:教育科学出版社,2000:13.
② 张希希.教育叙事研究是什么[J].教育研究,2006(2):54-59.

(三)教育叙事研究的操作程序

"叙事研究不是简单地讲故事,也不是任何人讲的故事都有价值。"[1]这就告诉我们,虽然从事叙事研究的"门槛"很低,但是如果没有十足的功力,就很难在叙事中找到研究的切入点和落脚点。如果用一条研究路径来表现其过程的话,教师的叙事研究包含了这样的流程[2]:

1. 设计:确定研究问题

确定研究问题是进行研究的前提。教师的叙事研究虽然已明确了总体框架是教师研究,但是教师研究的范围仍然很广泛,教育观念、教育机智、素质结构、日常生活等都可能成为研究的问题,因此应找出其中有意义、有研究价值的问题。"有意义的问题"至少指代了两层含义:一是研究者对该问题不了解,希望通过研究能够获得答案;二是该问题所涉及的时间、地点、人物和事件在现实生活中确实存在,对被研究者来说具有实际意义,是他们真正关心的问题。[3] 只有当研究者确定了问题后,教师叙事研究才有了适当的边界和适度的范围。

2. 抽样:选择研究对象

选择研究对象是研究得以进行的保证。作为研究者,要有敏感的心灵,能够细致入微地把握研究环境;要有足够的热情,成为"热情学术"的探究者;要真正理解研究对象,赢得其对研究活动的认同与合作。没有这样的前提,叙事就无法获得真实的第一手资料,研究也难以顺利进行。

此外,在选择研究对象时,不仅要考虑研究的典型问题的相关性,也要考虑研究者与被研究者之间的关系。选择好的合作伙伴,真正实现研究者与被研究者的互动是关于教师叙事研究的重要一步。

3. 敲门:进入研究现场

研究现场是研究者观察、了解研究对象的真实环境。由于教师的工作、生活环境主要是在校园、在教室、在课堂上、在学生中,因此,进入研究现场就意味着走进教师活动的时空。没有这样的现场研究,就难以获得原汁原味的现场资料。

进入研究现场的方式是多种多样的:可以在自然状态下轻松地融入,可以创设特殊的情境快速地融入;可以通过他人介绍而直接走进现场,可以间接地在观察中逐渐走进现场……但是无论什么方式,都必须征得研究对象的同意和许可。

4. 实施:收集研究资料

一般来说,中小学教师需要并能掌握的教育叙事研究方法主要有观察、访谈和实物收集。观察法和访谈法在前面已提及,此处主要介绍实物收集的要点。

实物收集可以从如下方面进行:其一是正式的官方的资料,包括一些与研究相关的年

---

① 王洪才.关于"教师讲故事"的方法论思考——通向教师生活世界之路追索[J].教育学报,2010(1):30-36.
② 侯怀银.教育研究方法[M].北京:高等教育出版社,2009:268-273.
③ 陈向明.教师如何作质的研究[M].北京:教育科学出版社,2001:22.

鉴、编年史,它可以提供被研究者的历史背景;各种有效证件,可以帮我们了解被研究者特定的身份和法律地位;相关报纸杂志,为我们提供一些二手资料。其二是照片、个人档案、纪念品等,它能反映研究对象的成长历史,唤醒沉睡在时间深处的历史记忆。其三是日记或教学日志,它可以再现在当时的教育情境下被研究者的心灵世界。其四是书信,它可以帮助我们了解研究对象与他人交流的过程中最渴望展示的经验。其五是自传或传记,它可以揭示被研究者的成长历程,从而折射存在于故事当中的人物心态。

5. 编码:整理分析资料

资料的整理与分析是叙事研究极为重要的环节。整理分析资料特别要注意避免研究者原有偏见的影响。研究者要尊重事实,尊重研究对象的声音,要让资料自己说话。当然,每位研究者都会拥有自己的价值判断体系,都会有自己对事件的看法,但是叙事研究强调的是对事件本身的分析,是基于资料事实进行的符合材料实际的分析。因此,切不可脱离资料另起炉灶或撇开事实主观臆测,否则,研究就偏离了叙事研究规范的要求。

6. 归纳:撰写研究报告

研究报告的撰写是在前面大量工作的基础上进行的总结性归纳。教师叙事研究所分析的根基来源于事件,论述过程也是对事件的描述,既包含研究者对所观察到的"事"的故事性描述,也包含研究者对"事"的论述性分析——二者共同构成研究报告中细腻的情感氛围和浓郁的叙事风格。

叙事研究报告既要详尽描述,又要整体分析,特别要创设出一种"现场感",把教育生活淋漓尽致地展现在读者面前,从而使教育主体的生活故事焕发出理性的光辉、智慧的魅力,使生活世界走向人文的殿堂。

【本章小结】

本章主要介绍了"教师即研究者"理念的具体内涵,包括提出的背景、实现的可能、意义,以及教师从事教育科学研究的对策与建议;中小学教师常用的教育研究方法:教育观察法、教育调查法、教育实验法、教育行动研究、教育叙事研究。

思考题

1. 分析"教师成为研究者"的时代背景和促进因素。
2. 教育调查研究法和观察法的不同之处是什么?
3. 请根据教育行动研究的操作程序,设计一个开展研究的行动计划。
4. 对我国当前学校教育中的课堂师生互动进行一次调查研究,选取一个角度,针对存在的问题、原因分析及解决途径来设计访谈提纲(包括教师访谈提纲和学生访谈提纲),根据设计的提纲进行一次实地访谈。

参考文献

[1] 扈中平.现代教育理论(第 2 版)[M].北京:高等教育出版社,2005.

[2] 靳玉乐,李森.现代教育学[M].成都:四川教育出版社,2005.

[3] 丁锦宏.教育学[M].南京:南京大学出版社,2002.

[4] 朱德全.教育学概论[M].重庆:西南师范大学出版社,2003.

[5] 马健生.现代教育制度与思想[M].北京:高等教育出版社,2004.

[6] 孙俊三.教育原理[M].长沙:中南大学出版社,2001.

[7] 邵晓霞.教育学[M].武汉:武汉大学出版社,2013.

[8] 孙培青.中国教育史[M].上海:华东师范大学出版社,2009.

[9] 庞守兴.教育学基础[M]. 北京:北京大学出版社,2015.

[10] 杜萍,顾书明.教育学新编[M].北京:人民出版社,2009.

[11] 丛立新,陈荟.当前我国基础教育课程改革理论问题研究[M].重庆:重庆大学出版社,2013.

[12] 北京师联教育科学研究所.课程设置模式与实践(下)[M].北京:学苑音像出版社,2004.

[13] 全国十二所重点师范大学联合编写.教育学基础[M].北京:教育科学出版社,2002.

[14] 王本陆.课程与教学论(第三版)[M].北京:高等教育出版社,2017.

[15] 余文森,林高明.经典教学法 50 例[M].福州:福建教育出版社,2010.

[16] 王道俊,郭文安.教育学[M].北京:人民教育出版社,2011.

[17] 唐德海,梁庆.教育学基础[M].北京:北京师范大学出版社,2019.

[18] 靳玉乐,易连云.教育基本理论问题专题研究[M].重庆:西南师范大学出版社,2012.

[19] 夏小红.校本教师评价:引领教师走向卓越[M].武汉:武汉大学出版社,2018.

[20] 冯建军.现代教育学基础(第 2 版)[M].南京:南京师范大学出版社,2006.

[21] 叶澜."新基础教育"论——关于当代中国学校变革的探究与认识[M].北京:教育科学出版社,2006.

[22] [英] 杰弗里·科特勒等.怎样成为一名优秀教师[M].方彤,左星译.上海:华东师范大学出版社,2009.

[23] 侯怀银.教育研究方法[M].北京:高等教育出版社,2009.

[24] 杨颖秀.从教育权与受教育权看师生关系[J].中国教育学刊,2004(1):21-24.

[25] 王建华.高等教育研究:教育学的视角[J].高等教育研究,2013,34(10):28-37.

[26] 王跃洋.浅谈美育在素质教育中的重要性[J].基础教育论坛,2019(26):27-28.

[27] 檀传宝.开展劳动教育必须解决好的三大理论问题[J].人民教育,2019(17).

[28] 肖海涛.高等教育学制系统改革研究[D].厦门大学,2009.

[29] 纪德奎,刘可心.微学习的内涵、促进机理与运用[J].教育科学研究,2017(12).

[30] 方中雄.可持续发展教育:走向明天的教育——中国可持续发展教育十五年回顾和未来展望[J].世界教育信息,2015(5).